AF414101

Pelai Pagès i Blanch y Pepe Gutiérrez-Álvarez (Dir.)

VÍCTOR SERGE
La conciencia de la revolución

Primera edición: Junio 2017

© Susan C. Weissman, Pierre Broué, Ferran Aisa, Andy Durgan, Pelai Pagès, Ángel García Pintado, Pepe Gutiérrez-Álvarez, Horacio Tarcus, Claudio Albertani
© de esta edición: Laertes S.L. de Ediciones, 2017
    C./Manso 44, 1º 1ª, 08015 Barcelona
    www.laertes.es / www.laertes.cat

Fotocomposición: JSM

Impreso en: PODIPRINT

ISBN: 978-84-16783-29-8
Depósito legal: B-15191-2017

Impreso en la UE

Pelai Pagès i Blanch y Pepe Gutiérrez-Álvarez (Dir.)

Susan C. Weissman, Pierre Broué, Ferran Aisa, Andy Durgan, Pelai Pagès, Ángel García Pintado, Pepe Gutiérrez-Álvarez, Horacio Tarcus, Claudio Albertani

VÍCTOR SERGE
La conciencia de la revolución

LAERTES

ÍNDICE

Introducción
VÍCTOR SERGE UN SIGLO DESPUÉS DE LA REVOLUCIÓN RUSA

Pelai Pagès

Cuando en octubre de 2017 se celebre el centenario de la revolución bolchevique, la primera revolución proletaria triunfante de la historia, encontraremos, a buen seguro, interpretaciones de diversa índole. Desde quienes manifestarán que ya vieron los errores fatídicos del proceso revolucionario desde los inicios —y no faltarán quienes afirmen que la propia revolución fue un error—, hasta quienes culparán de la degeneración de la revolución a Stalin y a sus secuaces. No faltarán, a buen seguro, quienes, ante la perspectiva de la situación actual que se vive en Rusia, afirmarán aquello de que «con Stalin vivíamos mejor». Mientras que otros, siguiendo lo que en su día ya dijo Albert Camus, considerarán que se trata de una revolución traicionada que define en buena medida una de las características del siglo xx.

Seguramente, de haber vivido, Víctor Serge pensaría lo mío. El escritor ruso-belga —nacido en Bélgica, pero de padres exiliados de Rusia— había participado de manera intensa en la revolución de 1917 —llegó a Rusia unos pocos meses después del triunfo de la revolución—, vivió lo mejor y lo peor de la revolución, se implicó hasta la médula de sus huesos en un proceso en el que había puesto todas las ilusiones y que le condicionó desde entonces a lo largo de su vida. Vivió en la URSS desde 1919 hasta 1936, en circunstancias, ciertamente, diversas, pero en todos los casos dispuesto a que el socialismo —o mejor dicho, una determinada versión del socialismo— saliera adelante.

Pocos escritores del siglo xx —en este caso quizás cabría hablar de Escritores en mayúsculas, ya que Serge escribió poesía, novela, ensayo histórico y político, biografía, etc. y colaboró en un número infinito de publicaciones periódicas— han visto condicionada su producción literaria con tanta amplitud como Víctor Serge por el día a día de los procesos históricos que vivió, en la medida en que —y esta es otra característica que cabe destacar— Serge no fue un mero espectador de la realidad social y política que le tocó vivir, sino que se implicó en ella hasta el extremo de que condicionó su vida. Quizás porque su vocación literaria —que apareció muy pronto, en el París de los primeros años de la segunda década de siglo— corrió paralela a su actividad social y política o, dicho de otra manera, utilizó la literatura como una herramienta más de su combate ideológico y social.

Ciertamente, Víctor Serge fue sin ninguna duda un escritor revolucionario que se implicó, hasta su fallecimiento en 1947, en todos los combates políticos e ideológicos con los que se enfrentó a lo largo de su vida. Es cierto que la revolución de octubre de 1917 y su desarrollo posterior fue un referente inevitable de su vida, y que sin la revolución rusa es difícil comprender buena parte de su obra, pero Serge no fue un personaje de «una sola revolución», y siempre, en cualquier sitio en que se halló, se implicó en su revolución correspondiente. Lo hizo en Francia a partir de 1908, en España en 1917, en Alemania en 1923, lo volvió a hacer en España en 1936, y a partir de 1941 se implicó en el continente americano. No es por casualidad que sus memorias lleven por título *Memorias de un revolucionario* como no es casual que se considere a Serge como un escritor de «varios continentes». Una de sus virtudes fue siempre este compromiso con la realidad inmediata que le tocó vivir.

Un compromiso que, sin ningún tipo de duda, lo asumió siempre desde una coherencia ideológica indudable. Cuando militó en el anarquismo, cuando se convirtió al bolchevismo y cuando fue crítico con el estalinismo, defendió siempre la necesidad de transformar la sociedad a favor de los más débiles, no abandonó jamás la urgencia de imponer el socialismo, un nuevo régimen que debía ser necesariamente plural, que debía aceptar las distintas ideologías y ser consecuente con la necesidad de discrepar. Serge fue, aún en los primeros años en que vivió en la URSS y se implicó en la construcción de la Internacional Comunista, un heterodoxo que criticó y discrepó con los máximos líderes bolcheviques, a quien no le gustó la represión que sufrieron los socialistas revolucionarios, los mencheviques y los anarquistas a raíz de la insurrección de Kronstadt y de la creación de la checa. De hecho, más tarde pensó que los problemas de la revolución rusa y sus derivaciones posteriores empezaron entonces. Pero jamás renunció al socialismo plural y heterodoxo que siempre defendió.

Era, al mismo tiempo, una persona fiel a sus amigos, más allá de las discrepancias políticas que pudieran tener. Su amistad con Salvador Seguí, durante los meses que vivió en Barcelona, con Andreu Nin, con quien se encontró por primera vez en Rusia en 1921, pero sobre todo su amistad con Trotski —a quien dedicó, después de su asesinato, una de sus biografías—, y con quien tuvo en público y en privado, no pocas discrepancias, ponen de relieve la peculiar personalidad del revolucionario que fue Víctor Serge.

No es fácil defender, avanzado ya el siglo XXI y tras el fiasco del «socialismo real» en todo el mundo —aunque aún, sobre el papel, sobreviva en algunos países asiáticos y en Cuba—, a una personalidad como la de Víctor Serge, difícil de ser adscrito ideológicamente desde posiciones políticas convencionales y que desde las distintas ortodoxias, tanto desde la derecha como desde la izquierda, sería fácilmente repudiado. Pero en vísperas del centenario de la revolución de octubre de 1917 publicar sobre Víctor Serge implica, desde nuestro punto de vista diferentes aportaciones. En primer lugar, porque recuperamos la vida y la obra de un autor, sin el cual es difícil entender, en toda su intensidad, la historia del siglo XX. Aunque escribiera su obra durante la primera mitad del siglo, es indudable que su aportación va mucho más allá en el tiempo. Y tanto sus libros que se enmarcan en la revolución rusa, como los otros que tienen referentes históricos diferentes —como *El nacimiento de nuestra fuerza,* que se sitúa en la Barcelona de 1917 o *Los hombres en la prisión,* que recoge su primera experiencia carcelaria— se han convertido en herramientas imprescindibles para la comprensión de un siglo tan traumático como fue el siglo XX.

En segundo lugar, se trata de un autor universal, de difícil adscripción en un solo espacio. Es un tópico afirmar la internacionalidad de todo revolucionario, pero en el caso de Serge su internacionalismo no se debe o no se debe solo a una opción ideológica, sino a una realidad que se adscribe a su obra y a su propia vida. No es de extrañar que haya sido un autor reivindicado desde Bruselas, desde París, desde Moscú, desde Barcelona o desde ciudad de México. Son los escenarios por los que trascurrió su vida y que aparecen en su obra con toda intensidad.

Finalmente, quiero insistir en el carácter y la naturaleza del socialismo que reivindicó, porque en un tiempo de crisis, de crisis capitalista, que a menudo nos retrotrae al siglo XIX, por la procacidad del sistema y su tendencia a volver al liberalismo salvaje más puro y duro, cabe, desde la izquierda, redefinir la utopía, reconstruir un modelo de organización social alternativo al capitalista, que permita volver a defender las ideas de igualdad, fraternidad y justicia social e insistir en que es posible aún superar el capitalismo. Y en esta tarea las propuestas de Víctor Serge, junto a la de otros muchos, son indudablemente imprescindibles.

Con tales propuestas en *Víctor Serge. La conciencia de la revolución* hemos pretendido recoger una visión amplia y plural sobre la personalidad y la obra de nuestro autor. A partir de textos inéditos y algunos ya publicados en otras lenguas, los diferentes autores que han colaborado en esta obra colectiva pasan revistas al conjunto de aspectos que configuran la vida de Serge: desde unas biografías generales, enmarcadas en su obra y en su ideología, hasta su inicial paso por Barcelona y por el anarquismo, sus discrepancias con Trotski, el análisis de sus propuestas ideológicas, la importancia de su hijo —el pintor y dibujante Vlady— o sus aportaciones en América latina, pretendemos ofrecer una dimensión inédita de Víctor Serge. Puesto que, desde nuestro punto de vista, Serge fue, efectivamente, la «conciencia de la revolución» del siglo XX, de todas las revoluciones existentes en su momento y puesto que, así al menos lo esperamos, debe seguir siendo la misma conciencia para las revoluciones del futuro.

DE PETROGRADO A OREMBURGO: EL MUNDO DE VÍCTOR SERGE Y EL NUESTRO*

Susan C. Weissman

La revolución rusa de octubre de 1917 abrió una nueva época; un inmenso país rompía con el mundo capitalista, mientras los socialistas de todas partes del globo observaban con esperanza y entusiasmo el desarrollo de la primera sociedad que comenzaba su transición hacia el socialismo. Los revolucionarios de todo el mundo se congregaron hacia la Rusia Roja, «dejando el vacío y entrando en el reino de la voluntad... donde la vida comienza de nuevo».[1] Uno de ellos era Víctor Serge.

¿Quién era Víctor Serge?

Víctor Serge, comunista disidente, anteriormente anarquista, a la izquierda de la Oposición de Izquierda, representa uno de los *agujeros negros* en la historia política soviética. Las teorías acerca del desarrollo, ricas y acaloradamente discutidas en la década de 1920 en la Unión Soviética, acompañadas por divisiones dentro del Partido Comunista, fueron suprimidas, tal como todos sus líderes y seguidores fueron reprimidos en las brutales purgas de los años treinta.

¿Porqué estudiar a Serge? Hay cuatro razones claves:

1. La historia bolchevique ha sido falsificada y suprimida; Serge escribió para corregir el registro y para proveer de lecciones a los revolucionarios. Pero su experiencia de vida única y sus escritos

*/ Traducido de *Against the Current*, n.° 12/13 (enero-abril) y 14/15 (mayo-junio 1988), Los Ángeles, California, EE.UU., por Anabella Lacreu. Publicado con permiso de la autora. Revisión técnica y referencias bibliográficas en español de Horacio Tarcus por cuya gentileza y la de la revista *El Rodaballo* se reproduce esta versión castellana.
1/ Víctor Serge, *Memoirs of Revolutionary*, Londres-Nueva York: Writers-Readers, 1987, p. 67.

revolucionarios son un desafío elocuente para las nociones ortodoxas de la Unión Soviética. Veinte años antes del discurso secreto de Jrushchov sobre los crímenes de Stalin, Víctor Serge trataba de alertar al mundo acerca de lo que ocurría en la Rusia de Stalin. Sus palabras cayeron en gran medida en oídos sordos. Las ideas de Víctor Serge —su antipatía hacia el occidente capitalista tanto como al Estado soviético— aseguraron su marginalidad. Su vida y sus trabajos constituyen una impugnación de la vía tomada por Stalin así como representan una alternativa al bujarinismo, tanto el de los tiempos de Serge como en su encarnación posterior en la perestroika de Gorbachov.

2. Es virtualmente imposible entender los problemas de la Unión Soviética sin examinar su historia; particularmente, el fracaso de alternativas a las políticas de Stalin y cómo sus políticas dieron forma a las relaciones de producción que se desarrollaron en la Unión Soviética. Los trabajos de Serge constituyen un valorable y olvidado aporte a la literatura existente, que arroja luz sobre este capítulo formativo de la historia política soviética.

3. Serge escribió como un *local,* con un punto de vista particular: como opositor de izquierda, un consistente antiestalinista, quien como veremos, no vio una línea de continuidad entre el temprano bolchevismo y el estalinismo, sino precisamente lo contrario. Esta cuestión particular, «Estalinismo *versus* Bolchevismo», es la que más divisiones ha producido dentro de los estudios soviéticos y es el problema interpretativo esencial que tiene que ver con el completo desarrollo político e histórico soviético desde la revolución.

4. La experiencia política de Serge, no lo llevó a renunciar al socialismo una vez que Stalin había triunfado, sino a introducir en el mismo una declaración de los derechos del hombre, enriqueciendo las metas socialistas. Se opuso al sistema de partido único, declarando tan pronto como en 1918, y nuevamente en 1923, que un gobierno de coalición, aunque lleno de peligros, siempre hubiese sido menos peligroso que la dictadura del secretariado de Stalin y la policía secreta. Serge criticó a la Nueva Economía Política (NEP) por traer nuevamente la desigualdad

y la miseria mientras que no revitalizaba la democracia y el sistema multipartidario. Las propuestas de Serge para una reforma económica incluían la democracia de los trabajadores y un comunismo de asociaciones en lugar de *planes* rígidos antidemocráticos y verticalistas.

Finalmente, diría que leer el cuerpo de trabajos de Serge sobre la Unión Soviética, incluyendo sus memorias, historias y novelas, es indispensable para todo aquel que quiera sentir la atmósfera de las décadas de 1920 y de 1930 dentro de la Unión Soviética y del movimiento comunista; es también un testimonio de su logro literario, su agudeza política y su persistente honestidad.

El viaje político de Serge a Rusia

Víctor Serge vivió desde 1890 a 1947. Fue políticamente activo en siete países, participó en tres revoluciones, pasó más de diez años en cautiverio, publicó más de cuarenta libros y dejó miles de páginas de manuscritos no publicados, correspondencia y artículos. Nació en un exilio político, murió en otro, y su vida transcurrió en una suerte de oposición política permanente. Como socialista se opuso al capitalismo; con sus inclinaciones anarquistas, se opuso a ciertas prácticas bolcheviques; como marxista revolucionario no arrepentido, se opuso al fascismo y a la *Guerra Fría* del capitalismo.

La obra de Serge es la del testigo/participante. Escribió desde la profundidad interior de la experiencia revolucionaria soviética como actor político y como víctima de la degeneración de la revolución. Como *local*, conoció los hombres y mujeres que hicieron la revolución y aquellos que la destruyeron. Escribió sobre ellos en sus trabajos políticos y los encarnó en sus novelas.

Serge no era un relator objetivo desapasionado, sino un opositor de izquierda ardiente, cuya mirada política da forma a su exposición. Escribió con el ojo del novelista para el detalle penetrante, apuntando a las cuestiones esenciales, subrayando contradicciones, las cuales con frecuencia dejaba irresueltas.

Serge no era un teórico original; no hay algo así como *sergismo*. Su escritura es apasionada, honesta y a veces poética; pero permanece siempre crítica y conserva su fidelidad a las ideas de la generación revolucionaria de los bolcheviques.

Su legado escrito incluye siete novelas, dos volúmenes de poesía, tres *nouveles,* una colección de relatos cortos; más de treinta trabajos y panfletos de historia y política, incluyendo biografías de Lenin, Stalin y Trotski. También está su autobiografía, diarios o memorias personales y artículos periodísticos y ensayos sobre una variedad de temas. Aunque nació en Bélgica y escribió en francés, Serge es sin duda más *ruso* que ningún otro.

Nacido de una pareja rusa exiliada que pertenecía a la organización Voluntad del Pueblo, que fue responsable del asesinato del zar Alejandro II (1881), Serge creció en Bélgica en la extrema pobreza, «a mitad de camino alrededor del mundo, porque mis padres, en busca del sustento diario y de buenas bibliotecas, cambiaban entre Londres (el Museo Británico), París, Suiza y Bélgica». Serge aprendió tempranamente lo que se volvería su credo: «pensarás, lucharás y tendrás hambre».[2] Su hermano menor no pudo desarrollarse con su dieta de pan rancio remojado en café azucarado, y murió de inanición a los nueve años.

Sin una educación formal (su padre despreciaba la «estúpida educación burguesa para los pobres»), Serge sin embargo, heredó la pasión de sus padres por el conocimiento, embebió sus conversaciones y se educó explorando enciclopedias y visitando museos, bibliotecas e iglesias. Para Serge, el aprendizaje no estaba separado de la vida, sino que era la vida misma.

Serge fue atraído por la política activa desde su juventud, uniéndose a la organización socialista Jeunes-Gardes Socialistes en Bélgica, a los quince años de edad, en 1905. Se mudó a Francia y se volvió un anarquista individualista, experimentó estilos de vida alternativos, incluyendo el vegetarianismo, se asoció con la desacreditada banda de anarquistas Bonnot, cuyas causas idealistas los condujeron a llevar a cabo revolucionarias expropiaciones de bancos, acompañadas frecuentemente por tiroteos y muertes.

Serge repudió la violencia y la locura de las hazañas de la banda Bonnot, aunque simpatizaba con sus causas. Como editor de *L'Anarchie,* Serge ya estaba evolucionando políticamente, cambiando la orientación

---

2/ V. SERGE, *Memoirs,* pp. 2-3.

del periódico desde el individualismo hacia la acción social. Sin embargo, cuando la ley lo atrapó con la banda Bonnot, Serge rehusó romper la solidaridad con sus camaradas condenándolos, y terminó con una sentencia de prisión de cinco años, una experiencia tan insoportable, que él llamó la «pesadilla interna», de la cual solo pudo liberarse relatándola en *Los hombres en la cárcel*. Esta novela, como las otras, desdibuja las líneas entre realidad y ficción; sus novelas sirven como testimonio en forma de ficción de sus experiencias y percepciones de la realidad social.

Con su liberación y expulsión de Francia, Serge fue a Barcelona y se sumergió en la lucha callejera sindicalista insurreccional de julio de 1917. Pero estaba políticamente desilusionado del anarquismo, al que encontró evidentemente no preparado para el poder. Disgustado con la socialdemocracia europea, tenía puesta su mira en la Rusia revolucionaria, el país de sus raíces y de su idioma, que lo atraía como un imán.

Serge parte hacia Rusia vía Francia, pero queda apresado detrás del alambre de púas de un campo de prisioneros francés, acusado de ser un bolchevique. Allí Serge languideció, apenas escapa de la mortal epidemia de gripe española de 1918, estudia marxismo y sigue los sucesos de la revolución con prisioneros bolcheviques durante quince meses.[3] Luego del Armisticio, Serge es liberado en un intercambio de prisioneros y en febrero de 1919 se encuentra en la revolucionaria Petrogrado.

Describe su nunca vista tierra de origen como «...un mundo congelado hasta la muerte... una metrópolis de frío, de hambre, de odio, de sufrimiento...».[4] Serge consiguió llegar en el medio de la contrarrevolución, la hambruna y la enfermedad, a una ciudad expectante de una revolución mundial que los salvaría.

En la Rusia revolucionaria: la experiencia de Serge

Luego de unos pocos meses de intensa observación, participación y discusión con las distintas tendencias revolucionarias de Rusia, Serge se unió a los bolcheviques. Había llegado a Rusia como un revolucionario

---

3/ Según las *Memoirs* (pp. 63-66) y *Birth of Our Power* (pp. 199-208), estudiaron *La guerra civil en Francia* de Marx, se mantuvieron informados de los eventos de Rusia y examinaron todas las cuestiones con que se enfrentaban los bolcheviques.
4/ V. SERGE, *Memoirs*, p. 71.

fogueado provisto de «un método crítico, escrúpulo y convicción» y treinta años de experiencia como socialista, anarquista y sindicalista.

Como hombre de práctica revolucionaria, sus posiciones políticas emanaban del análisis concreto de situaciones reales. Las experiencias de Serge dominaron el desarrollo de su mirada política. La situación en Rusia era grave,[5] y Serge juzgó que los bolcheviques no solo tenían la visión, sino también la voluntad necesaria para llevar adelante la revolución. Su fidelidad hacia los bolcheviques se basaba en lo que él veía como la exactitud de sus posiciones políticas, aunque fue siempre crítico de sus excesos autoritarios.

Serge se arrojó a la lucha para la defensa de la revolución y comenzó la construcción del socialismo.[6] Fue tirador durante la guerra civil, intimó con el máximo liderazgo bolchevique y colaboró con Zinóviev en el primer congreso de la Internacional Comunista. Se convirtió en comisario a cargo de los archivos zaristas secretos de policía, y luego de indagar en los registros de la Ojrana, escribió un artículo en el *Boletín Comunista* en 1921, que se convirtió en el libro *Lo que todo revolucionario debe saber sobre la represión.*[7]

Al mismo tiempo, Serge tradujo al francés las obras de Lenin, Trotski y Zinóviev, trabó amistad con poetas, escritores, anarquistas y socialrevolucionarios, mezclándose en el variado medio político social y literario. Perteneció a «la última sociedad de libre pensamiento» y fue probablemente su único miembro comunista. Esta era la Sociedad Filosófica Libre liderada por el novelista simbolista Andréi Bieli. Como un bolchevique afirmado pero crítico, Serge desarrollaba su marxismo.

El sello marxista de Serge fue impreso con un espíritu anarquista y un compromiso primario con el carácter internacional del socialismo. Su marxismo era profundamente humanístico, preocupado por los problemas del desarrollo personal y de la libertad individual en el todo social. Su interés central por la condición de vida de las masas siempre

5/   Su visión de la Rusia revolucionaria es retratada sin compromiso en el último capítulo de *Birth of Our Power,* y en la novela *Conquered City.*

6/   Serge organizó la administración del Comité Ejecutivo del Komintern en Petrogrado, creando desde el principio la organización que iba a ser la sede de la revolución mundial.

7/   El libro fue reeditado por la policía francesa como un documento educativo interno durante los eventos de 1968.

implicó que Serge considerara a la democracia como un componente integral del desarrollo socialista.

Este espíritu crítico no pertenecía solamente a Serge. La historia temprana de los bolcheviques estaba caracterizada por el debate vivo, con miembros situados en diferentes partes de cada posición. Esto se comprueba leyendo las sesiones del Comité Central Bolchevique, así como el libro de Robert Daniel, *La conciencia de la revolución*.[8] Uno de los que Serge llamó mitos tendenciosos de la historiografía de la revolución rusa, es el de que el objetivo inmediato de los bolcheviques era establecer el monopolio del poder de Estado.[9] Serge escribió que la verdad era precisamente lo opuesto: los bolcheviques tenían mucho temor a quedar *aislados* en el poder.

Los socialrevolucionarios de izquierda participaron en el Gobierno con los bolcheviques desde noviembre de 1917 hasta julio de 1918. Rehusaron reconocer, junto con un buen tercio de conocidos bolcheviques, los términos de la paz con Alemania asentados en el tratado de Brest-Litovsk. El 6 de julio iniciaron una revuelta en Moscú, proclamando su intención de gobernar por sí mismos y de «reabrir la guerra contra el imperialismo alemán». Fueron derrotados y desde allí en adelante, los bolcheviques gobernaron solos. Serge observó que «mientras que sus responsabilidades aumentaban, su mentalidad cambiaba».

Los socialrevolucionarios de izquierda no fueron los únicos críticos tempranos en el interior de la revolución. Argumentando contra la «paz de la vergüenza», Preobrazhenski y Bujarin, luego situados en lados opuestos en los debates acerca de la industrialización, se unieron a otros, para publicar las «Tesis de los comunistas de izquierda» en 1918.[10] También llamaron la atención acerca de la creciente burocratización de la industria que privaría al proletariado del control sobre la

---

8/   Los debates fueron apasionados y comprometidos; en las actas de sesiones encontramos que todo miembro del Comité Central amenazó con renunciar al menos una vez, en el transcurso de las diferentes discusiones; esto es, todo miembro excepto Stalin, quien nunca amenazó con la renuncia.

9/   Ver «Trente Ans Aprés La Revolution Russe» en: *La Révolution prolétarienne,* nov. 1947, una retrospectiva que escribió Serge en el treinta aniversario de la revolución.

10/   Ver «Tesis de los comunistas de izquierda (1918)» publicado en el primer número del periódico editado en Moscú, *Kommunist,* el 20.4.1918, traducido y publicado como panfleto por *Critique* (Glasgow, 1977).

vida política y económica, llevando a un aumento de la dependencia de especialistas burgueses y métodos capitalistas de organización del trabajo, como trabajo a destajo y taylorismo.

Serge apoyaba a Lenin en el tema de Brest-Litovsk, aunque simpatizaba con la actitud antiburocrática de los comunistas de izquierda. Consideraba que los bolcheviques habían sido obligados a aceptar los términos de la paz por el avance alemán en el frente, y escribió enérgicamente sobre las consecuencias de este tratado: pérdida de una enorme región de Ucrania, el sacrificio de la revolución finlandesa, que fue ahogada en sangre en 1918.[11]

Serge afirmó en su *Retrato de Stalin,* que el error más grave cometido por los bolcheviques fue el establecimiento de la Cheka (Comisión Extraordinaria para la represión de la contrarrevolución, la especulación, el espionaje y la deserción), la fuerza de seguridad creada para proteger la revolución de los contrarrevolucionarios. La consideró como una forma de inquisición.[12]

Escribiendo en 1939, Serge dijo que la revolución bolchevique se autoprovocó la muerte con la creación de la Cheka, instrumento del terror rojo, precursor del GPU, la NKVD, y la KGB, los cuales exterminaron la generación revolucionaria de bolcheviques. De esta manera, Serge marcó el comienzo de la degeneración de la revolución rusa, varios años antes de lo que señalaban los datos más comunes de 1921 (Kronstadt y la prohibición de las facciones), 1924 (muerte de Lenin), 1927 (derrota de la Oposición) o 1929 (colectivización forzada y liquidación de los kulaks).[13]

En 1919-20, Serge aún no era públicamente crítico de la Cheka. Bajo las condiciones impuestas por la guerra civil, esto parecía ser una trágica necesidad. Serge estaba trabajando en el Komintern y utilizaba

11/   Ver *Year One of the Russian Revolution,* Nueva York: Holt & Rhinehart, 1973, pp. 182-191.

12/   V. SERGE, *Portrait de Staline,* París: Bernard Grasset Ediciones, 1940, pp. 57-58.

13/   Pero según Serge, el Thermidor solo se realizó en noviembre de 1927, irónicamente en el décimo aniversario de la revolución de octubre. Esto coincidió con la derrota de la Oposición dentro del partido y la subsiguiente expulsión, arresto y deportación de sus miembros; y el sacrificio del proletariado chino por el prestigio y el poder de Stalin. Ver V. SERGE, *Memoirs,* pp. 215-243.

sus oficios para interceder, cuando podía, en favor de las víctimas de la Cheka (p. 43).

Estos eran los *primeros días* de la revolución, y Serge creía que ciertas características del bolchevismo, con las cuales compartía un punto de vista, le daban una innata superioridad sobre los partidos rivales. Aquellas eran la convicción marxista, su visión de la hegemonía del proletariado en el proceso revolucionario, el internacionalismo intransigente y el intento de unificar pensamiento y acción.[14]

Serge también estaba de acuerdo con Lenin en el problema de la industria. Los bolcheviques creían que el socialismo era imposible en semejante contexto de atraso, pero que una socialización gradual de Rusia sería un ejemplo para la clase trabajadora europea. Así, Lenin defendía no una nacionalización de los medios de producción, sino el control de los trabajadores sobre los mismos. La guerra civil lo cambió todo, e hizo de la nacionalización un imperativo para la defensa.

El internacionalismo intransigente de los bolcheviques se basaba en su creencia en la pronta revolución en Europa. Lenin llegó a decir que en términos del socialismo mundial, una revolución en Alemania, un país capitalista avanzado, era más importante que la revolución rusa. Si era necesario, la revolución rusa sería sacrificada por el éxito de la primera revolución en un país capitalista avanzado.

Serge compartía este análisis, pero era menos optimista respecto a una revolución exitosa en Occidente. Escribió que los bolcheviques se equivocaban sobre la inminencia de la revolución europea, subestimando el oportunismo parlamentario de los mediocres líderes del movimiento socialista europeo.

No obstante, Serge entendió que el solo cambio de la Rusia aislada, no sobreviviría sin la extensión de la revolución hacia Europa Occidental. Estaba convencido de que la Rusia revolucionaria en medio del hambre, el aislamiento y la destrucción, colapsaría si se la dejaba sola. Preparado para trasladar la teoría a la práctica, Serge se arrojó sinceramente en defensa de la política y se ofreció como voluntario para ir a Alemania a colaborar en preparar la insurrección trabajando en el Komintern. También confesó que estaba disgustado por la creciente

14/   V. Serge, «Trente Ans», p. 7.

burocratización del partido bolchevique y su contra-terror[15] y sicológicamente exhausto; un cambio de escenario y una nueva actividad serían bienvenidos.

En Alemania, Serge editó la versión francesa del periódico del Komintern, *International Press Correspondence* o *Inprecorr*. Con el fracaso de la revolución alemana de 1923, Serge se dirigió a Viena, donde continuó su trabajo en el Komintern acompañado por camaradas como Georg Lukács y Antonio Gramsci. Acerca de su vida en ese momento, (1923) escribió:

> «Para todo lo que vivíamos era para la actividad integrada a la historia; éramos intercambiables; podíamos ver inmediatamente la repercusión de los asuntos en Rusia sobre los asuntos en Alemania y en los Balcanes; nos sentíamos ligados a nuestros camaradas, quienes, en búsqueda de los mismos fines que nosotros, perecían o alcanzaban algún éxito en la otra punta de Europa. Ninguno de nosotros tenía, en el sentido burgués de la palabra, alguna existencia personal: cambiábamos nuestros nombres, nuestros puestos y nuestros trabajos, de acuerdo a las necesidades del partido; teníamos suficiente con vivir sin premuras materiales reales, y no estábamos interesados en hacer dinero, seguir una carrera, dejar una herencia literaria o un nombre detrás nuestro; solamente estábamos interesados en el difícil trabajo de alcanzar el socialismo».[16]

El fracaso de la revolución alemana dejó a los bolcheviques aislados y en desorden. La derrota abrió el camino no solo para Hitler, sino también para Stalin —y una facción bolchevique oculta—. Durante su residencia en Europa Occidental, Serge observó ansiosamente las crecientes luchas interpartidarias locales y se declaró a favor del *Nuevo Curso* propuesto por la Oposición de Izquierda en 1923. A finales de

---

15/   Para Serge, las equivocaciones y los errores del poder fueron expuestos en el manejo de la rebelión de Kronstadt de 1921. Los marinos protestaban contra el régimen económico del «comunismo de guerra» y la dictadura del partido; pero de acuerdo a Serge, se rebelaron solo por la brutalidad con la cual Kalinin se negó a escucharlos. Creía que los bolcheviques hacían lo correcto en luchar por mantener el poder, pero su error fue «entrar en pánico ante la revuelta de Kronstadt, la cual podrían haber manejado... con persuación y comprensión». No obstante, Serge se declaró a favor del partido, en contra de las «ilusiones infantiles» de los trabajadores opositores de Kronstadt. Ver V. SERGE, *Memoirs,* pp. 124-132; «Trente Ans»; y *New International,* julio, 1938 y febrero, 1939.

16/   V. SERGE, *Memoirs,* p. 177.

1925, solicitó regresar a la URSS para participar en la lucha dentro del partido bolchevique.

Crítica del uso del terror, de la burocratización del partido y del Estado, de la ampliación de los privilegios que distanciaban a la burocracia de la población y de los objetivos de la revolución, la Oposición de Izquierda de León Trotski y otros, consideraba a la burocracia enraizada en las nuevas condiciones de la dirigencia soviética.

Dado que la clase trabajadora revolucionaria originaria había sido ampliamente diezmada durante la guerra civil y la intervención extranjera y la nueva clase trabajadora había sido extraída de un campesinado semianalfabeto, la Oposición de Izquierda consideró que era necesario para el Estado soviético promover una industrialización gradual y temprana, como precondición para la regeneración de la conciencia de clase del recientemente formado proletariado, que apenas tenía un pie afuera del campo.

La horrible situación de la industria y la agricultura después de la guerra civil, implicaba que los bolcheviques estuvieran rodeados por un campesinado crecientemente hostil. Preobrazhenski consideraba que la industrialización triunfaría sobre ellos, transformando a los campesinos en una nueva clase trabajadora cuyos hábitos y educación estarían acordes a las necesidades de una industria genuinamente socialista; la expansión industrial aseguraría que una porción en aumento de la población sería agrupada alrededor de relaciones de producción colectivas, las cuales servirían para generar una conciencia proletaria entre la masa de población, en oposición a la conciencia pequeñoburguesa del campesinado.[17] Esta nueva clase trabajadora creada del proceso de industrialización, teóricamente actuaría como una garantía contra los excesos burocráticos y las medidas antidemocráticas.

Serge estaba ansioso por el crecimiento del campesino rico, del burócrata y la debilidad de la industria bajo la NEP; se estaba desarrollando una situación crítica y necesitaba medidas urgentes: él estaba completamente de acuerdo con el programa de la Oposición de Izquierda.

El partido estaba inmerso en el debate sobre la industrialización. Sin

17/ Ver Evgenii PREOBRAZHENSKI, *O Morali*, pp. 05-7, citado en Donald FILTZER, *Soviet Workers and Stalinist Industralization*, Nueva York: M.E. Sharpe, Inc., pp. 18, 276n.

la esperanza de la solidaridad internacional de socialistas alemanes exitosos construyendo fábricas en la Rusia revolucionaria, la acumulación debía ser obtenida desde el interior.

Preobrazhenski (el principal economista de la Oposición de Izquierda) afirmaba que la *acumulación socialista primitiva* tendría que provenir del sector campesino privado, pero tenía que ser una relación *recíproca;* una mayor productividad en la industria aportaría productos de venta a los campesinos, y una revolución en las técnicas agrícolas solo sería posible con más maquinaria rural, producto de una mayor productividad de la clase trabajadora.

En suma, la Oposición de Izquierda argumentaba que el problema solo podría superarse humanamente, con la ayuda material de revoluciones victoriosas en los países capitalistas avanzados.

Bujarin llegó con el programa opuesto, desarrollando en su teoría la doctrina de Stalin de *el socialismo en un solo país*. Afirmaba que era necesario incrementar las concesiones en beneficio de los campesinos, a fin de estimular el crecimiento.

Stalin, a mitad de camino entre las dos posiciones, estaba celoso de la potencial influencia de Trotski, y quería minar su autoridad. Por lo tanto, para alejar a Trotski como fuerza política, patrocinó el mínimo de apoyo a la industria de Bujarin y aumentó las concesiones al sector privado. Así, la acumulación industrial no comenzó sistemáticamente hasta más tarde, cuando la NEP procedió con rapidez. Esto implicó que tanto el clima político como la situación económica se deterioraran hasta llegar al punto de crisis.

Durante el período de 1923-26, Stalin agrupó a los distintos departamentos del partido con su gente, produciendo como resultado el congreso del partido y los debates predeterminados. Como vocero de la Oposición de Izquierda de la organización del partido en Leningrado, para Serge fue imposible pronunciar un discurso sin ser espantado a gritos por la cohorte de Stalin. Esto significaba que si Trotski y sus seguidores pretendían tener audiencia para su programa político alternativo, tendrían que obtenerla fuera del partido, algo que ni él ni los demás dentro de la Oposición de Izquierda estaban preparados para hacer.

Hacia 1927-28, la combinación entre la falta de una política industrial y el crecimiento del sector privado en la agricultura, llevaron a una crisis de grano. El bajo precio ofrecido a los campesinos por el grano, unido a precios altos para productos industriales escasos, fue un poderoso desaliento para que los campesinos produjeran más de lo que necesitaban para su subsistencia. Luego, una serie de cosechas pobres amenazaron los planes de exportación del Estado y el abastecimiento de víveres. Los campesinos boicotearon las requisas de grano, y Stalin respondió ordenando medidas extraordinarias para recolectarlo. Soldados del Ejército Rojo comenzaron a extraer el grano de los campesinos a punta de armas.

El problema del camino a seguir era ahora, inevitable. Proceder ampliando la NEP y el sector privado, hubiese retrotraído hacia el capitalismo, a la sujeción al capital internacional y al mundo del mercado; instituir un control genuino de la industria por los trabajadores y un planeamiento democrático, haría de la estructura burocrática, algo superfluo. Cualquier alternativa implicaba que Stalin y la burocracia perderían poder.

Tal como Serge (y otros opositores de izquierda) explicaron claramente, ninguna opción era realista para una burocracia, cuya razón de ser, era mantener su posición privilegiada en el poder.[18] Ellos actuaban para maximizar su propio interés personal. En consecuencia, Stalin tomó el único camino posible para él: eliminar el desafío del campesinado, del partido y de la clase trabajadora, sin construir el capitalismo ni el socialismo. Ni plan, ni mercado. El terreno quedó para la sociedad dirigente por medio de mandatos burocráticos, rápida industrialización con *planes* quinquenales (p. 45) administrados desde arriba hacia abajo, y colectivización forzosa.

Al mismo tiempo, la política del Komintern se convirtió en un sello de goma para las directivas de Stalin, que lógicamente emanaban de la política de *el socialismo en un solo país*. Serge escribió una serie de artículos que fueron publicados en el periódico francés *Clarté*, cuestionando la política de Stalin de forzar al Partido Comunista chino a entrar en el Kuomintang de Chiang Kai-shek, llevando a la decapitación de la revolución china en 1927 y a la consecuente masacre de los comunistas chinos. Estos artículos sellaron el destino de Serge. Fue expulsado del

---

18/ Ver *inter alia* V. SERGE, *Destiny of a Revolution* y *From Lenin to Stalin*. También, León TROTSKI, *La revolución traicionada*, entre otros trabajos.

partido, uniéndose a la ahora honorable lista de los opositores expulsados. Luego fue arrestado y retenido por siete u ocho semanas en 1928. En el momento de su liberación, estuvo cerca de la muerte a causa de una oclusión intestinal. Mientras estuvo preso, se negó denodadamente a cooperar o a confesar algo. Esto salvó su vida en 1936, cuando se revisaron los archivos en busca de ofensas admitidas, antes de que fuera liberado.

Aunque Serge sobrevivió a la prisión y a la enfermedad, sufrió una muerte política. La actividad política abierta ahora le estaba vedada, obligándolo a cambiar el activismo político por la pluma. Se comprometió con la escritura, y delineó en su mente una serie de novelas documentales sobre «aquellos tiempos inolvidables», con el objeto de preservar las ideas, experiencias y la memoria de los hombres y mujeres con los que había compartido la lucha.

Durante el período de 1928-33, Serge sobrevivió en precaria libertad, viviendo de sus escritos, los cuales enviaba a Francia para publicar. También trabajó como traductor al francés de obras de Lenin, para el Instituto Lenin. Las traducciones eran revisadas línea por línea «por expertos cuya tarea consistía en descubrir un probable sabotaje en la intención de los punto y comas».[19] Serge vivió un tiempo en el campo con Panaït Istrati, el escritor rumano, y viajó lo suficiente como para observar de cerca los efectos de las políticas de Stalin.

Serge comenzó a escribir sobre las consecuencias de la industrialización y colectivización, la creación y consolidación del sistema estalinista. En 1929, Panait Istrati publicó con su nombre la obra de Serge, *Soviets 1929*.[20] En los cuatro años siguientes, Serge publicó en Francia y España su historia monumental, *El año uno de la revolución rusa;* tres novelas: *Los hombres en la cárcel, El nacimiento de nuestra fuerza* y *Ciudad ganada*. Ninguno de estos libros fue publicado jamás en la Unión Soviética.

Serge experimentó directamente la campaña de terror de Stalin: fue arrestado en 1933, retenido en confinamiento solitario por ocho días

---

19/   V. Serge, *Memoirs,* p. 273.
20/   Istrati publicó el libro como la segunda parte de su trilogía, *Vers l'autre flamme.* Utilizó su nombre para proporcionarle una mayor audiencia y para proteger a Serge, quien todavía se encontraba en la Unión Soviética.

en la infame Lubianka, sujeto a implacables interrogatorios nocturnos. Luego fue deportado a Oremburgo, donde estuvo cerca de la muerte por inanición junto a su hijo Vlady.[21] En esta etapa, escribió otros cuatro libros que fueron subsecuentemente confiscados por el régimen soviético, cuando Serge es expulsado de la Unión Soviética en 1936, y a pesar de los intentos de su familia, académicos y políticos por *liberarlos,* nunca fueron recuperados.[22]

Estos libros incluyen dos novelas: una sobre el movimiento anarquista francés, *Hombres perdidos,* otra sobre el comunismo de guerra de 1920, *El tormento.* Esta segunda novela, que Serge describió como la que daba noticia de «la grandeza de la revolución», forma una secuencia de su *Ciudad ganada.* El tercer manuscrito era un libro de poemas que reconstruyó una vez en el exilio, y el cuarto, su historia, *El año dos de la revolución rusa.* Serge dijo que él nunca había tenido el lujo de tomarse tanto tiempo en pulir sus escritos, como lo tuvo con estos libros, lo cual hace que su pérdida sea mucho más trágica.

Serge ya era conocido en Francia y España por sus panfletos y artículos políticos; la publicación de su historia y tres novelas en los años 1930-32, lo confirmó como un escritor revolucionario serio. Su reputación en Occidente lo salvó del olvido y de la muerte, un destino que no compartieron muchos escritores rusos que no tuvieron tal seguimiento internacional.

Una campaña en beneficio de Serge, fue emprendida por los intelectuales parisinos comunistas *amigos de la Unión Soviética* Romain Rolland y André Malraux. Aparentemente, Rolland intercedió en su favor ante Stalin cuando visitó Moscú.

En abril de 1936, apenas unos meses antes del primer Juicio de Moscú, Serge fue sacado de Oremburgo, puesto en un tren, pero *aliviado* de sus valijas cargadas con manuscritos y recuerdos personales y expulsado de la Unión Soviética junto a su familia. Se encontraba entonces

21/   Las experiencias de Serge con la deportación son captadas en su novela *Medianoche en el siglo,* soberbiamente traducida por Richard Greeman [al inglés]. En Oremburgo, se unieron a Serge unos treinta miembros de la Oposición de Izquierda. Muchas de las reuniones y conversaciones de la Oposición, son registradas en la novela.
22/   Probando los límites de la *glasnot,* he escrito a Gorbachov, a varias agencias y publicaciones soviéticas de primera línea, para recuperar estos manuscritos. Hasta la fecha no ha habido respuesta.

desprovisto de su ciudadanía soviética, lo cual lo hacía un hombre sin país, en la Europa Occidental cuyo cielo ya se estaba oscureciendo con el fascismo y la guerra.

Entre 1936 y 1940, Serge vivió una existencia precaria en Bruselas y París, haciendo campañas contra la persecución de sus camaradas dejados atrás, en el Gulag de Stalin. Políticamente activo en grupos no estalinistas y en la Cuarta Internacional de Trotski, Serge observó el drama de la guerra civil española, el oportunismo del Frente Popular y el declive y última derrota de la izquierda europea.

Una campaña comunista de difamación le impidió publicar en todas, menos en las más pequeñas revistas de extrema izquierda de Francia.[23] A pesar de la dureza económica y el peligro constante tanto del GPU como de los nazis, Serge continuó escribiendo profusamente. En Europa produce *Medianoche en el siglo,* una novela sobre la resistencia de la Oposición a Stalin dentro del Gulag, tradujo *La revolución traicionada* de Trotski, y analiza los efectos políticos económicos y sociales de las políticas de Stalin en *De Lenin a Stalin,* escrito en un período de quince días en 1936, *Destino de una revolución* (1937) y *Retrato de Stalin* (1939).

Publica también varios opúsculos sobre los Juicios de Moscú y realiza una campaña pública por el reconocimiento de los crímenes de Stalin contra la generación revolucionaria de bolcheviques, la cual cae en gran medida en oídos sordos en Francia. Allí, la realidad del fascismo y la inminencia de la guerra, cegó muchos ojos ante lo que estaba ocurriendo en la Unión Soviética.[24]

No obstante, Serge continuó su batalla, permaneciendo en París hasta 1940, viviendo en el sur de la ciudad, mientras los nazis invadían el norte. Sin un centavo, voló a Marsella, donde pasó meses luchando por conseguir un visado para salir de la pesadilla, rastreado por la Gestapo. Estados Unidos se negó a admitirlo. Pero a último momento, México, el último refugio de Trotski, ofreció recibir a Serge y a su familia.

23/   Con una notable excepción: *La Wallonie* belga, proveyó a Serge de una plataforma entre 1936-40.

24/   Serge también fue activo en la Oposición de Izquierda Internacional, participó en el congreso de la Cuarta Internacional de Trotski, y con el inicio de la guerra civil española, se unió al POUM, lo cual fue una de las causas de su ruptura con Trotski y con la Cuarta Internacional.

Nadie publicaba ahora a Serge —una casa editorial se arruinó luego de publicar su *Hitler contra Stalin*—. Políticamente aislado y privado de su medio de vida, Serge escribió, produciendo más que nada para el cajón del escritorio, algunos de sus mejores trabajos: *Memorias de un revolucionario, El caso Tuláyev,* que es sin duda la novela más refinada acerca de las purgas; su novela sobre la experiencia de la derrota y el exilio, llamada *Los años sin perdón,* y una extensa colección de ensayos, correspondencia y artículos sobre la Segunda Guerra Mundial, el futuro del socialismo, el fascismo, la cuestión judía, psicología, literatura y la evolución y naturaleza del sistema soviético.

El fin de la guerra encontró a Serge en débiles condiciones físicas y la cabeza llena de proyectos de escritura. Intentó regresar a Europa, pero fue detenido por un ataque fatal al corazón en noviembre de 1947. Murió apenas había llamado a un taxi, antes de que pudiera decirle al chofer adonde ir. Sus ropas estaban raídas, tenía agujeros en sus zapatos; el chofer pensó que era un indigente.

Serge dejó tras él una vida de lucha, de compromiso con la verdad, no importa lo inconfortable que fuera, *una revolución victoriosa y un número tan elevado de masacres como para inspirar cierto vértigo,* y una cierta confianza, proveniente de su inteligencia crítica, en las posibilidades del futuro.

Burocracia y no planificación

La contribución de Serge a nuestra comprensión del sistema que Stalin creó en la década de 1930, sigue siendo relevante en la actualidad, no solo porque los mismos cuestionamientos, tal como Plan *vs.* Mercado, están siendo reexaminados, sino también porque el período que Serge describió fue aquel en el cual se formaron las relaciones de clase en la Unión Soviética. Si se quiere entender qué fue la Unión Soviética, se debe regresar al período que analizó Serge.

El sistema de Stalin tuvo una lógica y una dinámica determinadas, que afectó la vida de millones de personas. Más aún, las relaciones particulares que se establecieron entre el régimen y el trabajador bajo las condiciones vertiginosas de la industrialización y la colectivización forzosa, se convirtieron en caracteres permanentes y reproducibles del sistema.

Las principales características de estas relaciones fueron:

1. El plan democrático fue excluido como posibilidad, y en su lugar, se aplicaron planes que eran *documentos de orden* lanzados desde el centro sin una información precisa para evaluar las posibilidades reales de llevarlos a cabo.

2. Como las necesidades de los trabajadores no fueron tenidas en cuenta, los trabajadores o encargados de implementar los planes, adaptaron las instrucciones según sus propias necesidades; esto implicó que los planes, forzados sobre los trabajadores, se cayeran o se resquebrajaran ante las respuestas individualistas de los mismos al sistema, afectando a la siguiente cadena de la economía; como las provisiones se interrumpieron, los trabajadores implementaron nuevos cambios en las instrucciones para adaptarlas a sus propias necesidades.

Como consecuencia, cuanto más se esforzaba el centro por centralizar, por mantener un estricto control sobre los hechos económicos, menos control tenían en realidad como trabajadores, que en el corto plazo cuidaron de sus propios intereses y los administradores mentían para aparecer bien en los papeles. Esta forma de planificación se convirtió en antiplanificación: en lugar de una organización racional de la producción, se creó un sistema anárquico, irracional y costoso.

Los resultados fueron una información poco de fiar y una forma de sabotaje atomizado e involuntario. Los trabajadores se desanimaron porque sus intereses no eran los mismos que los de los planificadores —mientras que bajo un planeamiento socialista genuino, no habría antagonismo, porque los planificadores y los implementadores serían uno y lo mismo.

La consecuencia última, fue que la planificación estalinista (como finalmente la llamó Serge)[25] —la distribución y movilización de recursos sin un *input* democrático— no pudo garantizar una correspondencia reconocible entre los resultados de las instrucciones y las instrucciones mis-

---

25/   La reflexión de Serge sobre los problemas que surgirían bajo el sistema de producción estalinista, era particularmente inteligente y notable para su perspectiva en ese momento. Actualmente han surgido análisis más completos sobre las relaciones de producción de los años treinta, y aunque Serge no podía haber sabido como se darían las cosas, él comprendió la situación más claramente que la mayoría.

mas.[26] Mientras cada uno falsificaba información según sus propias conveniencias, se creó un sistema altamente ineficiente y derrochador.[27] De acuerdo con Serge: «hay desorden, pánico, terror... resistencia pasiva, atomizada donde la hay... todas las estadísticas, todos los balances, todas las cifras son falsas porque nadie nunca se anima a decir la verdad...».[28]

Los métodos empleados fueron la causa de que los trabajadores se volvieran hostiles a la industrialización y se resistieran no de manera colectiva, sino atomizada e individualizada, produciendo pobremente o a destiempo. Lo que comenzó como una respuesta a tiempos críticos en momentos de extrema escasez de mano de obra, se transformó en una forma de protesta contra el sistema.[29] En el corazón de la máquina de terror de Stalin, la élite ganó control político sobre la población a través de la fuerza, pero no sobre los hechos económicos, a pesar de su duro intento.[30]

26/ Ver el debate sobre «socialismo de mercado» en *Critique*, 14.

27/ Para un examen completo de la relación que se desarrolló entre el régimen soviético y su clase trabajadora, la naturaleza destructiva de la economía soviética, ver Hillel Tickin, *Critique*, 1, (1973) y *Critique*, 6, (1976). Para el análisis de las implicancias de la organización social y económica soviética en la formación de las relaciones de clase en el período de los primeros tres planes quinquenales, ver D. Filtzer, ob. cit.

28/ V. Serge, *Rusia, Twenty Years After*, pp. 297-298.

29/ La demanda de trabajo era tan alta, que durante el primer plan quinquenal, la fuerza de trabajo virtualmente se duplicó. Los trabajadores eran concientes de esta escasez, y la utilizaron para obtener ventajas. Si un trabajador era despedido por alguna infracción y no era arrestado, sabía que podía encontrar empleo en otro lado. Los administradores comenzaron a acopiar trabajadores del mismo modo en que los consumidores acopian azúcar en tiempos de escasez. Esto llevó a un cierto choque entre administradores y trabajadores en cuanto al ritmo y a las reglas del trabajo. Así, la escasez de mano de obra proporcionó a los trabajadores una suerte de protección que les permitió determinar parcialmente la forma de trabajo; o como Ticktin dice, ganaron una cierta medida de control sobre su propio proceso de trabajo. La otra cara de esta relativa independencia de los trabajadores es la caída de la eficiencia, lo cual llevó a contratar más mano de obra, acentuando más aún el problema de su escasez, incluso donde había una aparente sobrecarga de trabajadores. Ver también D. Filtzer, pp. 152-178.

30/ El análisis de Serge sobre este período, coincide con el de algunos opositores de izquierda, sobre todo Rakovski y Trotski, cuyos trabajos él complementa y populariza, y con los mencheviques de izquierda, agrupados alrededor del periódico *Sotsialisticheskii Vestnik*. Trabajando en forma independiente en uno y otro lado, en condiciones

Sin teorizar, Serge ilustró gráficamente los dilemas básicos de las relaciones de este régimen de trabajadores. Empezó con la colectivización forzosa de la agricultura, pensada para romper la resistencia colectiva del campesinado, que se había rebelado contra las medidas burocráticas que le habían sido impuestas. Para destruir esa resistencia, Stalin declaró la guerra a los rebeldes, que fueron llamados «kulaks, señalados como enemigos del pueblo... a ser liquidados como clase».[31]

Serge señaló que nunca se intentó una colectivización completa. El plan que había sido desarrollado desde 1925-26, solo previó la colectivización como la cantidad de tierra que podía ser abastecida con maquinaria agrícola.[32] El punto central de la colectivización era que la producción agrícola sería *industrializada* y proveería una alternativa atractiva para las pequeñas granjas campesinas. El *koljoz* (granja colectiva) sin tractores, no tenía sentido. La colectivización total no fue prevista ni planeada; como consecuencia de ello, debían crearse grandes fábricas para producir maquinaria agrícola, utilizando recursos destinados a otros sectores, en detrimento de los mismos.

Como Serge observó, la colectivización produjo escasez de materias primas, hostilidad, una agricultura arruinada y destruyó el plan para la industria. Como los campesinos hostiles acopiaron grano y destruyeron su ganado, la producción total agrícola decayó; Stalin exigió cuotas más altas y extrajo hasta el último grano de Ucrania para las ciudades y la exportación, ocasionando una hambruna organizada desde el Estado,

---

de represión y clandestinidad, surgió una corriente de pensamiento a fines de los años veinte y principios de los treinta, que cuestionaba la naturaleza del crecimiento económico y el estado caótico del planeamiento, o más bien, la inexistencia de planificación socialista. Ellos la llamaron *besplannovost*. El trabajo de Serge sobre el problema de la planificación, muestra alguna identificación y simpatía con esta corriente. Esta postura es examinada en el epílogo al artículo de Rakovski, publicado en *Critique,* 13, pp. 553-54 y en Filtzer, p. 39.

31/ V. Serge, *Destiny of a Revolution,* p. 163.

32/ Trotski afirmó que una clase entera no podía ser eliminada por métodos administrativos, sino solo a través de un cambio en la tecnología y en el modo de producción. «No era más probable crear una agricultura mecanizada a gran escala con arados de madera y campesinos a caballo, que crear un barco sumando botes de pesca.» «Es imposible construir hoy *koljozy* sin los tractores del futuro.» *Byulleten Oppositsii* IX, (1930), 3, 7. Citado en Richard Day, «León Trotski sobre los problemas de Smychka y la colectivización forzada», *Critique,* 13, 1981.

que mató a siete millones de campesinos en 1932-33.[33] Serge observó correctamente que la colectivización produjo anarquía más que planificación: dijo que «En lugar de aplicar un patrón político, Stalin se redujo a improvisaciones».[34]

La industrialización de Stalin, burocrática y precipitadamente pensada, tuvo implicaciones de largo alcance para el futuro crecimiento y la calidad de los productos. La industrialización fue financiada por medio de una presión extrema sobre la clase trabajadora, produciendo condiciones intolerables, que Serge catalogó en *Destino de una revolución*. Dijo que la «industrialización es dirigida como una marcha a través de un territorio conquistado».

La intensificación del trabajo, implicó que el trabajador, para producir la cantidad correspondiente, tuvo que dejar de lado la calidad. Esto es corroborado por Rakovski, Andrew Smith[35] y otros observadores. Los productos defectuosos elaborados en un punto, entraron en circulación como medios de producción de futuros productos que también serían imperfectos,[36] resultando que todas las fábricas se erigieran con materiales de construcción defectuosos y se equiparan con maquinarias hechas de metal defectuoso. Fue realmente, una forma costosa de industrializar y altamente destructiva, tanto para la maquinaria como para el pueblo.[37]

Serge describió las constantes averías de la maquinaria, como consecuencia del mal uso; ¡no había tiempo, ya que Stalin exigía completar el plan quinquenal en cuatro o incluso en tres años! Preciados recursos, cuya necesidad se sentía en todas partes, tuvieron que ser empleados en forma creciente para reparar la maquinaria exhausta. Los repuestos eran

---

33/   V. Serge, *Destiny of a Revolution,* p. 170. Ver también Bohdan Krawchenko, «El hambre en Ucrania en 1933», *Critique,* 17 (1986) 137-147, y Robert Conquest, *Harvest of Sorrow,* Oxford University Press, 1986.

34/   V. Serge, *Destiny of a Revolution,* p. 163.

35/   Ver el importante artículo de Krhistian Rakovski, «El plan quinquenal en crisis», originalmente publicado como «En el congreso y en el campo» («Na s`ezde i v strane»), *Byulleten`oppozitsii,* 25/26 (1931), pp. 9-32. Traducido y publicado en *Critique,* 13 (1981), pp. 13-54. También, Andrew Smith, *I was a Soviet Worker,* 1937.

36/   Kh. Rakovski.

37/   Serge dedica un capítulo entero a este tema, en su *Soviets 1929,* titulado «Le gaspillage buereaucratique dans l'industrie», pp. 47-60.

escasos, y con frecuencia se perdían durante la distribución, deteniendo la producción. Serge observó que la respuesta de Stalin a cada problema, era exprimir más a los trabajadores; hacerlos trabajar más duramente, consumir menos; retrasar su paga, cortar sus salarios.

Esto produjo una alta tasa de renovación de la fuerza de trabajo con un impacto negativo sobre la producción. Citando estadísticas oficiales, Serge notó que en Ucrania, fábricas enteras fueron transferidas en tres meses, porque los trabajadores se mudaban en busca de comida, casa y mejores condiciones de trabajo. «Viajas porque dondequiera que estés te sientes mal.»[38]

En *Soviets 1929*, Serge señala el alto costo de la producción: la falta de coordinación implicó que en algunos lugares se crearan fábricas enteras, pero inútiles, porque no había energías para alimentarlas, y en otros lugares, se construían usinas, pero quedaban esperando la creación de las fábricas. En los papeles y en las estadísticas de crecimiento, podría parecer correcto, pero en ambas instancias la construcción fue inútil y ruinosa.[39]

En otras áreas, las fábricas quedaron en un 30% sin construir (no se puede utilizar solo un 70% de una fábrica) o en otros ejemplos, Serge describe fábricas que producían en un 50, 60 o incluso 100% productos defectuosos, que de todas maneras, entraban frecuentemente en circulación.[40] Serge culpó al sistema burocrático por la producción costosa y destructiva, y lamentó que el propio interés de la burocracia fuera la única lógica del sistema, primando sobre las necesidades de la agricultura, la industria y la población.[41]

En alusión a estos problemas, y obviamente en conocimiento del análisis opositor de Rakovski, expresado en su artículo, «En el congreso

---

38/   V. SERGE, *Destiny of a Revolution*, p. 172.

39/   El concepto de despilfarro como característico del desarrollo económico soviético es desplegado teóricamente por Ticktin en «La política económica de la Unión Soviética», *Critique*, 1 (1973). Observa cómo el gasto anuló parcialmente los resultados de la producción, mientras que en los papeles se mostraba un crecimiento aparente. Este crecimiento se convirtió en «no crecimiento», en tanto no podía ser aplicado provechosamente para crear medios de consumo o medios de producción. Es entonces la producción, la que no provee de una base productiva para una futura expansión, o produce una base defectuosa para una futura expansión también defectuosa.

40/   V. SERGE, *Soviets 1929*, pp. 48-52.

41/   V. SERGE, *Soviets 1929*, pp. 56-57; *Destiny of a Revolution* y *From Lenin to Stalin*.

y en el campo» (ver nota 35), Serge no presentó una teoría completa. En su lugar, examinó los efectos de estas vastas fuerzas sobre la gente común, observando la vida en la ciudad, en el campo y en la fábrica.

Analizó las horrendas condiciones de los trabajadores, que morían de inanición mientras trabajaban, de las mujeres forzadas a la prostitución luego del trabajo para poder alimentar a sus hijos, de los ancianos a quienes se les negaba la carta de racionamiento porque no trabajaban (por ser demasiado viejos), de bandas de niños errantes que habían sido arrastrados por sus padres hacia campos de trabajo, de campesinos muertos por la hambruna organizada por el Estado de 1932-33. Contrastó esta situación con el lujoso modo de vida de los *parvenus,* que apenas escondían el cinismo de un sistema llamado a sí mismo socialista, mientras que producía desigualdades más emparentadas con el capitalismo.

Mientras que Serge mostraba el crecimiento económico —a pesar de la industrialización de Stalin— porque la fuerza de trabajo industrial se expandió y se introdujo maquinaria donde no existía previamente —sin mencionar los esfuerzos de un verdadero sector de trabajo esclavo en los campos—,[42] se hacía la pregunta esencial pertinente a este crecimiento: ¿crecimiento en beneficio de quienes? ¿Qué clase de crecimiento?[43] Y describió lo que pasó con este crecimiento: pillaje, sabotaje, miseria, hambre, leyes migratorias, represión y terror. De acuerdo a Serge, los métodos de Stalin eran antisocialistas, pero justificados oficialmente por el uso de un «marxismo amoral y vulgar».

Serge analizó la draconiana legislación sobre el trabajo y los distintos esquemas empleados para acelerar la producción y exprimir más a los trabajadores, como el *trabajo-shock (undarnichestvo), competencia socialista* y *stajanovismo.* Señaló que estos esquemas fueron sentenciados porque eran básicamente un fraude, equipados por administradores y trabajadores oportunistas en complicidad para ganar privilegios para ellos mismos.

42/   Serge estimó que había más de 15 millones en el sector de trabajo forzado. Ver *Destiny of a Revolution* y *Carnets,* 189. Para estas cifras se basó en el libro de David Dallin, *Forced Labor in Soviet Russia,* en conversaciones con Trotski, correspondencia de los campos, etc.

43/   Manuscritos, sin publicar ni fechar. Archivo de Serge, México.

Cuando los trabajadores se resistieron, como inevitablemente lo hicieron, Serge transmitió la de alguna manera contradictoria respuesta del régimen a la resistencia, mostrando gráficamente lo que pasaba con aquellos que se atrevían a desafiar colectivamente su situación. La juventud era con frecuencia la más militante, y hay evidencias de huelgas.

Serge describió la huelga de la planta textil de Ivanovo-Voznessensk en abril de 1931, donde los trabajadores tenían un solo eslogan para expresar sus demandas: «¡Tenemos hambre!». Las autoridades acusaron a los líderes locales, se enviaron víveres, se reanudó el trabajo y luego comenzó la purga silenciosamente. Los trotskistas que había entre los huelguistas fueron tiroteados y no se dijo ninguna palabra, salvo en el extranjero.[44]

Con solo este episodio, Serge expresó la contradicción básica de un régimen que evidentemente le temía al proletariado, porque le había usurpado su poder político. Posteriormente, se vio el mismo patrón de respuestas del sistema a las huelgas.

Lo que mostraban las huelgas era que el régimen tenía que lidiar con la resistencia organizada de la juventud y un sector de trabajadores más viejos, que de alguna manera habían sobrevivido a la guerra civil, a la NEP y a las hambrunas, y que conservaban cierta memoria colectiva engendrada en las ideas del marxismo, de los días de la revolución.

Serge señaló que Stalin luchó contra los trabajadores, contra los campesinos y decapitó al partido. El régimen también tuvo que hacer frente a los resultados de su política —planes incompletos, alta rotación de la fuerza de trabajo, alcoholismo, en medio de una extrema escasez— mientras se preparaba para la guerra. Serge centró el problema de manera simple y enérgica: no se podía depender de una fuerza de trabajo desnutrida, mal alimentada, llevando una existencia infeliz, para obtener un buen trabajo. Lo que la sociedad capitalista había aprendido de la experiencia de la esclavitud, se había perdido con los estalinistas.[45]

Serge contestó a sus propios interrogantes sobre la naturaleza del crecimiento económico con ejemplos de trabajadores sometidos a condiciones inhumanas, sin recibir pago suficiente como para superar el hambre, con trabajo esclavo comprometido en la construcción en los

---

44/ *Sotsialisticheskii Vestnik* describe la misma huelga.
45/ V. Serge, *Destiny of a Revolution*, pp. 163-178.

campos, y campesinos cuya resistencia se encontró con la deportación y la expropiación. La situación llevó a la desmoralización de la clase trabajadora, junto a un sentido de futilidad.

Centrándose en la omnipresencia de la policía secreta, apostada en cada establecimiento, Serge evocó la vida de los ciudadanos comunes bajo esas condiciones:

> «Cercado por la policía, por la pobreza, por mentiras... [el] trabajador está preocupado por obtener, sellar, chequear y reinscribirse en la carta de racionamiento la cual es negada a la mitad de los trabajadores por distintos pretextos; su esposa corre de un negocio vacío a otro, haciendo la cola en las filas de las puertas de las pescaderías durante la tarde para reñir a la mañana siguiente por una ración de pescado salado... expuesta a ser espiada en la tienda... volviendo a casa para contar quién fue arrestado la noche anterior».[46]

Serge reveló cómo las condiciones de coerción física y de intimidación en un contexto de escasez y apuro, dejaron a la población sin nada en qué pensar, salvo en su propia supervivencia, en su propio interés. El estilo de Serge es acumular ejemplos concretos; el proceso de atomización de la población es empíricamente demostrado pero no teóricamente argumentado.

La ruptura sangrienta

Stalin solo podía reforzar sus métodos barriendo toda oposición. Serge observó que el sistema era altamente inestable, que descansaba solo en la fuerza bruta. Las purgas, al ser no planificadas y provenir de una dinámica interna puesta en movimiento por los métodos de Stalin de industrialización y de gobierno, crearon nuevas relaciones sociales. Ninguno de los problemas básicos de la sociedad se resolvieron al terminar las sangrientas purgas, pero millones de personas pagaron con sus vidas. Se rompieron todas las formas de resistencia colectiva, y cualquier resistencia residual fue atomizada, puesto que la población abatida solo se interesaba por su subsistencia, no por la política.

Luego de los exultantes primeros diez años de la revolución, vino lo que Serge llamó los diez años negros, de 1927 a 1937. Estos últi-

<hr>

46/   V. Serge, *Destiny of a Revolution*, p. 185.

mos años constituyen la lucha de la generación revolucionaria contra el gobierno totalitario y la guerra del régimen contra su propio pueblo, en la forma de industrialización, hambre, deportación y ejecución. Los fundadores de la revolución, que favorecieron la industrialización temprana, la colectivización gradual, el planeamiento democrático, el internacionalismo militante, la democratización del partido y de la sociedad, y que lucharon contra la burocratización, pasaron «desde el poder, a la prisión, a la deportación y la muerte».

Serge lo llamó *la contrarrevolución de Stalin,* la toma de poder más sangrienta de la historia, en la cual la resistencia de la generación revolucionaria fue tan tenaz, que se hizo necesario para el régimen eliminarla enteramente, para consolidarse. En sus palabras:

> «Los bolcheviques murieron por decenas de miles, los veteranos de la guerra civil por cientos de miles y los ciudadanos soviéticos manchados por los ideales censurados, por millones. Una docena de compañeros de Lenin y Trotski, pudieron limpiar su honor mediante un acto supremo de devoción al partido, antes de ser fusilados. Miles más fueron fusilados en los sótanos. La mayor concentración de campos en la historia fue establecida para vigilar la eliminación física de una gran masa de sentenciados».[47]

El nuevo Estado, al cual Serge llamó Estado policial burocrático, fue «reaccionario en todas las formas importantes con respecto a los ideales de la revolución. Un marxismo de esloganes muertos, nacido en las oficinas, tomó el lugar del marxismo crítico de los hombres pensantes». Más aún, Stalin pudo «retener las almas de la oposición a través de su patriotismo de partido el cual él usó para dividirlas y devorarlas». El culto al líder había nacido, los *parvenus* burocráticos del sistema totalitario emergente, cotorreaban las palabras del líder y celebraban la teoría del socialismo en un solo país.

Reafirmando su compromiso con la política de la Oposición de Izquierda pero con ciertas modificaciones hacia el final de su vida, Serge nunca definió sistemáticamente la naturaleza de clase del Estado soviético, llamándolo finalmente, *totalitarismo burocrático con inclinación colectivista,* esto es, describió sus características, analizó sus dilemas; pero no fue preciso acerca de su naturaleza de clase.

47/   V. Serge, «Trente ans apres...».

Esto puede atribuirse en parte al método de análisis de Serge, y en parte, a la naturaleza contradictoria del organismo que se estaba formando. Consideraba a la burocracia alternativamente, una casta y una clase; acordaba en que existía explotación, pero no llamaba capitalista al régimen.[48] Afirmó que la URSS necesitaría una nueva revolución —y se lamentaba de que sin ella, la burocracia llegaría a un acuerdo con el capitalismo para explotar en conjunto, a los trabajadores soviéticos.[49]

Serge desarrolló ideas *revisionistas* sobre el rol de la tecnocracia y tuvo unas nociones *heréticas* sobre el partido: aunque afirmaba que «por desgracia necesitamos un marco organizacional», nos advertía sobre una saludable desconfianza hacia la centralización, la disciplina y la ideología dirigida.[50]

Pesimista porque la URSS había creado un *universo de campo de concentración,* había bloqueado el socialismo y ayudado a crear el nazismo, Serge fue, de todas maneras, más optimista que nunca hacia el final de su vida, acerca de que la única solución era el socialismo, que podía poner a la economía al servicio de sus productores libremente asociados. Aunque los mencheviques alrededor del nuevo líder, muchos [ex] trotskistas y los así llamados centristas pidieron a Serge que se pasara hacia la socialdemocracia y abandonara el marxismo, Serge se situó en la transformación socialista de la sociedad capitalista y en la abolición del gobierno de la burguesía.

Escribió que la revolución debe ser más que solo proletaria, esto es, debe ser socialista en el sentido humanista, «más precisamente, socializar a través de medios democráticos libertarios».[51] Para Serge, era vital que la revolución prestara atención al problema de la libertad. Era un internacionalista intransigente, un revolucionario comprometido lo más posible con la libertad personal dentro del proceso revolucionario.

A diferencia de muchos otros antiguos revolucionarios, cuyo *Dios les había fallado,* Serge no veía al estalinismo como el efecto natural del leninismo, sino como una corrupción del mismo. Argumentaba que el

---

48/   Como Trotski, Serge observó que la burocracia estaba ligada a la revolución y a la preservación de la propiedad colectiva, y a una economía dirigida, aunque no planificada. Ver *Destiny of a Revolution.*

49/   V. Serge, manuscritos no publicados, sin fechar, archivos, México.

50/   V. Serge, «Trente ans apres...», p. 23.

51/   Manuscritos no publicados, (sin titular, sin fechar), archivos, México.

pensamiento bolchevique contenía semillas que crecieron bajo Stalin, pero que también había muchas otras semillas que podrían haber florecido en una nueva democracia, si hubiese existido el contexto para su germinación.[52]

Para Serge, el estalinismo representaba la destrucción de los ideales de la revolución. Luego de todo esto, la cuestión que surge es acerca de la relevancia de las ideas de Serge. He mostrado cómo sus descripciones y análisis señalan los dilemas y problemas que indican las características fundamentales del sistema soviético: una producción ruinosa, una burocracia que no tiene un control total sobre la clase trabajadora, puesto que los trabajadores se hacen cómplices de los administradores para hacer al sistema tolerable para ellos mismos.

Los elementos de la crítica de Serge, aunque incompletos y no exentos de contradicciones internas, nos proveen de prerrequisitos esenciales para la comprensión de lo que fue la Unión Soviética así como de valiosos elementos para recuperar la dimensiones democrática, humanista y revolucionaria del socialismo.

52/   Serge expresó este pensamiento en varios ensayos: ver por ejemplo, su carta a Sidney Hook, del 19 de julio de 1943, «Marxism et Democratie».

LA OPOSICIÓN COMO FUERZA DE IDEA: VÍCTOR SERGE DE LA BANDA DE BONNOT A TROTSKI*

Pierre Broué

Este coloquio, nuestro coloquio para el centenario del nacimiento de Víctor Serge, tiene lugar en un contexto en el cual la figura de este escritor militante adopta un relieve particular.

Cuando en el mundo se está hundiendo, por secciones enteras, el imperio de los herederos de Stalin, cuando tantos comentaristas, interesados o no, se esfuerzan en persuadir al mundo de que el socialismo no ha sido jamás, no es, ni será nunca sino una utopía absurda y sangrienta, en este momento, la luminosa cara de Víctor Serge testifica que se puede haber sido uno de los primeros y de los más consecuentes en la denuncia del estalinismo y de sus crímenes y que se puede ser también, hasta su último aliento, un convencido partidario del socialismo.

Naturalmente, las circunstancias, el momento histórico, contribuyen considerablemente a dar este extraordinario relieve a la persona de Víctor Serge, pero estas circunstancias no serían suficientes por ellas mismas y creo que este coloquio demostrará que el desarrollo histórico presta solo a los ricos y que es esta riqueza la que hace actualidad a Serge y le da un peso que va más allá de la actualidad.

Es porque, del anarquismo al bolchevismo, del bolchevismo al socialismo democrático, Víctor Serge no se cerró jamás a los argumentos y a las razones de opinión, y que las buscó siempre, porque siempre

*/ Este artículo de Pierre Broué fue la conferencia inaugural del Congreso sobre Serge que tuvo lugar en Bruselas en marzo de 1991. Fue publicado en «Victor Serge. Vie et oeuvre d'un révolutionnaire. Actes du Colloque organisé par l'Institut de Sociologie de l'Université Libre de Bruxelles, 21-22-23 mars 1991». *Socialisme,* n.º 226-227, Juillet-Octobre 1991, p. 267-272. Traducido por Pelai Pagès. Agradecemos especialmente a Anne Morelli que nos haya permitido la traducción y publicación del presente artículo, que para nosotros representa también un homenaje a quien fuera un buen amigo y compañero, Pierre Broué.

defendió el derecho de expresión de sus adversarios ideológicos, en otras palabras porque siempre se sintió vinculado al valor de la oposición y a su fuerza en el combate de ideas que Serge se beneficia hoy de esta iluminación que hace de él uno de los hombres más lúcidos de su siglo.

Para empezar, y sin querer hacer un análisis sicológico o una biografía política para la cual no dispongo aquí de los elementos, me gustaría, sin embargo, subrayar desde ahora cómo los años decisivos de la infancia de Víctor Serge le han colocado en una posición contradictoria que, mientras vivió, le permitió entender las otras contradicciones a las que se enfrentó, la manera de resolverlas, el medio de superarlas y de proseguir, oponiéndose sobre la misma vía, fiel en la diversidad, libre en el compromiso que escogió.

Subrayaría de entrada la miseria de este medio familiar de emigrados, las privaciones que debió sufrir, el choque por la muerte por hambre de su hermano Raúl. Pero al mismo tiempo, las ideas y sentimientos exaltantes que encontró (historias de ejecuciones, de manifestaciones, de juicios, de evasiones, que en suma son la apología de la rebelión) y la exaltación de grandes virtudes, el coraje, la abnegación y el espíritu de sacrificio (los retratos de los ahorcados en las paredes de la casa).

En este «mundo sin salida», como él le llama, este mundo que para él no comporta ninguna «salida individual», ve sin necesidad de formularla la que más tarde llamará la salida del «revolucionario profesional», digamos del combatiente permanente para la causa de los oprimidos y de los pobres como él.

Y en el estadio superior, el de la determinación del mundo de combate, reencuentra una contradicción parecida: por un lado, el mundo magníficamente organizado y bien regulado de la socialdemocracia belga con sus mil y una realizaciones, su edificio que no cambia la vida salvo quizás la de los jefes y se consuela de la tristeza del mundo de hoy por su filosofía reformista que le promete el socialismo y la felicidad en el año 2000. Y justo al lado, en los márgenes, descubre las comunas libertarias, siempre la amistad pero sobre todo la necesidad de poner de acuerdo sus palabras y sus actos. Discípulo de Libertad, hace suya su fórmula: «Quienes prometen la revolución son farsantes como los otros. Haz tu revolución tú mismo. Ser hombres libres, vivir en camaradería».

Es la regla que defiende en la *anarquía,* en la cual su compañera Rirette Maitrejean dirige la publicación a partir de 1911, cerca de París, donde llegó en 1908.

Nuevamente sin embargo, la contradicción va a llevarle a su trampa. Los ilegalistas, como se les llama, se deslizan por la vida al margen de la sociedad, al margen del código. Durante dos meses cohabita en el periódico con su amigo Raymond-la-Science (Callemin), y sus compañeros que ya son «los bandidos trágicos» de la banda de Bonnot. Les observa como cambian, convertirse en asesinos, tomar sus ilusiones con las manos ensangrentadas. No está más con ellos y no puede estar más: está trastornado por «su pensamiento lineal», su «fría cólera», su «visión implacable de la sociedad». Preguntándose lo que le ha retenido para seguir en su locura a estos hombres a quienes quería, dirá que sin duda fue, en su pasado, «un mundo penetrado por una esperanza tenaz y rica en valores humanos, como la de los rusos».

Evidentemente rechaza estar con esta sociedad que les ha hundido en este mortal desespero y desprecia el chantaje que le ha hecho el jefe de Seguridad. Detenido por «complicidad», será condenado a cinco años de reclusión: se han encontrado en los locales del periódico dos armas de fuego y él es considerado un «teórico» a causa de algunos artículos excesivos.

Cuando entra en prisión para cinco años, después de un proceso que para él fue espantoso, dice que ha entendido «la caducidad del anarquismo en la jungla capitalista» y haciendo balance de una corta experiencia —tiene 21 años— pero rica, añade que en la vida existe siempre lo peor y lo mejor, una banalidad, pero que «la corrupción del mejor es lo que tiene de peor» —una fórmula que muchos hombres y mujeres deberían gravar en su conciencia o en su frente.

Este joven recluso había acumulado en pocos años una experiencia y una comprensión de su experiencia que hacían de sus ideas —de sus ideas de opositor de la sociedad— una verdadera fuerza material. Él aún no lo sabe.

En 1917, después de su salida de la cárcel, fue expulsado destino a España y, para empezar, sufre una terrible crisis, pues se halla de nuevo más enfermo aún que en prisión, en un mundo sin salida, cuando millones de jóvenes de su edad mueren en el barro de las trincheras.

Él rechaza categóricamente en todo caso su antiguo individualismo y a quienes lo encarnan, «producto de la degeneración de todo», escribe. Es cuando reencuentra a los sindicalistas catalanes y españoles, la solidaridad obrera (el título del periódico de la CNT), en el momento en que las noticias de la revolución rusa crean entre los trabajadores una nueva esperanza, un corriente de organización y de lucha.

Escribe en *Tierra y Libertad* un primer artículo para defender a Fritz Adler que disparó a un ministro de la Guerra, y un segundo para saludar la esperanza que levanta la revolución rusa. Firma los dos como Víctor Serge.

Un hombre, un amigo, un camarada simboliza esta nueva etapa, esta síntesis de sus aspiraciones libertarias y de su voluntad de organizarse en el combate de las masas: es el famoso Salvador Seguí, «el Noi del Sucre», el héroe y el organizador de la CNT en Cataluña, que le inspiró en *El nacimiento de nuestra fuerza* el personaje de Darío. Pone en su boca esta formidable predicción:

> «El mañana es grande. No habremos madurado en vano esta conquista. Esta ciudad será tomada, si no por nuestras manos, al menos por manos parecidas a las nuestras, pero más fuertes. Más fuertes quizás de haberse mejor endurecido gracias a nuestra propia debilidad. Si somos vencidos, otros hombres, infinitamente diferentes a nosotros, infinitamente iguales a nosotros, bajarán esta *rambla,* una tarde parecida, en diez años, en veinte años, esto no tiene ciertamente ninguna importancia meditando esta misma conquista: pensarán quizás en nuestra sangre. Ya creo verles y pienso en su sangre que también correrá. Pero ellos tomarán la ciudad».

Es al lado del «Noi del Sucre» que Víctor Serge entiende el problema crucial que Salvador Seguí cree que no puede plantearse de su entorno anarquista —y que es el problema de este siglo, el del poder que el pueblo rebelde no puede agarrar derribando la dominación de aquellos que lo explotan.

Sabe ya que «la corrupción del mejor es lo que tiene de peor». Sabe que es necesario tomar el poder y no conoce aún que es él quien corrompe al mejor. Es así como Víctor Lvóvich Kibálchich, el antiguo Le Rétif, convertido en Víctor Serge, se encuentra en Rusia después de una estancia en un campo de concentración en Francia y de un intercambio con un oficial sobre el cual se puede estar seguro de que no lo valía. Por fin allí encontró «su» revolución y el fin del «mundo sin salida» en el cual hasta entonces se había debatido.

En este siglo con ritmo desenfrenado, el descubrimiento de la Rusia revolucionaria no representa en absoluto para Víctor una vuelta atrás. Es cuando reencuentra muy vivos los sueños de su infancia, los grandes sentimientos exaltantes y las grandes virtudes, y la esperanza tenaz de lo mejor de un destino colectivo.

En Petrogrado, cuando desciende del tren, es para respirar a pleno pulmón las tradiciones familiares, la generosidad, la solidaridad, la revuelta, el espíritu de sacrificio, el heroísmo de quien combate por la humanidad. Sus camaradas rusos piensan que con su revolución de octubre han abierto la única salida posible para este mundo que, hasta ellos, nunca habían visto sus ojos.

Tienen incluso la audacia que el Noi del Sucre en persona no había podido tener. Han tomado el poder en este Petrogrado donde Serge llega, descubriendo al mismo tiempo que esta ciudad de la revolución de octubre se ha convertido en «la capital del Frío, del Hambre, del Odio y de la Tenacidad».

Seguro, Víctor Serge no es ni ingenuo, ni fanático, y aún menos neciamente sentimental. Él, que es soldado ametrallador en sus horas de ocio y en las del peligro y miembro de la Sociedad Filosófica Libre, no es ni un cínico ni un niño de coro. Conoce perfectamente que los métodos de los bolcheviques a menudo son rudos, tanto como los hombres que los aplican, que la represión indispensable es demasiado a menudo ciega. Sabe perfectamente que los bolcheviques no deben dejar una parcela de poder de la cual los Blancos se apoderarían inmediatamente.

Él, que en Petrogrado es el familiar de Zinóviev y de tantos otros dirigentes del nuevo régimen, se ha vinculado a los intelectuales soviéticos, para empezar con Máximo Gorki y los otros críticos de la represión bolchevique, y con ellos vela por los socialistas revolucionarios y los mencheviques que a menudo —pero no siempre— han jugado con fuego y sobre quienes se abate el puño implacable de la Cheka al que no quita el ojo pues conoce demasiado bien el peso corruptor del poder, de la violencia y de la sangre, que no es escasa.

Sin dejarse impresionar por los gritos y las excomuniones de sus antiguos amigos anarquistas que se descubren, ahora que los golpea, enemigos de la violencia y que, antiguos partidarios del terrorismo, denuncian ahora la sangre que la Cheka hace correr, Serge se unió al partido bolchevique y, se enorgullece de ello, defiende su política y trabaja en la construcción de su «partido mundial», la Internacional Comunista.

Cuando la represión se desencadena contra los socialistas revolucionarios, los mencheviques y los anarquistas rusos al día siguiente de la insurrección de Kronstadt, Víctor Serge, que había comprendido muy bien el peligro que corría la revolución con el motín y ha aprobado a los dirigentes rusos, aún sigue allí para defender la causa de estos vencidos que son hermanos.

Está inquieto, asustado por lo que denomina «la sicosis del poder absoluto» en los cuadros bolcheviques. Piensa que los dirigentes habrían debido «esforzarse y defender e imponer, con tanta energía como ponen para vencer, un principio de humanidad hacia el enemigo vencido». Más tarde dirá: «Sé que tuvieron la veleidad»... «Conozco la grandeza de estos hombres; pero sobre este punto ellos, que pertenecen al futuro, han sido prisioneros del pasado.»

En el transcurso de los años siguientes, corresponsal de *Inprekorr* en Berlín y después en Viena, es testigo y también actor de los combates revolucionarios de la Europa central y no existía en su tiempo otro artista más capaz que él para describir el desconcierto y la tristeza de los comunistas alemanes cuyo puño elevado para dar el último golpe se derribó y aflojó, los comunistas que se vieron frustrados de un asalto preparado de manera minuciosa durante mucho tiempo en 1923.

Cuando volvió a la URSS fue para participar en una batalla política áspera, difícil, oscura y fratricida —sobre la cual parece que ha sido, con Trotski, uno de los raros en conocer entonces que estaba perdida de antemano—, la lucha de la oposición unificada, después de la Oposición de Izquierda clandestina que le convirtieron en un responsable de su trabajo internacional.

Fue durante esta etapa que se acercó mucho al militante catalán Andreu Nin, uno de los militantes de la línea del Noi del Sucre —asesinado en 1922—, con quien también él había estado relacionado.

En el tiempo de su deportación, de 1933 a 1936, estuvo en Oremburgo con su hijo Vlady, viviendo en el centro de un núcleo de oposicionistas trotskistas que inmortaliza en sus novelas, en particular en

Medianoche en el siglo: son estos hombres de quienes exalta el coraje, la tenacidad y la independencia de espíritu, en la época en la que el régimen estalinista glorifica a los delatores, los pretendidos «trabajadores de choque» y a los escritores limpiabotas.

¿Esperaba Stalin algún beneficio de su liberación? En todo caso existe contra él el testigo abrumador de un escritor estimado, con gran talento y que sabrá hacer accesibles al gran público «los crímenes de Stalin» y su excepcional amplitud.

¿Cuándo supo Víctor que en esta ocasión aún y por segunda vez en su vida, «lo peor» resultó la «degeneración del mejor»? ¿Cuándo entendió que este partido magnífico, esta «querida banda unida y audaz», como decía su amigo el escritor Voronski, esta falange de libertadores, se había convertido en la guardia pretoriana engordada de burócratas obtusos y de policías cínicos a su servicio?

A su salida de la URSS se podría pensar que lo negativo, en su balance desde 1919, prevalece sobre lo positivo. Se mantiene fiel a sí mismo, comprometiéndose con el llamamiento de Trotski y de Lev Sedov en la lucha por la defensa de los acusados de los Procesos de Moscú, insiste para que el comité francés sea también el órgano de defensa de «la libertad de opinión en la revolución», una exigencia que nadie, entre los revolucionarios, pensaría, desde esta época, en minimizar.

Desde luego se unió inmediatamente a los amigos de Trotski que, después de la Oposición de Izquierda internacional, están comprometidos en el Movimiento para la IV Internacional. En el pleno internacional de esta organización, al cual fue invitado en Amsterdam en enero de 1937, adopta ya una posición crítica que le opone a Trotski y a los dirigentes del movimiento, a propósito de la guerra de España. De manera espectacular ofrece su adhesión al POUM que dirige su amigo Andreu Nin hasta su asesinato por orden de Stalin, y se opone a las críticas que le dirige Trostki.

Las relaciones entre los dos hombres se deterioran para culminar con el famoso «Insértese»/advertencia contra el bolchevismo sobre el cual Víctor Serge siempre ha negado ser el autor mientras que Trotski siempre ha estado persuadido de que lo era.

A raíz de las duras polémicas llevadas contra él en esta época por los trotskistas, escribe esta otra frase-clave sobre el papel de la oposición como fuerza de idea:

> «Encontré en los perseguidos las mismas costumbres que en los perseguido-
> res. Hay una lógica natural del contagio a través del combate; la revolución
> continua así a pesar de ciertas tradiciones del despotismo que ella acababa
> de derribar; el trotskismo daba muestras de una mentalidad simétrica a la
> del estalinismo contra el cual se había dirigido y que le estaba estrujando...».

Y añade esta frase capital que se aplica a su completa experiencia
militante:

> «Estoy muy apenado, pues quisiera que la fuerza encarnizada de algunos
> hombres pudiera romper sin embargo con las tradiciones sofocantes, resis-
> tir a los funestos contagios».

Sin embargo, la ruptura con Trotski no tiene un alcance histórico.
Víctor, con las entrevistas con Natalia y la ayuda de su diario, hará,
después del asesinato de Trotski, uno de los libros más bellos a la gloria
y a la imagen humana de este último como del bolchevique que supo
encarnar después de la muerte de Lenin y del que Víctor no reniega.

Por lo demás, es otra característica extraordinariamente sorprendente
esta continuidad de la trayectoria de Víctor Serge desde su reencuentro con
el anarquismo en los primeros años del siglo hasta principios de la Segunda
Guerra Mundial. Del anarquismo individualista al sindicalismo libertario
después al bolchevismo con Lenin y Trotski, Víctor Serge ha avanzado con-
tinuamente de prisión a deportación, de exilio a exilio, de un continente al
otro, superando la decepción, comprendiendo a la vez lo que es lo peor y lo
peor, y también, lamentablemente, lo que está corrompido.

Pienso, con Alan Wald, que aún no se conocen bien las posiciones
políticas de Víctor Serge como las que desarrolló en su exilio mexicano,
especialmente en la prensa de los grupos que el historiador denomina «la izquierda antiestalinista de Nueva York». El hecho que puede
interrogarse, con este autor, es para evaluar la importancia de los «elementos constitutivos de su pensamiento» en esta época, a saber, simultáneamente, el deseo de preservar las realizaciones del octubre ruso y
la justificación de un «apoyo crítico» al capitalismo y al imperialismo
encarnados por los Estados Unidos.

Alan Wald señala a este respecto: «Serge, con toda evidencia, subes-
tima los horrores del imperialismo y sobreestima la omnipotencia del
estalinismo».

Queda que, si en ciertas ocasiones fue llevado a sostener puntos de vista que se situaban muy por debajo de lo había pensado durante toda su vida de hombre consciente, Víctor Serge jamás se renegó en el transcurso de sus últimos años. Jamás olvidó lo que era peor y mejor, lo que era también la corrupción del mejor. Pero no es esto lo que le ha hecho negar la existencia del primer «peor» que había descubierto y que no es blanqueado por la corrupción del mejor.

Esto significa que las cualidades personales, intelectuales y morales que le habían permitido, gracias a la actitud de oposición, superar las contradicciones de sus posiciones sucesivas, permitir su adelantamiento en la teoría y la acción, de ir mucho más adelante en la búsqueda de las vías de la liberación humana que la mayor parte de los intelectuales de su generación, le han permitido a la hora del gran retroceso no hundirse con toda una generación que se había considerado «comunista» o «revolucionaria», ver socialista o demócrata y que es, permitidme la expresión, «una excedencia» el tiempo de una guerra mundial y sobre todo de sus días siguientes con la Guerra Fría.

Por supuesto, el mérito se reduce a Serge, a la formación de su personalidad, a su energía y a su constancia, pero se reduce también a la realidad social, a su desarrollo dialéctico y contradictorio: para utilizar una última vez la bella frase de Serge citada al principio, lo mejor y lo peor coinciden en la realidad, lo mejor es susceptible de corromperse y entonces se convierte en lo peor. Pero este peor no es lo contrario del antiguo mejor, es otro, nuevo, y contra este nuevo peor existe forzosamente un nuevo mejor alumbrado por la conciencia y por la experiencia de la corrupción, es decir de la lucha contra la tradición de lo peor, contra el pasado que se pudre.

Lo que significa claramente que Serge no es de ideas sin oposición, que es la existencia de la oposición la que da fuerza a las ideas, que no existe pues un movimiento social y político, particularmente una revolución, sin la inspiración de ideas y por tanto sin oposición —y también que la ausencia o la destrucción de la oposición, es decir de la fuente de ideas, facilitan la degeneración y la corrupción, la revancha del conservadurismo y del pasado, a saber lo peor.

Es esta, creo yo, la lección que nos ha dado Víctor Serge, con todas sus contradicciones, su oposición permanente y la fuerza de sus ideas.

VÍCTOR SERGE EN BARCELONA.
EL NACIMIENTO DE NUESTRA FUERZA

Ferran Aisa-Pàmpols

Víctor-Napoleon Lvóvich Kibálchich llegó a Barcelona en febrero de 1917 procedente de Francia. La ciudad era una fiesta en todos los sentidos de la vida, por una parte la proliferación de cafés-*concert, music-halls* y bares canallas le dan un aspecto bohemio y romántico muy diferente de otras ciudades europeas del momento en que la guerra ha hecho estragos trágicos. Esta misma contienda había motivado indignación en una gran parte de la población y en las tertulias de café era presente el tema de la guerra en la disputa de los germanófilos y los aliadófilos. España había quedado al margen de la guerra, Barcelona era una ciudad neutral. Por estas fechas el Gobierno español continuaba dominado por los partidos conservadores dinásticos fieles a la monarquía de Alfonso XIII; en cambio en Cataluña dominaban los partidos regionalistas y republicanos. El partido principal era la Lliga Regionalista de los Cambó, Prat de la Riba y Puig i Cadafalch que, desde 1914, gobernaban la Mancomunidad de Cataluña. Entre los partidos destacaban los radicales seguidores de Lerroux, los republicanos de Marcelino Domingo y los federalistas y nacionalistas de Layret y de Companys. La burguesía catalana no solamente dominaba el aspecto político, sino que también controlaba la cultura y los aspectos artísticos a través del nuevo movimiento llamado «noucentisme». El abanderado principal de esta filosofía artística es el escritor Eugeni D'Ors.

Víctor-Napoleon Lvóvich Kibálchich, que será conocido como Víctor Serge, había nacido en Bruselas (Bélgica) el 31 de diciembre de 1890, donde su familia de origen ruso y polaco vivía refugiada. Sus padres habían huido de Rusia tras el atentado contra el zar Alejandro II perpetrado el 1 de marzo de 1881 por la organización revolucionaria Voluntad Popular. Su padre, Lev Kibálchich, suboficial de la Guardia

Imperial y simpatizante del grupo Tierra y Libertad, se vio involucrado por la policía zarista y tuvo que huir de Rusia. Un familiar suyo, Nikolai Kibálchich, miembro de la organización Voluntad del Pueblo, sufrió la represión que siguió al atentado del zar. La familia de Serge, después de peregrinar por diversos países de Europa, se instaló definitivamente en Bruselas. En la capital belga Nikolai Kibálchich encontró empleo de profesor en el Instituto de Anatomía. Víctor Serge, en las *Memorias de un revolucionario,* comenta:

> «Yo nací por azar en Bruselas, por los caminos del mundo, pues mis padres en busca del pan cotidiano y de las buenas bibliotecas, viajaban entre Londres —British Museum—, París, Suiza y Bélgica».[1]

El joven Víctor dejó los estudios oficiales y a los trece años se puso a trabajar, pero pronto manifestó su afán por aprender. Su afición a la lectura le convirtió en un obrero ilustrado. En sus memorias afirma que era lector de poesía sin descuidar la narrativa y el ensayo humorístico. Entre sus autores preferidos destacan Sully-Prudhome, Zola, Blanc, Bebel, Gorki, Tolstoi, Sorel, France, Daudet, Reclus y Kropotkin. Del pensador anarquista ruso cita en sus memorias la influencia recibida del libro *A los jóvenes:* «Kropotkin me habló con un lenguaje de una claridad inaudita, su tesis sigue estando presente en mi espíritu».[2]

Víctor, a lo largo de su juventud, pasó por talleres y obradores de diversos oficios, finalmente se decantó por la tipografía. Su encuentro con el trabajo le sirvió para descubrir la explotación a la que estaban sometidos los trabajadores por el capital. El ambiente de miseria de los suburbios mezclado con sus lecturas le llevó a la concienciación política. A partir de entonces se enfrascó enérgicamente en la lucha social a favor de los desheredados. A los quince años empezó su militancia política en la Joven Guardia del Partido Obrero Belga, de tendencia socialista. Pronto abandonó el socialismo por considerarlo reformista para unirse al carro del anarquismo. Las ideas anarquistas acabarán por formarle en su paso por la Colonia Anarquista del Bosque de Soignes (Bélgica). Allí aprendió a redactar artículos, a co-

---

1/ V. Serge, *Memorias de un revolucionario,* Madrid: Veintisiete letras, 2011, p. 20.
2/ Ángel Samblancat, «Dadnos pan o matadnos», *Ideal de Aragón* (Huesca), n.º 119, 22.2.1918.

rregirlos, a confeccionar un periódico y a hablar en las asambleas. Después de esta formación militante, en 1908 viajó a Francia donde entró en contacto con el movimiento anarquista, Víctor Serge, en sus memorias, escribe: «El anarquismo nos poseía enteros porque nos pedía todo, nos ofrecía todo. No había un rincón de la vida que no lo iluminase, por lo menos así nos parecía».[3]

En París, Víctor Serge encuentra trabajo de tipógrafo y se manifiesta partidario del comunismo-anárquico, participa en las reuniones ácratas y escribe artículos con el pseudónimo de Le Retif (El Agitador) en *La Revoltée* primero, y en *L'Anarchie* después. En la ciudad de la luz no solamente realiza actos militantes, si no que se vuelca también en otra de sus pasiones, la literatura y, sobre todo, la poesía. Serge participa en tertulias literarias y recitales poéticos, que se celebran en un pequeño bar cercano al Boulevard Saint Michel, donde leen poemas de autores como Apollinaire, Charles Vildrac, Jules Romain, Emile Verhaeren... Pero su vocación literaria se ve interrumpida por su involucración en los temas sociales, que le hace tomar partido en actos de denuncia de lesa humanidad. En otoño de 1909 participa en las manifestaciones de protesta en París en contra de la condena a muerte y posterior ejecución de Francisco Ferrer y Guardia. También escribe artículos en la prensa anarquista francesa defendiendo la causa del fundador de la Escuela Moderna y denunciando a los instigadores del crimen de Estado. Un año después funda la «Libre Investigation», un círculo de estudio que publica el periódico *La Lutèce Social*. En Francia también dirigirá el periódico *L'Anarchie,* y, a la vez, conecta con grupos vegetarianos, naturistas e individualistas; él mismo vivirá una etapa marcada por el anarquismo individualista. Posteriormente vuelve a la carga radical denunciando el reformismo de la CGT e involucrándose en grupos anarquistas clandestinos. Tras los atentados de la Banda Bonnot, Serge es detenido por la policía y acusado como instigador de la famosa banda es condenado a cinco años de prisión y a la expulsión del país. Una vez es puesto en libertad sale hacia la frontera española con destino a Barcelona, conocida en el extranjero como la Rosa de Fuego del anarquismo. Atrás quedan los campos de batalla de Europa en plena guerra mundial. Barcelona es una ciudad neutral marcada por el cosmopolitismo que le

---

3/ V. Segre, *Memorias de un revolucionario*, p. 38.

da el ser uno de los más importantes puertos del Mediterráneo. Por esta puerta del mar entran espías, negociantes sin escrúpulos, marineros, desertores, artistas, revolucionarios...

Cuando llega Kibálchich a Barcelona se encuentra con una ciudad pujante donde la burguesía y los nuevos ricos muestran sin pudor el lujo de su riqueza; por otro lado la clase obrera, a pesar de que hay trabajo gracias a la guerra, no sale de la miseria. Las injusticias sociales son un terreno abonado para la lucha en la calle y en la proclamación constante de huelgas sectoriales. Víctor Serge, en *Memorias de un revolucionario,* relata su llegada a España:

> «¡Adiós París! Tomé el *exprés* de Barcelona. Los trenes, las estaciones revelaban otro rostro de la guerra, el de los soldados. Eran la dureza misma. Esculpidos en la adversidad, tensos, simples como la roca. Devastados. Del otro lado de los Pirineos se abrían países de calma y abundancia, sin heridos convalecientes, sin soldados de permiso que cuentan las horas, sin duelos, sin prisa por vivir en la víspera de la muerte. Las plaza de grandes árboles de las pequeñas ciudades de Cataluña, bordeadas bajo las arcadas de los pequeños cafés, respiraban despreocupación. Barcelona estaba de fiesta, con las ramblas iluminadas en la noche, suntuosamente asoleadas en el día, llenas de pájaros y de mujeres. Aquí también corría el pacto de la guerra. Para los Aliados, para los imperios centrales, las fábricas trabajaban a pleno rendimiento, las firmas nadaban en oro. Alegría de vivir en todos los rostros, en todos los escaparates, en los bancos, en los riñones. Era como para volverse loco. Pasé por una mala crisis. La trituradora de hombres seguía girando en mí. No encontraba ninguna alegría en revivir libre, privilegiado en mi generación movilizada, en esa ciudad feliz».[4]

La Confederación Nacional del Trabajo (CNT) ya era la organización mayoritaria de Cataluña y su periódico *Solidaridad Obrera* desde 1916 se había convertido en un diario muy influyente entre la población popular barcelonesa. A Barcelona había llegado toda clase de gente que huía de la guerra mundial. Una parte de la vanguardia artística llega de Francia y también de otros lugares donde hay conflicto y se instala en esta ciudad solidaria. Entre los artistas llegados del extranjero destaca Francis Picabia, que publicará la revista *391* con el soporte de las Galerías Dalmau. Vanguardia y revolución conviven en los mismos lugares de atracción urbana. Uno de los lugares más concurridos por

4/ Ibíd., pp. 76-77.

estos artistas rebeldes es el Bar del Centro, en la Rambla 55, donde la bohemia barcelonesa tiene su refugio. Es en este antro donde se platica la tertulia en las mesas de mármol frente a un café, una copa de absenta o simplemente un vaso de agua. El bar es frecuentado por artistas, poetas, sindicalistas, periodistas, aprendices de toreros, vividores sin una peseta, cabareteras e incluso policías secretas que vigilan. En el trasfondo del bar se juega al 7 y medio hasta altas horas de la madrugada y en el sótano funciona un cabaret de nombre francés *Au fond de la mer*. En el bar abundan espejos deslumbradores, tabacos egipcios, perfumes de Turquía, literatura revolucionaria, bebidas exóticas, opio o morfina y, sobre todo, mucha miseria. La redacción de *Los Miserables* tiene su punto de reunión en una de las mesas del bar. Allá Ángel Samblancat se dirige a los suyos leyendo artículos inflamados de redentorismo: «Iremos a la conquista del pan bajo las banderas de San Pedro Kropotkin». A su lado el director de la publicación Fernando Pintado y los redactores Lluís Capdevila, Mateo Santos, Plató Peig, Santos Muñoz y el joven Joan Salvat-Papasseit. El futuro gran poeta catalán firma sus artículos con el nombre de Gorkiano en homenaje a su maestro, el escritor ruso Máximo Gorki. En otra mesa mantienen sus charlas anarcosindicalistas los militantes de la CNT alrededor de Salvador Seguí y de Ángel Pestaña. No faltan los artistas de la vanguardia como Arthur Cravan y poetas futuristas como Ricciotto Canudo. Alrededor de revolucionarios, artistas y bohemios pululan las chicas del cabaret entre las cuales destacan la Margot y la Mary, que serán glosadas en poemas por Plató Peig y Salvat-Papasseit.

Kibálchich, al poco tiempo de su llegada, ya se mueve con facilidad en estos terrenos vivenciales de la capital catalana. Pasea por la calle Ferran observando los elegantes escaparates de las tiendas de lujo, acude a las corridas de toros. Frecuenta los ambientes bulliciosos del Barrio Chino donde artistas vestidas de andaluzas bailan flamenco u otras artistas cantan canciones pícaras. En el Café Español ve en acción a los militantes anarcosindicalistas tertuliando sobre el bien y sobre el mal, uno de ellos es Salvador Seguí, «El Noi del Sucre», con quien pronto trabará una gran amistad e igualmente con todo un ramillete de militantes confederales que van moldeando su anarquismo sindical. En las tertulias del Café Español es conocido como «el ruso», apodo que le acompañará para siempre en su relación con los libertarios catalanes. En la ciudad condal encuentra trabajo de impresor en la Tipografía Gaubert y Pia, en el barrio popular del Poble Nou, y una habitación en un piso de la Gran Vía 416, cerca de la plaza de España. Kibálchich se afilia al Sindicato del Arte de Imprimir de la CNT y empieza a colaborar en *Tierra y Libertad,* el periódico anarquista que se había fundado en 1896. Cuando sale del trabajo se acerca a la calle de la Cadena, 39, 2.º 1.ª, donde está la redacción de *Tierra y Libertad,* que dirige Tomás Herrero. En la publicación anarquista de Barcelona, Kibálchich firma sus artículos con el pseudónimo de Víctor Serge. Los escribe en francés y Mariano Costa-Iscar los traduce al castellano.

Su primer escrito en *Tierra y Libertad* es para defender a Friedric Adler, condenado a la pena capital en Viena por la muerte del conde Sturghk, uno de los responsables del conflicto bélico europeo. El segundo artículo lo dedica al dramaturgo Octave Mirbeau que acaba de fallecer en París a los sesenta y nueve años. El autor de *Los malos pastores* gozaba de una gran simpatía entre el proletariado internacional y, particularmente, entre los anarquistas catalanes. Sus obras dramáticas traducidas tanto al catalán como al castellano habían estado representadas numerosas veces por los elencos teatrales. En Cataluña destaca sobre todo las Vetllades Avenir que dirigía el poeta y dramaturgo anarquista Felip Cortiella, que estrena obras propias y versiones de Ibsen y, entre otros autores, Mirbeau. Serge en su escrito recuerda la obra de Mirbeau desde *El jardín de los suplicios* hasta *Memorias de una doncella* pasando por *Sebastian Roch* y *El abate Julio.* Serge se muestra buen conocedor de la obra del autor francés:

> «Durante toda su carrera fue de los nuestros —dice Serge—. En una época en que el solo hecho de simpatizar abiertamente con los teóricos del anarquismo predisponía a consecuencias calamitosas. Mirbeau prologó el libro de Jean Grave *La sociedad muriente y la anarquía.* En los periódicos y hasta en la Audiencia, defendió a los hombres y las teorías del nuevo ideal».[5]

El siguiente artículo que publica Serge en *Tierra y Libertad* es sobre la revolución que había estallado en Rusia en febrero de 1917 y que había servido para derrocar al zar Nicolás II. Serge analiza el funesto personaje

---

5/   V. SERGE, «Octavio Mirbeau», *Tierra y Libertad,* n.º 342, 18.4.1917, p. 1.

que acaba de caer como uno de los primeros autores de la tragicomedia que vive el mundo. El zar símbolo máximo del autoritarismo representaba el poder despótico de la opresión más dura contra el ser humano:

> «Todos los despotismos de antaño —dice Serge— han contribuido a formar el yugo actual. Bajo el peso de este inmenso pasado, el opresor se curaba a sí mismo como un esclavo. Es por esto, sobre todo, toara o democrática chistera, ya sea soberano por la Gracia de Dios o rey; más poderoso aún, por la gracia del dinero, ya sea conquistador, explotador, o prudente e hipócrita pastor de su rebaño, es siempre el continuador de aquel que en tiempos lejanos impuso a su semejante la ley de la estaca y del hacha, de todos los que a través de la historia lamentable fueron grandes porque hicieron sufrir enormemente en vano... Perpetúa el oscuro pasado de luchas bestiales, por la pitanza del día, por la posesión de la hembra deseada y por la del esclavo. Desde que en la caverna un hombre contrarió la voluntad de otro y lo consideró cosa suya, hasta nuestros días en que la autoridad se ha hecho cómplice, velada de mentiras, impersonalizada aparentemente en la ley, el principio fundamental, la regla única impuesta al más débil, ha sido la misma: *la obediencia, la servidumbre absoluta o la muerte».*[6]

Víctor Serge habla de la lenta evolución del alma colectiva del pueblo ruso y ofrece al lector una breve pincelada de la revolución rusa comenzada el 1860 con los primeros atentados nihilistas, seguidos por la lucha política de la burguesía liberal impregnada de ideas modernas contra los representantes del viejo régimen. Por otro lado cita a los elementos revolucionarios, hambrientos e insumisos, hombres del nuevo ideal, impulsados desde la miseria contra el orden caduco, intelectuales insatisfechos, aldeanos indignados, todo ello construyendo un gran amasijo de odio contra el orden establecido. Serge nombra los hombres de acción y pasión de la Rusia socialista y libertaria, contrarios a la guerra levantados también contra el opresor interior; y habla de la burguesía liberal que, a favor del descontento popular, acaba de alcanzar el poder en Rusia. Serge, finalmente, escribe:

> «Regocijémonos nosotros, que debemos a la revolución rusa una parte de nuestro valor. Ella ha dado al mundo fuerzas nuevas que han fructificado en todas partes: una literatura, una idealización».[7] Y presenta al lector los grandes autores rusos del siglo XIX y XX, Dostoyevski, Tolstói, Andréiev,

---

6/   V. Segre, «Un Zar cae», *Tierra y Libertad,* n.º 346, 4.4.1917, p. 1.
7/   Ibíd.

Gorki, Chéjov, etc. Y acaba diciendo: «Nosotros, anarquistas, les debemos aún más. Su tormenta revolucionaria ha dispersado por el mundo millares de refugiados políticos que han sido en muchos sitios propagandistas y caudillos sinceros».[8]

Otro artículo de Víctor Serge en *Tierra y Libertad* lleva por título: «Momentos extremos», en el que habla de la guerra que está llevando Europa al precipicio y de la situación política en España tras los constantes torpedeamientos por los submarinos alemanes de buques de países neutrales como el español *San Fulgencio.* Actos guerreros con la intención de extender el conflicto a todo el mundo y arrastrar a países como España a tomar parte en uno de los bandos en litigio: «Pero el proletariado español, víctima de los enemigos interiores que lo son los capitalistas y gobernantes, bloqueándole por el hambre unos y con la represión otros, no se presta a dejarse llevar a una guerra contra un enemigo exterior imaginario, y más bien está dispuesto a romper las hostilidades con el enemigo interior, cuyo ultimátum ya les ha sido presentado y cuya contestación ha sido el recrudecimiento de la represión suspendiendo las garantías constitucionales».[9] Serge manifiesta en su escrito que las guerras, a veces las provocan los gobiernos para acabar con la inminencia de una revolución y refiriéndose a lo que acaba de suceder en Rusia dice: «Pero hoy ya las guerras provocan revoluciones... Hemos llegado ya a uno de esos momentos que precisan también una determinación extrema por parte del pueblo».[10] Y cita al propio Francesc Cambó: «Empiezo ya a dudar —dice Cambó— de que esto tenga remedio. Cuando el remedio no aguanta aún, hay motivos para todas las desesperanzas y decepciones. El horizonte está oscuro y cerrado; y si algún destello se divisa no tiene claridad de luz; más bien es llamarada de incendio».[11] Serge opina sobre las palabras de Cambó, uno de los representantes más importantes de la burguesía:

«Y en su *pesimismo,* tal vez hipócrita, tiene razón; los que preparan la revoluciones, los que las hacen estallar, son únicamente los gobernantes. Y hemos llegado a un punto tal de represión por parte del Gobierno y de

<hr>

8/   Ibíd.
9/   V. Serge, «Momentos extremos», *Tierra y Libertad,* n.º 348, 18.4.1917, p. 1.
10/   Ibíd.
11/   Ibíd.

desconfianza y desesperación por parte del pueblo. ¿Qué más ni mayores excitaciones que la de los gobernantes? Las excitaciones de los revolucionarios huelgan ya…, pero no queremos ni ser ni tener esclavos, ¿Somos insensatos?… Si nuevos factores no intervienen por otra parte, permitiendo una solución, podría contestársenos afirmativamente».[12]

Finalmente aparece el Víctor Serge agitador libertario con sensibilidad poética:

«Lejos de ser soñadores somos por excelencia modernos. Recordamos, en efecto, al hombre que los tiempos de esclavitud han pasado, han caducado. La más intensa civilización quiere otros medios y los posee: Tenemos, para permitirnos la ociosidad creadora, la ociosidad feliz y fecunda de los dominadores, un prodigioso esclavo, de otro modo exacto, abnegado y regular que el hombre; un esclavo que no sufre y a quien se puede mandar sin rebajamientos: *Es la máquina*. ¡Radiante perspectiva! Como dice el poeta: "Yo veo que Atenas vuelve a florecer en toda la tierra"».[13]

Víctor Serge escribe cinco artículos más durante su estancia en Barcelona, el último de ellos aparece en *Tierra y Libertad* n.º 364 y lleva por título «Esbozo crítico sobre Nietzsche».

En el sindicato entabla amistad con el veterano militante Josep Negre, primer secretario general de la CNT en 1910. El año 1939, Serge, tras el final de la guerra civil española, luchará para conseguir que el viejo militante anarquista, encerrado en un campo de concentración francés, tenga una ayuda de 300 francos de los veteranos de la CGT francesa. Con Salvador Seguí, «El Noi del Sucre», vive intensamente los preparativos de la gran huelga general revolucionaria de agosto de 1917. Se reúne con él en su piso de la calle Egipciacas al lado de la calle Hospital:

«Cenábamos bajo la luz temblorosa de una lámpara de petróleo —dice Serge—. En la mesa cepillada la comida consistía en tomates, cebollas, un áspero vino rojo, una sopa campesina. La ropa del niño colgaba de una cuerda. Teresita mecía al niño, el balcón se abría hacia la noche amenazadora, el cuartel lleno de fusileros, el halo rojo, estrellado de la Rambla. Escrutábamos allá los problemas de la revolución rusa, de la próxima huelga general, de la alianza con los liberales catalanes, del sin-

12/   Ibíd.
13/   Ibíd.

dicalismo, de la mentalidad anárquica opuesta al renuevo de las formas de organización».[14]

Serge vive todos y cada uno de los avatares organizativos de la lucha que se prepara para hacer triunfar la insurrección: «El entusiasmo y la fuerza crecían, los preparativos se hacían a la luz del día. A mediados de julio, equipos de militantes patrullaban por la ciudad, en overol azul, con la mano sobre la pistola. Yo participaba en esas patrullas, nos cruzábamos con la guardia civil montada, con sus tricornios negros, sabían que éramos insurgentes de mañana, pero tenían orden de no iniciar el combate».[15]

Unos días después la guardia civil cercaba la casa de Seguí de la calle Egipciacas, pero este consiguió huir a través de las azoteas. Aquel mismo día Serge era detenido y encerrado en un calabozo de la comisaría durante tres horas. Toda esta historia del movimiento anarcosindicalista catalán y la lucha obrera de 1917 Victor Serge la plasmó en la novela *Naisance de notre forcé (El nacimiento de nuestra fuerza)* que, traducida al castellano por Manuel Pumarega, fue publicada por las Ediciones Hoy (Madrid, 1931). Se trata de una de las mejores novelas proletarias del siglo veinte a la altura de *Siete domingos rojos* de Ramón J. Sender y con la épica de *La madre* de Máximo Gorki.

Víctor Serge se inspiró en el movimiento anarcosindicalista barcelonés y, particularmente, en Salvador Seguí para presentar el personaje central de la novela, el sindicalista Darío. La novela glosa el nacimiento del movimiento obrero anarcosindicalista de Barcelona y centra la narración en los días anteriores a la huelga general. En los primeros compases del libro Serge describe sus impresiones sobre la montaña de Montjuïc que domina Barcelona:

> «Una roca abrupta domina esta ciudad con sus moles angulosas, quemando el más hermoso de los horizontes. Rectilíneas edificaciones la coronan con una estrella excavada al vivo en la oscura piedra hace muchos siglos, y guarnecida bajo eminencias de engañoso césped de construcciones secretas. La ciudadela presta un sentido maligno a esta roca, que podría ser, entre el limpio azul del cielo, el azul más intenso del mar, las verdes llanuras de Llobregat y la ciudad; una sorprendente joya primitiva».[16]

14/   V. Serge, *Memorias de un revolucionario*, p. 79.
15/   Ibíd., pp. 79-80.
16/   V. Serge, *El nacimiento de nuestra fuerza*, Madrid: Ediciones Hoy, 1931, p. 9.

Serge habla de la belleza de la montaña y describe el panorama que se divisa desde ella, pero hay un mal halo que tiene denuncia y lo denuncia, el castillo en su cima: «La montaña era una cárcel: La ciudad estaba encadenada y el horizonte obstruido como por un trazo negro bajo el más hermoso sol».[17]

En la novela aparecen diversos personajes como «El Chorro», un mexicano admirador de Zapata; Zylz, desertor francés; Julián y Couet, dos parisinos huidos de la guerra; Óscar Lange, lector empedernido de Kropotkin y de Stirner; el ruso Lejeune, hombre apuesto y elegante y su compañera Maud, mujer joven y desgastada; Toribio, cartero de oficio y lector de Nietzsche; el belga Mathieu; el italiano Ricciotti; el fotógrafo Daniel y, entre otros, los españoles Darío, Bregat, Andrés, José Miró, Eusebio, Cortes, Ribas y Santiago. Serge, escribe:

> «Éramos cuarenta o cincuenta, procedentes de todas las partes del mundo, hasta un japonés, el más rico de nosotros, y algunos miles en las fábricas y en los talleres de aquella ciudad, camaradas, es decir, más que hermanos según la sangre y la ley: hermanos por cierta comunidad de pensamiento, de costumbres, de legua y de solidaridad».[18]

Los camaradas discutían sobre cómo enfocar la lucha y qué hacer en caso de triunfar la revolución: «¿Tomaréis el poder o no? Era necesario que Darío se explicase. Ellos no eran hombres de poder. Eran libertarios. (...) El Comité sería un órgano revolucionario provisional que expresaría la voluntad de la Confederación y no un Gobierno».[19] El diálogo entre el joven profesor extranjero (Serge) y el sindicalista Darío (Seguí) está lleno de pensamientos filosóficos sobre la lucha que llevan a cabo los obreros contra el capital y la burguesía con el fin inmediato del triunfo de la revolución social. La presencia de Barcelona es constante en la novela de Serge: sus calles, la Rambla, el Barrio Chino, los cafés del Paralelo, Montjuïc... En uno de los parajes de la novela, Darío y el profesor exiliado pasean por Montjuïc, y el primero, contemplando la ciudad dice: «Esta ciudad la hemos hecho los trabajadores, la burguesía nos la ha arrebatado, pero un día la conquistaremos y será nuestra».

17/   Ibíd., p. 10.
18/   Ibíd., pp. 14-15.
19/   Ibíd., p. 52.

Víctor Serge describe el inminente auge del anarcosindicalismo y vaticina el futuro de este movimiento social. Los preparativos de la gran huelga general insurreccional avanzaban pero sin un objetivo claro. Así mismo lo expresaría Serge en sus memorias:

> «El Comité Obrero no se planteaban las preguntas a fondo. Emprendía la batalla sin saber hasta dónde llegaría, sin medir sus consecuencias —y sin duda no podía actuar de otro modo—. Expresaba una fuerza creciente, que no podía permanecer inactiva, ni tampoco podía, incluso peleando mal, ser vencida del todo. La idea de tomar Barcelona era precisa, se la estudiaba en detalle. ¿Pero Madrid? ¿Las otras regiones? El enlace con el resto de España era débil. ¿Sería el derrumbamiento de la monarquía? Algunos republicanos, con Lerroux todavía popular aunque ya desacreditado por la izquierda, lo esperaban y les parecía bien lanzar por delante la Barcelona libertaria, a reserva de replegarse si Barcelona fracasaba».[20]

Y Serge describe en su novela los voceadores de «la Soli», los pormenores de la cárcel Modelo, las barricadas levantadas por los obreros y la carga de caballería de la Guardia Civil sable en ristre causando pavor entre los manifestantes. Las divagaciones del Comité Obrero reunido en un café próximo a la catedral y las reflexiones de Darío: «Tienes razón la verdadera revolución empieza cuando se ponen en marcha millones de hombres sintiéndose inexorablemente que ya no cabe retroceder, que todos los puentes están destruidos, que rueda en todos ellos una avalancha humana».[21] Y, nuevamente, se centra en la gran figura de Darío (Salvador Seguí), al que considera el hombre del momento, el principal mentor del proletariado catalán. Las discusiones telúricas en el Café Brasil o el Café Valenciano de la Rambla o en el Café Español del Paral·lel. Tertulias inacabables sobre la revolución, el anarquismo, el porvenir de la humanidad y sobre las lecturas de Nietszche, Kropotkin. Malatesta, Lorenzo... Y también sobre el torero Joselito y las corridas de toros como símil metafórica de la lucha del hombre contra la bestia. Los ballets rusos en el Liceo y los sinfines colores y luces de la capital mediterránea. La novela de Serge es también una crónica testimonial de la historia del anarquismo desde los tiempos de la Internacional y el recuerdo de personajes como Angiolillo o Emilio Henry. Y de la re-

20/ V. Serge, *Memorias de un revolucionario,* p. 77.
21/ Ibíd., p. 112.

volución que se ha iniciado en Rusia y que se ha llevado por delante al zar: «Un mismo soplo agita a estos hombres, semejante a una brisa que no es sino el supremo remolino de un huracán que arranca espinas del otro lado del océano, que agita dulcemente el follaje de un bosque. Y entablamos este diálogo de sombras: —¿El Ejército? —Con el pueblo. —¿La Policía? —Ya no hay. —¿Las cárceles? —Incendiadas. —¿El poder? —Es nuestro».[22]

El poder es nuestro significa que la revolución está en manos proletarias y el verano de 1917 en Barcelona la lucha iba por el mismo camino: «La Ciudadela —decía Darío— la hemos de tomar desde el interior».[23] Y muestra la fe en el porvenir y la esperanza en el resultado de un final victorioso de la revolución proletaria y siempre en palabras de Darío:

> «El mañana es grande. No en vano habremos madurado nosotros esta conquista. Esta ciudad será tomada, si no por nosotros mismos, al menos por manos semejantes a la nuestras, aunque más fuertes. Más fuertes acaso, por haberse endurecido mejor, gracias a nuestra debilidad misma. Si nosotros somos vencidos, otros hombres, infinitivamente a nosotros parecidos bajarán por esta Rambla en una tarde semejante, dentro de diez años, dentro de veinte (esto es lo de menos), meditando la misma conquista, pensarán tal vez en nuestra sangre. Creo verlos ya y pienso en su sangre que correrá también. Pero tomarán la ciudad».[24]

En sus *Memorias de un revolucionario,* Serge recuerda que esta profecía se cumplió el 19 de julio de 1936: «Se llamaban Ascaso, Durruti, Germinal Vidal, la CNT, la FAI, el POUM... Pero el 19 de julio de 1917, fuimos vencidos casi sin combate, pues los parlamentarios catalanes se asustaron en el último momento y se negaron a iniciar el combate».[25] Darío analiza la situación manifestando que la clase obrera todavía no tiene clara conciencia de sí misma. Que hace falta una organización más potente con claridad de ideas y un sólido cuerpo de doctrinas. La huelga se perdió, la batalla también, pero tanto Darío como el profesor sabían que habría más batalla y que alguna vez vencerían los obreros.

La segunda parte del *Nacimiento de nuestra fuerza* narra el paso del

---

22/   Ibíd., p. 127.
23/   Ibíd., p. 73.
24/   Ibíd., p. 73.
25/   V. Serge, *Memorias de un revolucionario,* p. 83.

protagonista de la novela por Francia, su estancia en la prisión, la lucha proletaria y su viaje a la Rusia soviética para luchar en la revolución primero con sus camaradas anarquistas y luego para ponerse al servicio de los bolcheviques. Pero en su destino de Rusia le vienen a la memoria los momentos vividos en España y el recuerdo de Darío continua estando presente cuando recibe una carta de Barcelona:

«De repente se me figuró que Darío iba a entrar, a sacudir de sus hombros la invisible carga, a decir con su tono jovial de los buenos momentos: —¡Bruuff y que frío amigos míos!—, y a volverse luego hacia mí con las manos abiertas y la mirada maliciosa: —¡Eh, querido! ¿Qué te decía yo? ¡Ya ves si se conquistan las ciudades! ¡Y aún no hemos acabado ¡Hemos de conquistar todo el mundo!—. Abrí la carta. Era la letra oscilante, pero firmemente dibujada de El Chorro. (...) De una ojeada recorrí nuevamente aquella letra que cubría cuatro hojas y tropecé con una línea igual a las demás en el bosque de signos, que decía: "...desde que nos han matado a Darío...". Leningrado, 1929-1930».[26]

Así termina esta gran novela proletaria de Víctor Serge, con el recuerdo al carismático líder de la CNT, Salvador Seguí, «El Noi del Sucre», asesinado por los pistoleros a sueldo de la patronal catalana el 10 de marzo de 1923 en la calle Cadena de Barcelona.

Barcelona, enero de 2016

26/ V. SERGE, *El nacimiento de nuestra fuerza*, p. 305.

UNA GENERACIÓN DE GIGANTES.
VÍCTOR SERGE Y LEÓN TROTSKI

Andy Durgan

La vida de Víctor Serge era excepcional. Como resume su biógrafa, Susan Weissman, Serge era «un obrero, un militante, un intelectual, un internacionalista por experiencia y por convencimiento, un optimista inveterado, y siempre pobre. Vivió de 1890 a 1947. Participó en tres revoluciones, pasó una década en la cárcel, publicó más que treinta libros y dejó miles de páginas manuscritas, correspondencia y artículos inéditos. Nació en un exilio político y murió en otro y fue políticamente activo en siete países. Pasó su vida en oposición política. Serge se opuso al capitalismo —primero como anarquista, luego como bolchevique—. Se opuso a las prácticas no democráticas del bolchevismo y luego se opuso a Stalin como Oposicionista de Izquierda. Discutía con Trotski desde dentro de la izquierda antiestalinista; y se opuso al fascismo y la Guerra Fría del capitalismo como un revolucionario marxista impenitente».[1]

Desde 1919, cuando Serge llegó al país de los soviets, hasta su muerte en la pobreza más absoluta en México veintiocho años más tarde, Serge vivía, según su hijo Vlady Kibálchich, «en la cola de la cometa» de León Trotski.[2] Le unía una gran simpatía política y una profunda admiración a «este periodista, teórico y agitador, cuya presencia como un intelectual es lo que destaca (...), una personalidad múltiple, asombrosa y poderosa, cuya aparición adviento no fue prevista por nadie».[3]

Serge se convertiría en quizás el trotskista mas conocido de Occidente, después de su fuga casi milagrosa de la URSS en 1936. Pero pronto

---

1/ Susan WEISSMAN, *Victor Serge. A political biography,* Londres, 2013, p. 4.

2/ David COTTERILL (ed.), *The Serge Trotsky Papers,* Londres, 1994, p. 150.

3/ V. SERGE, *La Ville en danger;* escrito durante el sitio de Petrogrado a finales de 1919, D. COTTERILL, p. 11.

entraría en conflicto con Trotski y muchos de sus seguidores. Como relata su biógrafa, Susan Weissman, el hecho de que, a pesar de su «actitud de camaradería generosa y digna», no pudiera trabajar con el viejo líder bolchevique en «esos años oscuros» fue una tragedia, tanto para la oposición comunista como por el propio Serge.[4]

El reino de la voluntad

Para Serge, como para muchos revolucionarios de su época, la revolución rusa fue un momento clave en su vida. Vio en la revolución la realización de sus esperanzas más profundas. No solamente se habían sublevado las masas para aplastar el viejo régimen, sino que habían establecido una nueva y radical forma de organización, lo que Serge llamaría «el estado-comuna».

Cuando fue tumbado el zarismo, Serge estaba en Barcelona participando al lado de los anarcosindicalistas en el movimiento revolucionario.[5] En julio 1917 se marchó, desesperado por participar en los acontecimientos que iban a estremecer el mundo. Pero fue detenido en Francia, y no llegaría a Rusia hasta enero de 1919. Allí Serge sentía que finalmente había dejado atrás «el vacío» para entrar en «el reino de la voluntad».[6] Poco después de llegar se afilió al Partido Comunista ruso y pronto sería uno de los organizadores principales de la nueva Internacional Comunista. Como explica Weissman, Serge se convirtió en marxista porque «los bolcheviques sabían qué hacer después [de la revolución] y también porque compartía su visión del socialismo como la manera de liberar la humanidad».[7] Aunque había abandonado sus ideas anarquistas, nunca perdió su capacidad crítica, lo que algunos han llamado su «leninismo libertario». Nunca idealizó ni la revolución ni el partido ni las masas. No obstante, a pesar de esta visión crítica, Serge se mantuvo leal a su visión del bolchevismo por el resto de su vida. Enten-

4/   En D. COTTERILL, p. 161.
5/   Es aquí donde Víctor Lvóvich Kibálchich utilizó por primera vez en las páginas del periódico anarquista *Tierra y Libertad*, el nombre de «Víctor Serge»; sobre Barcelona y su posterior viaje a Rusia, ver su novela *Nacimiento de nuestro poder*.
6/   V. SERGE, *Memoirs of a revolutionary*, Nueva York, 2012, p.78.
7/   S. WEISSMAN, pp. 19-20.

día la brutal realidad a la que se enfrentaba; como explicó a principios del 1922:

> «la revolución (...) comenzó en el país mas atrasado de Europa, tanto desde la óptica industrial, como cultural; un país de campesinos analfabetos donde el proletariado era nada más que una minoría débil; en un país cuya red de ferrocarriles era la menos desarrollada del continente entero; en un país [sobre todo] invadido, devastado y agotado (...) después de tres años de guerra imperialista cuando todavía padecía el despotismo arcaico del zarismo».[8]

El aislamiento de la URSS, combinado con la destrucción de la base obrera del bolchevismo y la muerte de sus cuadros en la guerra civil (1918-1922) o su absorción en el aparato del nuevo Estado, sentó las bases para la consolidación del poder de Stalin y la contrarrevolución. Serge, trabajando para la Komintern en Alemania y Austria, ya veía el creciente arribismo y corrupción en el seno de la Internacional y apoyó la Oposición de Izquierda desde su fundación en 1923. El programa de la Oposición se centró en la restauración de la democracia en los soviets y en el partido, y la defensa de la revolución internacional contra la teoría de construir el socialismo en un solo país. Para Serge la formación de la Oposición fue el último intento desesperado para revertir el curso de la historia aun si, como él reconocía, pareciera cada vez más inevitable. De ahora en adelante la lucha contra el estalinismo sería el foco central de su actividad política.

Al volver a la URSS en 1926, Serge formó parte de la dirección de la Oposición. Con el hostigamiento cada vez mayor de los oposicionistas por parte del Estado soviético, sus lazos con Trotski, quien consideraba a Serge uno de los militantes «más capacitados» de la Oposición,[9] se fortalecieron. Años más tarde, Serge describió cómo en la oposición Trotski, siendo aun miembro del buró político, «nunca fue más grandioso, ni más querido por mí, que cuando pasaba horas en los cuartos lóbregos de los trabajadores de Leningrado y Moscú... hablando para convencer a unos pocos obreros... Llegó a creer que si la democracia revolucionaria se iba a salvar, una vez más estaba a la orden del día ganar uno por uno

---

8/   V. SERGE, «La tragique d'une révolution», *La Vie ouvrière*, 21.3.1922; D. COTTERILL, p. 15.
9/   Citado en S. WEISSMAN, p. 88.

a los obreros, como en los días del zarismo, (...) si no hubiéramos luchado, la revolución hubiese sido derrotada cien veces más».[10]

En 1927, junto con el resto de la Oposición Serge fue expulsado del partido. Unos pocos días antes Serge vio a Trotski por la última vez. Dos años más tarde Serge y la exesposa de Trotski, Alexandra Lvovna, en Leningrado y su amigo Andreu Nin en Moscú, eran los únicos oposicionistas destacados en libertad (aunque en libertad vigilada). Mientras que Nin logró salir de la URSS en 1930, Serge seguía viviendo en condiciones cada vez más precarias hasta que fue deportado en 1933 a Oremburgo, en los Urales.[11] Durante estos terribles años, Serge seguía negándose a capitular ante el estalinismo, como harían muchos oposicionistas más.

El prestigio de Serge como escritor le iba a salvar de una muerte segura. En París se formó el Comité Víctor Serge con el apoyo de conocidos intelectuales y escritores. El incansable trabajo del Comité llegó a incomodar el Gobierno soviético, pues estaba ansioso de ganar aliados en Occidente, sobre todo en el mundo de la cultura, después de adoptar la política del frente popular. Presionado por el Comité, el escritor Romain Rolland, preocupado por la imagen de la URSS más que por el destino de Serge, intervino en su favor ante Stalin durante una visita a la Unión Soviética en 1935.[12]

La salida de Serge de la URSS en abril 1936 resultó ser la única que se produjo entre la oposición. Unos meses más tarde empezaron los grandes procesos que rápidamente llevarían a la matanza generalizada de la Oposición y de decenas de miles de comunistas más. Serge, con Trotski, su compañera Natalia Sedova y su hijo Leon Sedov serían los únicos oposicionistas rusos todavía en libertad.

Como explica Weissman:

10/   V. Serge, «In Memory: L. D. Trotsky», *Partisan Review*, tomo 9, n.º 5; D. Cotterill, p. 208.

11/   Desde 1927 hasta su expulsión de la URSS en 1936, Serge vivía gracias a su relación con el mundo literario y político francés, y pudo seguir publicando sus escritos y traducciones; cuatro libros que escribió en Oremburgo fueron confiscados por la policía secreta, la NKVD; la vida de Serge en Oremburgo se refleja en su novela *Medianoche en el siglo.*

12/   Ver: Richard Greeman, «The Victor Serge Affair and the French Literary Left», *Revolutionary History,* tomo 5, n.º 3, 1994.

> «Stalin se equivocó en expulsar a Trotski de la URSS [en 1929], pues fuera de la URSS Trotski sostenía una campaña contra sus crímenes (...) Ahora había dejado que otro oposicionista (...) se juntara con Trotski, otro miembro de la generación de bolcheviques cuya voz era igualmente lúcida. Que estos dos bolcheviques antiestalinistas hubieran sobrevivido era afortunado en sí; pero que pudieran ahora trabajar juntos era increíble».[13]

Al llegar a Occidente, al principio las perspectivas de colaboración entre los dos destacados oposicionistas eran prometedoras. Al instalarse en Bélgica en abril 1936, Serge se puso en contacto en seguida con Sedov, para decirle que tenía «tantas cosas que decirle a Lev Davidovich [Trotski]», sobre todo en relación a los camaradas que aún sobrevivían, en las peores circunstancias, encarcelados y deportados, dentro de la URSS. Pronto recibió una respuesta calurosa por parte de Trotski, ansioso de que Serge asumiera un papel dirigente en el nuevo movimiento a favor de una Cuarta Internacional y animándole a escribir sobre la situación política soviética.[14] Serge se convirtió en el principal «abogado defensor» del viejo líder bolchevique, objeto de calumnias cada vez más insólitas. Además sería el traductor de Trotski al francés. Fue tanta la confianza que tenía en Serge que Trotski ni revisaba las traducciones que hacía.

Expulsado de Francia, en septiembre 1936, Trotski llegó a Noruega donde vivía bajo arresto domiciliario. Como consecuencia, se interrumpió su correspondencia con Serge y sus demás colaboradores hasta que llegara a México a principios de 1937. Hasta su asesinato tres años más tarde, la persecución de Trotski se intensificaba. Entre los cientos de miles de víctimas de la contrarrevolución se encontraron hasta treinta y seis miembros de su propia familia.

Aunque la situación de Serge, primero en Bélgica y, desde octubre de 1936, en París, le daba la libertad de escribir, su vida fue extremadamente complicada. Su situación de ciudadano sin Estado le atrajo el hostigamiento de las autoridades. Además se encontraba muy aislado políticamente. No solamente los estalinistas le atacaban constantemente sino que también los anarquistas le consideraban un traidor por su apoyo a los bolcheviques. Tampoco tenía la posibilidad de influenciar

---

13/   En D. Cotterill, p. 150.
14/   Trotski a Serge, 8.5.1936; D. Cotterill, p. 51.

a los socialistas, dado su compromiso con el Frente Popular. Este aislamiento pronto se profundizaría cuando Serge entró en conflicto con la mayoría de los trotskistas y con el propio Trotski.

No somos más que espectadores

La llegada de Serge a Europa occidental coincidió con una serie de acontecimientos que iban a marcar profundamente sus relaciones con Trotski: las victorias electorales del Frente Popular en España (febrero) y Francia (mayo), los procesos de Moscú contra la vieja guardia bolchevique y, sobre todo, la revolución española. Al principio, aunque Serge se preocupaba de que tuviera diferencias con el movimiento trotskista, después de leer el *Boletín de la Oposición* se declaró de acuerdo completamente con los planteamientos de la Cuarta Internacional.[15] Pero esta aparente conformidad no duraría mucho tiempo. Con la victoria del Frente Popular francés, empezó una ola de huelgas que Trotski entendió como el comienzo de una revolución; Serge, en cambio, las veía como señal de que la clase obrera estaba saliendo de «una fase de depresión y cansancio extremo».[16]

Específicamente Serge creía que la conciencia de los trabajadores se levantaría con su participación en las huelgas y que podría utilizarse el Frente Popular como una «herramienta útil de transición» que les permitiría «entrar con mejores expectativas en las fases posteriores de la lucha». Así defendió la necesidad de expulsar a los elementos burgueses de los Frentes Populares en general. Además, en el caso francés veía la posibilidad de que secciones del Partido Socialista se movieran en sentido revolucionario, aunque solamente si «con nuestra crítica y presión les ayudamos a [ir] en esta dirección más positiva».[17]

Pero fue con la revolución española, y en relación al POUM, que iban a surgir unas diferencias infranqueables entre Serge y Trotski. Unas

---

15/   Serge a Trotski, 29.4.1936; D. Cotterill, p. 49; la Cuarta Internacional no fue fundada hasta septiembre 1938, pero ya se refería al movimiento trotskista internacional como tal.

16/   Serge a Trotski, 16.6.1936; D. Cotterill, pp. 71-74.

17/   Serge defendió el lema «Transformar el Frente Popular de una herramienta de colaboración de clases a una de lucha de clases», Serge a Trotski, 27.7.1936; D. Cotterill, p. 84.

semanas antes del estallido de la guerra civil, Trotski escribe a Serge sobre su viejo amigo Andreu Nin tildándole, dado su rechazo al entrar en el Partido Socialista, de «aliado de los encarnizados enemigos de la Cuarta Internacional que ocultan su odio pequeñoburgués al marxismo revolucionario tras varias divergencias "organizativas"».[18] La dureza del lenguaje utilizada por Trotski en sus críticas a Nin sería un elemento cada vez más común en su actividad política. Incluso su hijo, Lev Sedov, en una carta a su madre en abril 1936, comentó sobre la «falta de tolerancia [de su padre], su mal humor, incongruencia, incluso su mala educación, su deseo de humillar, ofender y incluso destruir han aumentado. No es "personal", es un método no exactamente bueno, en la organización del trabajo».[19] Según Serge, estas salidas de tono se debían, en parte, a los traductores que exageraban el estilo de Trotski.[20]

A pesar de no compartir esta evaluación de Nin, no sería hasta principios del 1937, cuando Trotski ya se encontraba en México y en condiciones de comunicarse con el mundo exterior, que surgieran diferencias cada más agudas entre él y Serge. En el verano de 1936, Serge todavía hacía sus comentarios sobre la situación en España desde el punto de vista de la Oposición. En una carta a Trotski en agosto resumía lo que, según él, debía ser la posición de los trotskistas en relación con España de la siguiente manera: apoyar la revolución; oponer que los estalinistas «convirtieran la revolución en una cárcel para los trabajadores»; defender tanto la democracia completa como la disciplina en el frente y en la producción; considerar a los anarquistas como «camaradas de clase» y colaborar con ellos al mismo tiempo que someterles fraternalmente «a una crítica inflexible».[21]

Trotski contestó a Serge unos días más tarde diciendo:

18/   «¿Es posible un acercamiento a Nin?», 3.6.1936; L. TROTSKI, *La revolución española,* Barcelona, 1977, tomo 1, pp. 346, 349; unas semanas después Trotski seguía en la misma tónica: «si Nin toma consciencia y se da cuenta como se ha deshonrado con los trabajadores, si saca las conclusiones necesarias, entonces le aceptaremos como un compañero», Trotski a Serge, 30.7.1936; D. COTTERILL, p. 89.

19/   Citado en D. COTTERILL, p. 155.

20/   Citado en Georges VEREEKEN, *The GPU in the Trotskyist movement,* Londres, 1976, p. 161.

21/   Serge a Trotski, 10.8.1936; D. COTTERILL, p. 91.

> «(...) lo que usted me escribe a propósito de los anarquistas españoles... es totalmente cierto y me alegro mucho, en la medida que esto indica nuestro acuerdo sobre esta cuestión *esencial* del movimiento. Desgraciadamente tanto usted como yo, somos nada más que espectadores (...). En este momento lo primordial sería encontrar la forma de colaboración entre el POUM y los sindicatos catalanes (¿juntas, consejos, soviets, comités de acción?) incluso al precio de grandes concesiones en el terreno organizativo. Sin embargo estos problemas solo pueden resolverse sobre el propio terreno...».[22]

Este tono conciliador de Trotski duró poco. Los acontecimientos, sobre todo la decisión del POUM de participar en el gobierno de la Generalitat en octubre 1936, que Trotski veía como una traición, le llevarían a lanzar críticas cada vez más violentas contra el partido de Nin. En enero 1937, Serge, en su primera carta a Trotski en cuatro meses, insistió en que desde su punto de vista los trotskistas debieran apoyar al POUM «de todas las maneras [posibles], restablecer relaciones verdaderamente de camaradería y no exigir [de este partido] una ortodoxia que no puede tener. Lo principal es no realizar una actividad sectaria fraccional ni aspirar a dirigir esta organización desde fuera» como había sido el caso hasta entonces.

La posición sumamente crítica de la mayoría del movimiento trotskista hacia el POUM quedó clara en la conferencia de la Cuarta Internacional celebrada por estas fechas en Ámsterdam. Serge encabezó una oposición a esta posición, con el apoyo de las organizaciones belga y holandesa. Defendió la participación del POUM en la Generalitat, dada la necesidad de controlar e influenciar al Gobierno desde dentro y facilitar el armamiento a las masas. La conferencia iba a representar un punto de inflexión para Serge en sus relaciones con Trotski y la mayoría de sus seguidores. Más adelante escribiría:

> «Volví de Ámsterdam en un estado de desolación, con la impresión de un movimiento sectario, manejado con maniobras desde arriba, afligido por todas las depravaciones contra las cuales luchamos en Rusia: autoritarismo, faccionalismo, intrigas, maniobras, intolerancia (...)».[23]

22/   Trotski a Serge, 18.8.1936, L. TROTSKI, *La revolución...*, tomo 2, p. 68, cuando Trotski habla de «los sindicatos catalanes» suponemos que se refiere a los anarcosindicalistas.
23/   V. SERGE, «My break with Trotsky», D. COTTERILL, p. 190.

Serge creía que Trotski «lamentablemente estaba mal informado por sus acólitos»[24] y seguía en su intento de convencer a Trotski de que no había otra opción que apoyar el POUM, «la única organización sana» en España, que se estaba comportando de una manera «esplendida». Veía

> «la línea tomada por los camaradas sectarios como profundamente equi-vocada. Creen que pequeños grupos de extranjeros, quienes poseen una "ideología ortodoxa pura", pueden enraizar esta ideología desde fuera y que deben llevar a cabo un trabajo fraccional dentro del POUM [con la intención de crear un partido separado] (...) A mí me parece que debemos empezar desde la realidad española [y] desarrollar y utilizar lo que hay allí (...) [Mientras que] el POUM seguramente no es un partido bolchevique leninista [los trotskistas] deben aprender a trabajar con otros revoluciona-rios marxistas, para influenciarles, colaborar con ellos, para convertirse en una corriente con influencia deben abandonar la imposición de su hege-monía».[25]

Al mismo tiempo, Serge escribió a la dirección del POUM expre-sando su total acuerdo con el partido. Además insistió, en una clara referencia a lo que consideraba una comparación exagerada por parte de Trotski entre Rusia y España, que «la revolución española ha de ser es-pañola», con su propio carácter y desarrollo, como Lenin había insistido cuando habló de la necesidad de que los movimientos revolucionarios en distintos países siguieran su propio desarrollo y tuvieran sus propias características. Sin embargo, explicó que el sectarismo de los trotskistas «existe desafortunadamente debido a una década de resistencia a la per-secución...» aunque dentro del POUM, según Serge, «debe existir es-pacio» para los trotskistas.[26] Desgraciadamente, el comportamiento de los seguidores de Trotski en España garantizó que el POUM rechazara su petición de formar una facción dentro del partido, condenándoles a la irrelevancia política.

24/   V. SERGE, *Memoirs...*, p. 407.
25/   Serge a Trotski, 20.3.1937; D. COTTERILL, p. 105; el grupo Bolchevique-Leni-nista español fue fundado en noviembre 1936 con poco más de treinta militantes, la mayoría de ellos extranjeros; ver: Andy DURGAN, *Trotsky, el POUM...*
26/   Carta al Comité Ejecutivo del POUM, *La Batalla,* 18.1.1937.

Kronstadt una vez más

Sus diferencias con Trotski sobre el POUM pronto llevarían a Serge a cuestionar los orígenes de la degeneración de la revolución rusa y la naturaleza del bolchevismo. En el otoño de 1937 empezó un agrio debate entre los dos a raíz de una pregunta que le hace un periodista alemán a Trotski. ¿No era el caso —preguntaba—, que la represión ejercida por el gobierno de Stalin era igual a la represión de los bolcheviques de la rebelión de Kronstadt en 1921?[27] Trotsky respondió defendiendo sin reparo la actuación de los bolcheviques. Serge consideró inadecuada la respuesta de Trotski, pues según él, el sangrante desenlace de la revuelta, «como sabía toda la base comunista» en el momento, fue «un crimen innecesario».[28]

De todas maneras, estando en San Petersburgo en 1921, Serge había seguido la revuelta de cerca y desde entonces siempre insistía en que los bolcheviques no tuvieron más remedio que tomar la isla dada su importancia estratégica. Escribió en septiembre de 1937 que los anarquistas y los socialrevolucionarios, que querrían una tercera revolución contra la dictadura del partido, no entendían que «una nación exhausta, cuya vanguardia revolucionaria había quedado diezmada, ya no poseía ni la moral ni los recursos materiales, ni los hombres ni las ideas, para una nueva revolución... El Kronstadt insurgente no era contrarrevolucionario, pero su victoria hubiera llevado —sin la más mínima duda— a la contrarrevolución».[29] Sin embargo Serge argumentaba que no era cierto que los marineros reivindicaron privilegios, como decía Trotski. En lugar de escuchar las reivindicaciones de los rebeldes, según Serge, hubo un exceso de autoritarismo en el Comité Central y, sobre todo, por parte de Zinóviev. Además el partido mintió diciendo que los rebeldes estaban vinculados a las fuerzas contrarrevolucionarias blancas. Al mismo tiempo el Gobierno soviético rechazó la oferta de conocidos anarquistas de interceder y buscar una salida negociada. Serge estaba convencido de que la masacre pudo haberse evitado y de que marcaba un hito en la degeneración de la revolución.

27/   En marzo 1921, se sublevaron los marineros de Kronstadt, reclamando la restitución de la democracia soviética.

28/   V. SERGE, «Reply to Trotsky», *The New International*, febrero, 1939.

29/   V. SERGE, «Fiction and Fact. Kronstadt», *La Révolution prolétarienne*, 10.9.1937; D. COTTERILL, pp. 163-5.

Para Trotski, en cambio, este debate solamente servía para justificar la idea de que el leninismo abrió paso al estalinismo. Así Serge se había puesto del lado de aquellos que, como los anarquistas, «unidos con la burguesía y los estalinistas contra los trabajadores» no tienen nada mejor que hacer que sacar el tema de Kronstadt.

«Sin límite de tiempo o espacio, los críticos diletantes tratan de sugerir (...) que todo hubiera terminado para satisfacción general si la revolución simplemente hubiera dejado en paz a los marineros insurgentes. Desgraciadamente, la contrarrevolución mundial no los habría dejado en paz en ningún caso. La lógica de la lucha hubiera dado predominancia (...) a los elementos contrarrevolucionarios [en el fuerte]. La necesidad de provisiones habría hecho a aquél directamente dependiente de la burguesía extranjera y de sus agentes, los emigrantes blancos. Todos los preparativos necesarios para este fin se estaban elaborando. Bajo circunstancias similares, solamente gente como los anarquistas españoles o los poumistas hubieran esperado pasivamente un resultado feliz. Los bolcheviques afortunadamente pertenecían a una escuela diferente. Consideraban que su deber era extinguir el fuego tan pronto brotara, reduciendo así, a un mínimo el número de las víctimas.»[30]

Serge contestó a Trotski rechazando «amalgamas» dado que «liberales burgueses, mencheviques, anarquistas y marxistas revolucionarios consideran Kronstadt desde ópticas diferentes (...) y hay que tomar esto en cuenta y no juntarles como parte de la misma hostilidad al bolchevismo». Aunque la política de los bolcheviques fuera correcta en el contexto histórico general, fue «peligrosa y trágicamente equivocada (...) en varias circunstancias específicas». Entonces «sería útil y valiente reconocer esto hoy en lugar de afirmar la infalibilidad de la línea general del 1917-1923».[31] Por ejemplo, persistir con la política del comunismo de guerra («el error de Lenin más grande de su vida») producía una situación terrible en el campo que generaba un descontento generalizado contra el Gobierno soviético. La adopción del Nueva Política Económica, unos días después del aplastamiento de la rebelión, fue, según Serge, el reconocimiento del fracaso de la política anterior.[32]

30/ L. Trotski, «The Hue and Cry over Kronstadt», *The New International,* abril, 1938.

31/ V. Serge, «Once More Kronstadt», *The New International,* julio, 1938.

32/ El Comunismo de Guerra (1918-1921), que se basaba en la intervención esta-

Entre 1918 y 1921 el partido había cambiado. La militancia no era la misma ni las condiciones objetivas en las cuales operaba eran iguales. Entonces para Serge «la pregunta que domina hoy toda la discusión es... ¿cuándo y cómo se degeneró el bolchevismo? ¿Cuándo y cómo se empezó a emplear contra las masas trabajadoras... métodos no socialistas, los cuales deben ser condenados porque terminaron garantizando la victoria de la burocracia sobre el proletariado?». Ya antes de Kronstadt, por ejemplo, la decisión del Comité Central en 1918 de permitir que las Comisiones Extraordinarias[33] impusieran la pena de muerte mediante un procedimiento secreto que le negaba al acusado el derecho de defenderse, o la acusación falsa que los mencheviques en 1920 colaboraran con el enemigo, eran pasos sumamente negativos para la salud de la revolución. Serge concluyó que «los revolucionarios marxistas solamente pudieron salvar lo esencial y duradero del bolchevismo enfrentándose a los problemas desde la base con una libertad de mente genuina, sin el patriotismo del partido, sin una hostilidad irreductible hacia otras tendencias del movimiento obrero (...) Si no se reconocen los viejos errores, cuya seriedad la historia no cesa de destacar, se pone en riesgo toda las adquisiciones del bolchevismo».[34]

El fracaso de la Cuarta Internacional

Al mismo tiempo que Serge entra en conflicto con Trotski sobre el POUM y Kronstadt, se aleja de la Cuarta Internacional (CI). Como se ha visto, el comportamiento de los trotskistas en España solamente confirmaba la pésima opinión que tenía Serge del movimiento trotskista en Occidente. Ya había llegado a Bélgica en abril 1936 con dudas sobre la decisión de establecer una nueva internacional; dudas que Serge compartía con los oposicionistas en la URSS, aunque aceptaban la idea de agitar por ella. Se encontró con un movimiento oposicionista débil y fragmentado.

---

tal y la coerción, fue introducido durante la guerra civil; la Nueva Política Económica (1921-1928) significó la reintroducción del mercado libre en algunos sectores de la economía, sobre todo en el campo.

33/ Comisión Extraordinaria Panrusa para la lucha contra la Contrarrevolución y el Sabotaje (Cheka), establecida en diciembre 1917; en 1922 se convirtió en el GPU, como sección del NKVD.

34/ V. SERGE, «Once More...».

Serge estaba convencido de que dada la gran inestabilidad política creada por la crisis económica y el auge del fascismo, se producirían escisiones y reagrupamientos en el seno del movimiento obrero de los cuales pudieron aprovecharse los trotskistas si supieran cómo intervenir. Pero para eso tendrían que superar su tendencia hacia el sectarismo, «erradicar todos los procedimientos del tipo estalinista» y, en el caso de la organización francesa, producir sus publicaciones en un francés bueno y abrir sus páginas a los simpatizantes.[35]

Instalado en París desde octubre 1936, Serge tenía una relación bastante distante con los trotskistas franceses, divididos entre sí. Pero su ruptura con ellos se debía a las denuncias de Serge sobre la presencia de un agente estalinista en la organización de París. Con el deterioro de las relaciones entre Serge y la organización francesa se terminó toda investigación sobre el tema de la infiltración.

Lo cierto es que Serge tenía razón. El polaco Marc Zborowski *(Etienne)* no fue desenmascarado como agente de la NKVD hasta los años cincuenta, ya residente en EE.UU. Los efectos de su trabajo dentro del movimiento trotskista eran nefastos. No solamente gozó de la confianza del propio Trotski, sino que después de la muerte de Leon Sedov, posiblemente a sus manos, Zborowski «controlaba las riendas del mando de la organización internacional y jugaba un papel dominante en ella hasta la Segunda Guerra Mundial».[36] Incluso parece que Zborowski logró convertir a Serge en un paria político en el grupo oposicionista francés, además de tener un papel en el deterioro de las relaciones entre él y Trotski.[37] Sin embargo, a pesar de la dañina labor de Zborowski, fueron las diferencias políticas la clave del deterioro de las relaciones de Serge con la organización trotskista.

Mientras Serge se mostraba escéptico sobre las posibilidades de crecimiento de la CI, Trotski, en el marco de su análisis político general a

---

35/   Serge a Trotski, 27.7.1936; D. Cotterill, p. 82; en agosto 1936 Serge se quejó a Trotski que los trotskistas franceses, divididos en dos organizaciones, gastaban mucho tiempo y papel en ataques mutuos, mientras que no habían sacado una sola octavilla sobre los oposicionistas en las cárceles de Stalin, Serge a Trotski, 10.8.1936; D. Cotterill, p. 90.

36/   Eduard Puigventós López, *Ramón Mercader. El hombre del piolet. Biografía del asesino de Trotski,* Barcelona, 2015, pp. 190-193; G. Vereeken, p. 3.

37/   S. Weissman, p. 222.

finales de los años treinta, con el aparentemente imparable ascenso del fascismo, la inminencia de guerra y el dominio total del estalinismo sobre grandes sectores del movimiento obrero internacional, no veía otra alternativa que proceder a la constitución de la CI en el corto plazo. Para Trotski, la brecha existente entre las necesidades objetivas y la realidad subjetiva se tenía que superar tan rápido como fuera posible. Había una urgente necesidad de construir un nuevo liderazgo revolucionario, no solo en cada país sino también a nivel internacional. En estas circunstancias los planteamientos políticos de Trotski tuvieron un tono «casi milenarista y mesiánico».[38] Estaba seguro de que «durante los próximos diez años el programa de la Cuarta Internacional se transformará en la guía de millones de personas y estos millones de revolucionarios sabrán cómo darle la vuelta al cielo y la tierra».[39]

Como el marxista británico Duncan Hallas comentó treinta años más tarde, «las expectativas creadas por esas afirmaciones hicieron extremadamente dificultosas para los seguidores de Trotski unas valoraciones sensatas y realistas de los cambios en la conciencia de la clase trabajadora, de los cambios en el equilibrio de las fuerzas de clase, y de los cambios tácticos precisos para obtener la máxima ventaja de ellas [la esencia de la práctica política de Lenin]».[40]

Mientras tanto la brecha entre Serge y el movimiento trotskista seguía creciendo. En su penúltima carta a Trotski, en marzo 1939, Serge

---

38/   John MOLYNEUX, *Leon Trotsky's Theory of Revolution*, Brighton, 1981, p. 185; Duncan HALLAS, *Trotsky's Marxism*, Londres, 1979, p. 95.

39/   L. TROTSKY, «The Founding of the Fourth International», *Writings of Leon Trotsky, 1938-39*, Nueva York, 1974, p. 87.

40/   D. HALLAS, pp. 103-104; en marzo de 1939, Trotski declaró que «ningún individuo intelectualmente honesto puede negar que los análisis y pronósticos hechos por [los partidarios de la Cuarta Internacional] durante los últimos quince años han sido, y siguen siendo, confirmados por los acontecimientos de nuestra época. Esto es lo que hace fuertes e inmutables a las secciones fundamentales de la Cuarta Internacional. Las catástrofes del capitalismo europeo y mundial que amenazan a la humanidad abrirán el camino a los templados cuadros marxistas revolucionarios. Que los decepcionados se caven su propia tumba. La clase obrera no es un cadáver. La sociedad se sigue apoyando en ella. Necesita una nueva dirección. Solamente la encontrará en la Cuarta Internacional. Todo lo racional es real. Ya hoy la socialdemocracia y la estalinocracia son estupendas ficciones. Pero la Cuarta Internacional es una realidad indiscutible», L. TROTSKI, «Intellectual Ex-Radicals and World Reaction», *Socialist Appeal*, 17.3.1939.

concluye que era imposible construir la Cuarta Internacional sin partidos en una situación donde solamente se aguantaban grupos pequeños en «un punto muerto» donde no tenían ni influencia ni un lenguaje común con el movimiento obrero; no era posible construir una organización desde «la intolerancia y la doctrina bolchevique-leninista, dado que en todo el mundo no hubo más que doscientas personas [fuera de los supervivientes en las cárceles soviéticos] quienes entendían lo que era...». Serge encontró dentro de la CI un reflejo de los peores aspectos de la Komintern; según él, el hecho de que Trotski insistiese en que «sus adherentes tuvieran un compromiso inquebrantable, una indiferencia total a la opinión pública y la disposición infatigable al sacrificio» había creado una organización que solamente pensaba a través de la cabeza del mismo Trotski y no aceptaba los desacuerdos ni el disenso».[41] Más adelante, en sus memorias, Serge comentó que en la CI se encontraba una caricatura vulgar de la intransigencia de Trotski. Estaba seguro de que «ningún pensamiento fresco pudiera emerger [de la CI]. La vida de estos grupos se mantenía en base al prestigio del viejo [Trotski] y sus grandes e incansables esfuerzos, nada más; y tanto su prestigio como la calidad de sus esfuerzos se deterioraron en el proceso».[42] En un texto escrito en los años cuarenta, y nunca publicado, Serge concluyó que el error de Trotski fue creer que era posible construir una nueva internacional en una época de derrotas de la clase obrera europea.[43]

41/   Serge a Trotski, 18.3.1939; D. Cotterill, p. 109.
42/   V. Serge, *Memoirs...*, p. 406. En los años cuarenta Serge concluyó que la Cuarta Internacional «utilizaba un lenguaje "bolchevique-leninista" en países donde esta forma de expresión teórica inevitablemente era incomprensible y constantemente evocaba una tradición que había sido encubierta por las fuerzas poderosas del totalitarismo estalinista. Lo único que estableció la Cuarta Internacional fueron grupos ínfimos (...) que no lograron tener un papel apreciable en ninguna parte. Solamente tenía un cerebro, el de Trotski, quien aportó todo su bagaje teórico. Intentó aplicar mecánicamente a la Segunda Guerra Mundial el análisis y los eslóganes que se habían formulado entre 1914 y 1918. Sus métodos de organización, sus hábitos polémicos, el lenguaje mismo de sus militantes claramente se ha contaminado con los vicios del bolchevismo en vías de descomposición, en otras palabras de la mentalidad totalitaria», V. Serge, «On Trotskyism»; D. Cotterill, p. 211.
43/   «La Cuarta Internacional fue constituida en una época cuando por el mundo entero el internacionalismo socialista se estaba desintegrando, cuando la confusión dominaba las ideas y los movimientos», V. Serge, «On Trotskyism».

La solución según Serge era «una alianza de todas las corrientes de izquierdas del movimiento obrero [en base a] una discusión libre y de camaradería sobre todos los temas, sin insultos ni recriminaciones mutuas; con la creación de un buró internacional (...) de comités y (...) movimientos locales (...) para trabajar hacia metas concretas; [algo que significaría] abandonar la idea de la hegemonía bolchevique-leninista en el movimiento obrero de izquierdas y la creación de una alianza internacional, que reflejara las tendencias ideológicas reales en los sectores más avanzadas de la clase obrera».

Serge estaba convencido, de todas maneras, que en una alianza parecida los trotskistas «tendrían una influencia más grande» que en su propia Internacional.[44]

Ya en abril 1938 Trotski acusó a Serge de intentar fabricar «una síntesis del anarquismo, poumismo y marxismo».[45] A finales de 1938 declaró que desde que Serge salió de la URSS en 1936 «...no hizo más que cambiar de posición (...) Sobre ningún punto presentó una sola propuesta, refutación o argumento claro o diferente. Sin embargo, apoyó invariablemente a todos los que salieron de la Cuarta Internacional, ya sea hacia la derecha o hacia la izquierda (...) se unía al POUM, sin haber intentado responder a nuestra crítica de que es una organización centrista que jugó un rol miserable en la revolución española (...) repitió en varias ocasiones que sus diferencias con nosotros eran "secundarias". Pero nunca contestó a la pregunta directa de por qué no colaboraba con la Cuarta Internacional en lugar de hacerlo con sus más rabiosos oponentes. Todo esto, tomado de conjunto privó a su "política" de consistencia y la transformó en una serie de combinaciones personales, si no de intrigas».[46]

Unos meses más tarde, Trotski clasificaría a Serge de «uno de los compañeros de viaje pasajeros del bolchevismo» quienes habían roto con una perspectiva revolucionaria y ya le consideraba como «un adversario hostil».[47]

44/   Serge a Trotski, 18.3.1939; también ver la carta de Serge a Angelica Balabanova, 23.10.1941; D. COTTERILL, pp. 109, 189.

45/   L. TROTSKI, «The Hue and Cry...».

46/   L. TROTSKI, «Victor Serge and the Fourth International», *Writings of Leon Trotsky (1938-39)*, Nueva York, 1974, p. 142.

47/   L. TROTSKI, «Intellectual ex-Radicals...»; Trotski a Serge, 6.5.1939; D. COT-

Su moral y la nuestra

Las relaciones entre los dos viejos revolucionarios iban a deteriorarse más aun con la publicación en francés de la obra de Trotski *Su moral y la nuestra,* traducida por Serge, en marzo 1939; escrito que contrasta la moralidad revolucionaria del bolchevismo con la estalinista y la burguesa. Trotski se enfureció, no por la traducción, sino por el prospecto incluido con el folleto. Esto consistía en una parodia de la filosofía del viejo líder bolchevique, según la cual Trotski creía que «el engaño y la violencia, si se utiliza al servicio de un fin justificable, se debe emplear sin vacilación».

Trotski respondió con un ataque furibundo contra Serge con el título «Moralistas y sicofantes contra el marxismo», donde culpó a Serge del texto, concluyendo que «el moralismo de Serge y sus iguales es un puente de la revolución a la reacción». Más allá del supuesto prospecto de Serge, Trotski se generalizó en su crítica. Cuando Serge, en su texto «El marxismo en nuestro tiempo» reivindica la libertad para las masas, en realidad reivindica

> «la libertad para él mismo y sus iguales, libertad de cualquier control, de toda disciplina, incluso, si fuera posible, de toda crítica (...) cuando evaluamos desde el punto de vista del marxismo las vacilaciones de los intelectuales pequeñoburgueses decepcionados, esto le parece un asalto a su individualidad. Entonces entra en una alianza con todos los confusionistas en contra de nuestro [supuesto] despotismo y sectarismo (...) Estamos bien acostumbrados a esa democratización: es sumisa, complaciente y conciliadora [con la derecha]; al mismo tiempo es exigente, malévolo y tramposo [con la izquierda]. Simplemente representa el régimen de autodefensa del centrismo pequeñoburgués».[48]

A principios del agosto de 1939 Serge, en la que sería su última carta a Trotski, finalmente negó que tuviera la más mínima responsabilidad sobre un texto que no había escrito ni editado, ni sabía quién era el autor. Insistió en que todos los «argumentos» que le atribuían «divergen de todo lo que [había] escrito en [sus] libros y artículos sobre la guerra

---

TERILL, p. 111.

48/   L. TROTSKI, «The Moralists and Sycophants against Marxism», *Their Morals and Ours,* Londres, 1968, pp. 55-56.

civil [rusa] y la ética socialista».[49] De hecho es posible que el texto ofensivo fuera obra del agente estalinista Zborowski.[50]

Serge pidió que se publicara su carta en el *Boletín de la Oposición*. Pero en lugar de aceptar su petición, en la edición de agosto-septiembre de 1939 se publicó una nota de Trotski en la que se aceptaba que no fue Serge quien personalmente escribió el prospecto para *Su moral y la nuestra*. Sin embargo Trotski se negó a aceptar que el esbozo de los argumentos de Serge que hizo en «Moralistas y sicofantes contra el marxismo» no fuera reflejo veraz de su pensamiento político. Insistió en que el texto era «un sencillo resumen de los últimos sermones de Serge» y que el autor era «uno de sus discípulos». Concluyó que los puntos de vista actuales de Serge «son propensos a subordinar la lucha de clases del proletariado a las normas de la moral pequeñoburguesa». Es más; Serge no tenía una posición precisa sino una actitud confusa de «incertidumbre, desencanto, insatisfacción y aversión para con el marxismo y la revolución proletaria» pues Serge había caído bajo la influencia del «escepticismo pequeñoburgués». A sus «interminables refutaciones» les faltaba «cualquier contenido político».[51]

Incluso en un fragmento de texto encontrado entre sus papeles, escrito en algún momento de 1939, Trotski llega más lejos aún en su animosidad cuando pregunta:

> «¿Que representa el tipo de gente como Víctor Serge? Nuestra conclusión es sencilla: se deben mantener al margen del movimiento revolucionario, incluso con el fuego de cañón si hace falta, estos moralistas verbosos y coquetos, que solo traen problemas y descomposición».[52]

Aunque Trotski no dejó de lanzar invectivas en su contra, Serge se negó a romper con Trotski públicamente. Años más tarde explicó que

---

49/ Serge a Trotski, 9.8.1939; D. Cotterill, pp. 111-112.

50/ Vlady, el hijo de Serge, creía que Zborowski era el autor, mientras que Pierre Broué pensaba que fue escrito por el editor del trabajo de Trotski; S. Weissman, p. 228.

51/ *Bulletin of the Opposition*, agosto-septiembre de 1939; D. Cotterill, p. 159.

52/ D. Cotterill, p. 155; como comenta Weissman, «era como si todas las frustraciones por no tener un papel de liderazgo en la lucha en la URSS y Europa se desahogaba en su [rabia] literaria contra compañeros como Serge», ibíd.; años más tarde, los trotskistas ortodoxas seguían denunciando a Serge; S. Weissman, p. 228.

evitó un debate público con él, cuyas ideas aún respetaba profundamente, porque Trotski estaba involucrado en una dura lucha contra el estalinismo. Incluso envió «una poderosa respuesta» al periódico sindicalista francés *La Révolution prolétarienne* pero luego la retiró porque prefería «sufrir este ataque injusto en silencio». Esperaba que la verdad pudiera «salir por otras vías» en lugar de «polémicas ofensivas».[53]

Medianoche en el siglo

A pesar de todo, Serge fue profundamente leal a Trotski hasta el final de su vida en noviembre de 1947. Tres días después del asesinato de Trotski (el 20 de agosto de 1940), devastado, escribió «cuando pienso en la gran inteligencia, la extraordinaria rectitud de su alma, su rica vitalidad, todos nuestros desacuerdos se esfuman (...) Toda su vida dio el sentido de un hombre en quien el pensamiento, la acción y su vida personal formaban un solo bloque, alguien que seguiría este camino hasta el final, en quien se podía siempre absolutamente confiar. No vacilaría sobre lo esencial, no debilitaría con la derrota, no evitaría responsabilidad ni perder la cabeza bajo presión. Un hombre con un orgullo interior tan profundo que le volvía sencillo y modesto (...)».

Sin embargo «la grandeza de Trotski era colectiva más que un triunfo individual (...) para que surgiera un hombre como Trotski, era necesario que miles y miles de individuos establecieran el tipo a través de un largo período histórico. Él representaba un fenómeno social en términos amplios, no un relampagueo repentino, un cometa en la noche; los que hablan de Trotski como un personaje "único", conforme con la clásica idea burguesa del "Gran Hombre" están muy equivocados».

En septiembre de 1941, cuando Serge llegó a la ciudad de México era uno de los pocos supervivientes de la época bolchevique que quedaba con vida. Era «el último testigo en libertad de todo la era de la revolución rusa».[54] «Todo mi partido, sin excepción, había sido fusilado o asesinado»; entonces estaba solo, «una figura curiosamente inquietante».[55] Como relata su hijo Vlady, pronto gravitaron hacia la avenida

---

53/   Serge a Angelica Balabanova, 23.10.1941.
54/   Serge a Fritz Brupbacher; citado en S. Weissman, p. 248.
55/   V. Serge, *Memoirs...*, p. 422.

Viena, donde Trotski vivió sus últimos años. Cuando su padre vio las paredes fortificadas de la casa, se echó a sollozar.[56]

En México, Serge en seguida estableció una amistad con la viuda de Trotski, Natalia Sedova. Con su ayuda escribió el libro *Vida y muerte de Trotski*. En sus memorias, Serge explica que se podía entender la intransigencia de Trotski durante la última etapa de su vida porque fue «el último superviviente de una generación de gigantes».[57] Sin embargo, «aunque estaba en la cúspide de sus poderes intelectuales, sus últimos escritos no estaban al nivel de su trabajo (de años) anteriores» porque «su convicción absoluta de que sabía la verdad le hizo impermeable a [otros] argumentos (...) y le desvió de su espíritu científico. Era autoritario porque en nuestros tiempos de las luchas bárbaras el pensamiento convertido en acción debía por necesidad volverse autoritario».[58]

No obstante estas justificaciones por parte de Serge, no cambia la realidad de las diferencias reales entre los dos, sobre todo en su evaluación del papel y naturaleza del bolchevismo. Un año y medio antes de su muerte, por ejemplo, Trotski opinó que el problema no era el bolchevismo, sino el propio Serge:

> «Entre los desilusionados no están solo los estalinistas sino también los camaradas de ruta de un momento del bolchevismo. Para citar un ejemplo, Víctor Serge anunció hace poco que el bolchevismo atraviesa una crisis que presagia a su vez la "crisis del bolchevismo". En su inocencia teórica, Serge se imagina ser el primero en haber hecho este descubrimiento. Sin embargo, en todas las épocas de reacción se elevaron las voces de cientos de reaccionarios inestables anunciando la "crisis del marxismo", su crisis final, crucial, mortal (...) Está más allá de toda discusión el hecho de que el viejo Partido Bolchevique se ha desgastado, ha degenerado y perecido. Pero la ruina de un partido histórico determinado que durante un período se apoyó en la doctrina marxista en absoluto significa la ruina de esa doctrina. La derrota de un ejército no invalida los preceptos fundamentales de la estrategia. Que un artillero pegue lejos del blanco de ninguna manera invalida la balística, es decir el álgebra de la artillería. Que el ejército del proletariado sufra una derrota o que su partido degenere de ninguna manera inválida el marxismo, que es el álgebra de la revolución. Es evidente que el mismo Víctor Serge está atravesando por una crisis, es decir, está

56/   D. Cotterill, p. 150.
57/   V. Serge, *Memoirs...*, p. 406.
58/   V. Serge, «In Memory...».

desesperadamente confundido, al igual que miles de intelectuales. Pero Víctor Serge en crisis no implica la crisis del marxismo».[59]

La realidad era otra. Serge no había abandonado un bolchevismo al cual se afilió originalmente porque vio en ello el cumplimiento de sus esperanzas internacionalistas y libertarias. Fue la desviación del partido de estas normas y tradiciones que empujo a Serge hacia la oposición. Ni la persecución que sufrió ni las derrotas sufridas por la Unión Soviética debilitaron el compromiso de Serge con esta visión del bolchevismo.

Volvió a Occidente en 1936 con sus creencias políticas y su alto aprecio para Trotski intactos, pero sus esperanzas por la renovación del socialismo revolucionario en Occidente, después de sus reveses en Rusia, pronto fueron minadas ante un clima político que él veía como poco receptivo para una revolución y por su reconocimiento, como se ha visto, del fracaso de la Cuarta Internacional. Trotski intenta aglomerar a Serge con los excomunistas que vieron a Stalin como el heredero de Lenin. Sin embargo, toda la trayectoria de Serge mostraba que esta acusación era falsa. No rechazó la esencia del bolchevismo; no creía que su degeneración fuera inevitable. En febrero de 1939, Serge había matizado que:

> «A menudo se dice que el germen del estalinismo estaba presente en el bolchevismo desde el principio (...) [pero] el bolchevismo contenía muchos gérmenes más... (...) juzgar un hombre vivo por los gérmenes revelados en la autopsia después de su muerte —y que podían haber estado presentes desde su nacimiento— ¿es esto muy sensato? (...)».[60]

En 1947, reflexionando sobre treinta años de la existencia de la URSS, Serge escribiría que

> «una sociedad contiene, como un organismo, gérmenes de muerte. Pero hace falta que las circunstancias históricas faciliten su eclosión. Ni la intolerancia ni el autoritarismo de los bolcheviques (y de la mayor parte de sus adversarios) permiten poner en cuestión su mentalidad socialista o las conquistas de los diez primeros años de la revolución. Y estas conquistas son tan reales que dos sabios americanos, estudiosos del desarrollo cíclico

59/   Trotski contestaba el «testamento» de Serge, «El marxismo en nuestro tiempo», sin, parece, haberlo leído; «Intellectual Ex-Radicals...».
60/   V. SERGE, «A Reply to Ciliga», *The New International*, febrero de 1939.

de los organismos y de las sociedades, constatan que en 1917-1918, Rusia entró en un nuevo ciclo de crecimiento, de suerte que hoy podemos situarla como la más joven de las grandes naciones del mundo (...)».[61]

El problema fue, según Serge, que Trotski y sus incondicionales, pecaban de un intento de crear una versión pura e idealizada del pasado. Esta en la práctica había abierto la puerta al mismo autoritarismo que había debilitado el partido antes del asalto estalinista. La defensa de la ortodoxia doctrinal fue el último término autoritario, llevando a «una versión del leninismo claramente contaminada por los vicios del bolchevismo en decadencia». Serge llegó a creer al final que su propia oposición a Stalin, lo cual era igualmente, aunque distintamente, leninista, era «una resistencia al totalitarismo en el nombre de los ideales democráticos expresados al principio de la revolución».[62] Serge fue único en su insistencia en entender los peligros desde un punto de vista crítico de la época «gloriosa» del bolchevismo; la mayoría de los oposicionistas defendían una revolución pura anterior al estalinismo. Pero Serge no aceptó, como la aceptó Trotski, la infalibilidad de la línea general de 1917-1923.[63]

Serge viviría hasta su muerte en la pobreza, aislado tanto a nivel geográfico, como lingüístico y político. Los estalinistas no solamente boicotearon sus intentos de trabajar como escritor o periodista sino amenazaron con asesinarle.[64] Aun así, durante estos terribles años, Serge seguía escribiendo, aunque fuera solamente para la posteridad. Produjo algunos de sus trabajos más lúcidos, sobre su propia vida, los crímenes del estalinismo y el destino del socialismo.[65] Como explica Weissman, Serge dejó de herencia sus escritos, su vida de lucha, un compromiso con la verdad, sin importar su incomodidad. Había vivido, en sus propias palabras, «una revolución victoriosa y unas matanzas tan grandes

---

61/   V. SERGE, «Treinta años después de la revolución rusa», http://www.fundanin.org/serge.htm

62/   V. SERGE, *Memoirs...*, p. 408.

63/   *The New International,* julio de 1938.

64/   En abril 1943, un mitin, en el cual Serge participó, fue asaltado por doscientos estalinistas armados; entre los heridos estuvieron los dirigentes del POUM y amigos de Serge, Gorkin y Gironella.

65/   Entre ellos, sus *Memorias* y su gran novela sobre las purgas estalinistas, *El caso de camarada Tulayev.*

en cantidad que inspiran un cierto mareo (...)».[66] Y a pesar de todo mantuvo su creencia de que solamente «la democracia socialista» podría traer la justicia social; un socialismo que sería el antítesis de la contrarrevolución estalinista.[67]

66/   S. WEISSMAN, p. 183.

67/   Unas semanas antes de su muerte en noviembre de 1947, Serge escribió que seguía siendo «(intransigentemente) un partidario de la democracia socialista»; el sistema estalinista contra el que seguía luchando era algo «nuevo... un tipo de totalitarismo... extremamente inhumano y antisocialista», Serge a Podoliak (Hryhory Kostiuk), 22.6.1947; citado en S. WEISSMAN, p. 176.

VÍCTOR SERGE Y LA GUERRA CIVIL ESPAÑOLA[1]
Pelai Pagès

Retorno de la URSS

Hacía muy pocos meses que Víctor Serge había regresado de la URSS. A mediados de abril de 1936, tras tres años de deportación en Oremburgo, en los Urales, Serge había sido expulsado de Rusia y privado de su ciudadanía soviética. Sus actividades en la Oposición de Izquierdas, trotskista, le habían acarreado ya una primera detención en 1928, y poco antes de ser deportado en 1933 había escrito una carta-testamento dirigida a Magdeleine y Maurice Paz y a otros amigos franceses en la que definía al Estado soviético como «un Estado totalitario, castocrático, absoluto, embriagado de su poder, para el cual el hombre no cuenta».[2] Su deportación posterior, semanas después de redactar esta carta, provocó en la Europa occidental —especialmente en los medios intelectuales franceses— una gran consternación. Aunque nacionalizado soviético y de origen ruso, Víctor Lvóvich Kibálchich había nacido en Bruselas y toda su obra literaria la había publicado en francés.

El *affaire* Serge estalló en toda su dimensión en junio de 1935, durante el Congreso Internacional de Escritores para la Defensa de la Cultura celebrado en París. A pesar de Louis Aragon y de la oposición de los intelectuales comunistas asistentes al congreso, el caso de Serge no pudo silenciarse en una reunión destinada a defender la cultura y la libertad

---

1/ El presente artículo es una versión revisada y ampliada de la ponencia que presenté en el Coloquio Internacional sobre Víctor Serge que tuvo lugar en la Universidad Libre de Bruselas en marzo de 1991, con motivo del centenario del nacimiento de Serge. Fue publicado con el título «Victor Serge et l'Espagne (1936-1939)» en las *Actes du Colloque organicé par l'Institut de Socialogie de l'Université Libre de Bruxelles, les 2, 22 et 23 mars 1991,* «Socialisme» (Bruxelles), n.º 226-227, Juillet-Octobre, 1991, pp. 357-367.

2/ V. Serge, *Mémoires d'un révolutionnaire,* París: Ed. Seuil, 1951, p. 304.

de creación, amenazadas por el ascenso de los fascismos europeos. Finalmente, las intervenciones de André Gide —que aún no se había desencantado de la Unión Soviética— y de Romain Rolland conseguirían la liberación de Serge.[3]

El retorno de Serge a Bruselas, pocos meses antes de iniciarse la guerra civil española, se produjo, pues, en pleno debate intelectual sobre la enorme conflictividad que existía en Europa a mediados de los años treinta, y sobre el papel de los intelectuales ante los conflictos sociales, políticos e ideológicos en que se debatía Europa. Si la intelectualidad europea en su conjunto reprobaba la agresividad de los fascismos en alza, no existía unanimidad a la hora de tomar posición ante la Unión Soviética. No solo se había producido una nítida división entre derechas e izquierdas. En el bloque de intelectuales de izquierdas habían empezado a surgir voces críticas respecto al giro que estaban tomando los acontecimientos en la Rusia sometida a la égida de Stalin. Las persecuciones, las deportaciones, los encarcelamientos, los «suicidios», las deportaciones en masa, acaecidos en Rusia desde 1928 empezaban a ser conocidos en el resto de Europa. Pero pocos se atrevían a denunciarlos públicamente, temerosos de ser acusados de hacer el juego a la derecha y al fascismo.

La defensa de la Unión Soviética seguía estando por encima de todo, en un momento en que la política frentepopulista, auspiciada por la Internacional Comunista, comportaba la estrecha colaboración entre los distintos sectores del movimiento obrero europeo. En Francia faltaban pocos meses para el triunfo del Frente Popular. Y cualquier crítica a la Unión Soviética era considerada también como un ataque frontal a la unidad de la izquierda representada por el Frente Popular. Por otra parte, seguía existiendo entre numerosos sectores de la izquierda europea el «espejismo soviético», la creencia de que la Unión Soviética era la «patria socialista» por excelencia. Si en el «paraíso del proletariado» se estaban produciendo excesos y sufrimientos era porque —según había dicho Ylia Ehrenburg en el Congreso Internacional de Escritores— «no había alumbramiento sin dolor».[4]

3/   Sobre este punto ver Herbert R. Lottman, *La rive gauche. Intelectuales y política en París, 1935-1950*, Barcelona: Ed Blume, 1985, pp. 110-116.
4/   Ibíd., p. 112.

De esta manera, las escasas voces que en la Europa occidental se alzaban contra el nuevo estado de cosas que se estaba estableciendo en la Unión Soviética, eran sometidas a la crítica más contumaz, al ostracismo político y a una sistemática campaña de difamación, de los que no se libró Serge, como no se libraría André Gide, cuando en el verano de 1936 viajó a la URSS y a su regreso publicó su mordaz *Retour de l'URSS* (1936). Uno de los primeros textos que escribió Serge, a su vuelta de Rusia, fue una carta abierta a André Gide, fechada en mayo de 1936 y publicada en el número de junio de *La Révolution prolétarienne*, de París.[5] En esta carta, junto a otra dirigida a Magdaleine Paz,[6] Serge exponía de forma muy clara su posición frente a la URSS, sin olvidar el contexto internacional de la conflictividad europea.

Tras agradecer a Gide sus gestiones a favor de su liberación y congratularse de que «ha venido usted a ocupar un lugar entre los revolucionarios», Serge narraba al escritor francés la cruda situación de sus últimos años en Rusia, y sin hacer ninguna especial mención a su caso, le exponía los ejemplos más flagrantes de escritores encarcelados, suicidados o desaparecidos, a la par que describía con trazos muy rudos la situación de la «condición humana» en la URSS. Después de instarle a abrir los ojos ante esta realidad, Serge no dudaba en que una de las tareas prioritarias del momento era defender la revolución y hacer frente al fascismo. Pero «¿cómo barrarle el paso [al fascismo] con tantos campos de concentración detrás de nosotros?». La línea de defensa de la revolución ya no se hallaba únicamente en el Vístula y en la frontera manchú. Para Serge «el deber de defender la revolución en el interior contra el régimen reaccionario que se ha instalado en la ciudadela proletaria frustrando poco a poco a la clase obrera la mayor parte de sus conquistas, no es menos imperioso». Y si, por una parte, Serge seguía confiando en la reacción del proletariado soviético, por la otra, tampoco tenía ninguna duda de que «detrás de los mariscales de nuevo cuño, de

5/ «Lettre de Victor Serge à André Gide», *La Révolution prolétarienne*, junio de 1936. El texto original francés puede consultarse también en V. SERGE (s.a.), *16 fusillés à Moscou. Zinóviev, Kámenev, Smirnov... Lettres inédites,* París: Spartacus, pp. 88-92. Hemos utilizado la traducción castellana publicada en *La Nueva Era,* Barcelona, julio de 1936, pp. 151-152.
6/ También en *La Révolution prolétarienne* citada y en V. SERGE, *16 fusillés...,* pp. 83-87.

las propagandas ingeniosas y costosas, de las paradas, de los desfiles, de los congresos —¡viejo mundo, muy viejo mundo todo esto!—», se hallaba «una revolución herida en sus obras vivas y que nos pide socorro a todos».[7]

Según Serge, pues, para un revolucionario europeo se trataba de denunciar una situación que estaba siendo silenciada y ocultada intencionadamente. «A la clase obrera y a la URSS no se la puede servir más que con entera lucidez.» Y esta lucidez que reclamaba a Gide era imprescindible para el triunfo de la revolución en Europa. Serge, a pesar de su experiencia soviética, no había renunciado un ápice a sus principios ideológicos y en 1936 seguía considerándose comunista.

No menos contundente era en la carta que escribió a Magdeleine Paz y a sus amigos también en mayo de 1936.[8] En ella, tras constatar que los años de cautividad en el URSS habían terminado gracias a ellos, afirmaba que justamente su cautividad se había iniciado en 1928, después de ser excluido del Partido Comunista ruso, y exponía con crudeza todo lo que había visto en Rusia:

> «He visto luchadores de Octubre desfallecer bajo la restricción y la represión, perder toda clarividencia en la asfixia, desplomarse, para ir viviendo, a palinodias; he visto fusilar en la URSS a jóvenes comunistas, he visto al gran partido de Lenin convertirse en lo que se ha convertido —un potente aparato gubernamental fundado sobre el privilegio y la obediencia pasiva— he compartido la miseria del pueblo que más ha hecho desde hace medio siglo para la liberación de los hombres».

El régimen que se había acabado de imponer no permitía ningún tipo de oposición ni crítica:

> «Para el comunista opositor, para el escritor libre, para el testigo molesto que soy yo, así como para todos los objetores socialistas, anarquistas, sindicalistas, comunistas de izquierda, trotskistas u otros, en la URSS no existe ni amnistía, ni liberación, ni posibilidad de vivir de alguna manera, *jamás*».

La alternativa eran los campos de concentración, la cárcel, la deportación, los pasaportes especiales que implicaban una permanente

---

7/   «Carta de Víctor Serge a André Gide», *La Nueva Era,* citada.

8/   «Lettre à ses amis», *La Révolution prolétarienne,* junio de 1936. Hemos traducido del francés los párrafos citados en el texto.

vigilancia y la prohibición de la residencia... que alternaban sin cesar en sus destinos. Y el propio Serge había experimentado largas reclusiones. Por ello era consciente de que su liberación se había producido gracias a la solidaridad obrera conseguida merced al incansable esfuerzo de sus amigos. Y por ello terminaba su carta haciendo un llamamiento para que no se ignorase a los millares de militantes que seguían su lucha en la URSS contra un régimen que se había alejado considerablemente de los principios de la revolución de octubre, puesto que

> «el partido de Lenin jamás había concebido la dictadura del proletariado sino como una democracia de los trabajadores. Dictadura para romper la resistencia de las clases expropiadas, democracia para formar la conciencia nueva de las clases liberadas, para construir el socialismo, para airear sin cesar la nueva mansión...».

Esta experiencia que vivió Serge y el desarrollo posterior de los acontecimientos en la URSS, marcaron su evolución política en los años sucesivos. El proceso involucionista de la revolución rusa, lejos de detenerse, se agudizó aún más. En mayo de 1936 aún no se habían producido los procesos de Moscú contra la vieja guardia bolchevique, y aún no se había iniciado la guerra civil española, que debería confirmar a Serge la justeza de sus análisis sobre el estalinismo. Para Serge, como para tantos otros revolucionarios europeos de su generación, España empezó siendo el retorno a la esperanza, pero acabará convirtiéndose en la definitiva frustración de los ideales surgidos en el octubre soviético de 1917.

El POUM y Víctor Serge. Defensa de la revolución española

Cuando estalló la guerra civil española, la preocupación central de Víctor Serge era la Unión Soviética. A partir de julio de 1936 unirá a esta preocupación el proceso histórico de la revolución española desencadenada por los militares derechistas que se alzaron en armas contra la República española. Y ambos temas —Rusia y España— le acompañaron, íntimamente relacionados, durante todo el período que va de 1936 al inicio de la Segunda Guerra Mundial. La esperanza en la revolución española, el temor de que en España se reproduzcan los acontecimientos rusos y la confirmación final de este temor, centraron el interés de Serge por la guerra civil española.

El revolucionario ruso-belga conocía, ciertamente, muy bien España. Su participación en la huelga general revolucionaria de 1917, reflejada en una de sus mejores novelas;[9] su identificación con las reivindicaciones y las luchas históricas del proletariado español; y el contacto que había ido manteniendo desde aquella lejana fecha con militantes obreros españoles le permitían un conocimiento poco común en Europa de la situación del movimiento obrero español. Su antigua militancia en las filas del anarcosindicalismo y la admiración que había sentido por Salvador Seguí —uno de los dirigentes históricos del sindicalismo catalán del siglo xx— habían conservado en Serge una simpatía indudable por el anarquismo catalán. Serge sabía que el anarquismo en Cataluña era un movimiento poderoso, profundamente enraizado entre el proletariado catalán y que sus potencialidades revolucionarias eran imprescindibles para el triunfo de la revolución.

Aunque sus fidelidades políticas e ideológicas se hallaban ahora en el campo de la heterodoxia comunista y poseían nombre y apellidos propios. A lo largo de la guerra civil española Serge mantuvo relaciones de militancia con el Partido Obrero de Unificación Marxista (POUM), una organización comunista y antiestalinista que había sido fundada en septiembre de 1935 a través de la unificación entre el Bloque Obrero y Campesino, que dirigía Joaquín Maurín, y la Izquierda Comunista de España, liderada por Andreu Nin. Las relaciones de Serge con el POUM no se debían solo a coincidencias políticas e ideológicas. Serge poseía también una buena amistad con dirigentes de este partido, en especial con Nin, con quien había convivido en la URSS y había luchado codo con codo en las filas de la oposición trotskista.[10]

No es casual que uno de los primeros textos de Serge sobre la guerra civil española sea una extensa carta que escribe desde Bruselas a Nin tres semanas después de iniciada la guerra. La carta, reproducida íntegramente en *La Batalla,* el diario órgano del POUM, iba introducida por un breve texto donde se recordaba que Serge «no es desconocido por

---

9/ Se trata de V. Sᴇʀɢᴇ, *Naissance de notre force.* París: Ed. Rieder, 1931.

10/ Para las relaciones de Serge con Nin durante los años en que ambos vivieron en Moscú, ver V. Sᴇʀɢᴇ, *Mémoires...,* especialmente las páginas 212-307.

el proletariado revolucionario español (...). Su magnífico libro *El naci-miento de nuestra fuerza* dice cuándo Serge ha sufrido y luchado entre nuestras generaciones revolucionarias del tiempo de la gran guerra y la compenetración que siente con todo lo nuestro». «Desde estas páginas —acaba la introducción— al dar a luz a su carta, manifestamos nuestro deseo, y el deseo de todos los revolucionarios españoles, de tenerle cuanto antes entre nosotros, en nuestras filas.»[11]

La carta de Serge —dirigida a «mi querido Andrés, mi viejo amigo»— exponía con toda claridad todas sus esperanzas depositadas en la revolución española recién iniciada, y, al mismo tiempo, planteaba sin paliativos el mayor problema —la cuestión del poder— que podía presentarse a la revolución. Destaca, en primer lugar, la fe y la confianza de Serge en la clase obrera española. Tras pedir a Nin que le envíe las publicaciones del POUM, no se estaba en añadir:

> «Que me traigan un poco de aire tónico de una revolución en la cual yo creo desde hace cerca de veinte años. Yo creo en ella, porque conozco bastante a los obreros de España y la situación general en que os encontráis, y porque, desde 1917, me parece que tenéis una misión excepcional que cumplir en el Occidente enfermo. La gran enfermedad de Occidente, esta descomposición del viejo régimen sobre el cual nacen fascismos es, al fin y al cabo, la debilidad de la clase obrera. En ninguna parte, salvo durante algunos años en Rusia, nuestra clase ha estado a la altura de su misión. La clase obrera ha dejado escapar las mejores ocasiones para poner fin al caos, liberándose; se ha dejado llevar por charlatanes, ingenuos y cobardes, y su carencia revolucionaria ha hecho la fortuna histórica de los Mussolini y de los Hitler. Pero su debilidad se explica por la sangría que le había infringido la guerra».

A diferencia de la debilitada clase obrera europea, «el proletariado español no ha sufrido esta sangría espantosa, ha conservado todas sus fuerzas vivas», la cual cosa le daba superioridad numérica y moral frente a las derechas y a los militares insurrectos. Pero a pesar de la unidad y fortaleza existente en el proletariado español, Serge abogaba por la creación de hombres nuevos formados en el fragor de la lucha, hombres «para formar en la hoguera misma el verdadero partido de la revolución llamado a asumir todas las responsabilidades. Hombres de todos los

---

11/   V. SERGE, «Una carta del gran revolucionario ruso», *La Batalla*, 1.9.36.

partidos, de todas las tendencias y de ninguna, lo formarán sin pensar demasiado en ello y prodigándose en la acción cotidiana».

Porque para Serge no había duda de que en la guerra de España lo que se ventilaba realmente era la causa de la clase obrera y del socialismo. Ninguna concesión en este punto:

> «Solo la clase obrera puede vencer al fascismo; solo ella puede construir una república digna de ese nombre, una democracia que ya no será una trampa. La clase obrera tiene derecho al poder. Ella puede y debe comenzar a curar sus heridas, a suprimir la miseria, a transformar la sociedad. Vacilar hoy en este punto sería tanto como comprometerlo todo, porque no se puede pedir a los obreros que se hagan matar, si no tienen otra cosa más seria que defender que la república de los señores Alcalá Zamora y Azaña».

De aquí la importancia que Serge concedía al problema del poder, piedra de toque de toda revolución. Según su perspectiva, «la clase obrera debe controlarlo todo por medio de sus organizaciones y la iniciativa de todos: el poder, la producción, el ejército, el abastecimiento, las comunicaciones». Tras advertir del peligro existente de que los políticos profesionales y los «abogados» que surgen en todas las revoluciones traicionen con engaños la causa proletaria, Serge constataba que «no hay poder más legítimo que el de un pueblo en armas y en estado de legítima defensa».

Acababa su carta señalando la necesidad de que el movimiento anarquista español se incorporase al proceso revolucionario aportando en su seno un contenido antiburocrático que solo a él le correspondía:

> «Si los camaradas de la CNT y de la FAI saben imponerse una disciplina de hombres libres en un período revolucionario, su influencia constituirá un antídoto precioso frente a las tendencias estatales y burocráticas del movimiento obrero; su colaboración vivificará la libertad obrera. Yo pienso en todo esto con una tensión de todo mi ser. Acaso el peligro común, la común voluntad de vencer y de transformar el mundo, la comunidad de sangre y de aspiraciones, ya que tanto para los unos como para los otros "la emancipación de los trabajadores será la obra de los trabajadores mismos", ¿acaso todo esto no es suficiente para reconciliar en la acción y por la acción y la emulación al servicio de la revolución a los anarquistas y a los marxistas?».

A partir de esta carta —que representa un documento político de primer orden— empezaron a publicarse artículos de Serge en la prensa del POUM. «En torno a un crimen», artículo publicado en septiembre de 1936, en *La Batalla,* se centraba en la represión política existente en la URSS y, especialmente, en el primer proceso de Moscú contra la vieja guardia bolchevique.[12] Por primera vez aparecía estrechamente vinculado el tema de persecución en Rusia con la revolución española. En primera instancia en el artículo se hacía referencia a la represión que seguía desarrollando Stalin contra destacados militares y miembros del partido. Sin olvidarse de la farsa a la que estaban sometidos los intelectuales:

> «Los escritores cuando se reúnen se acusan mutuamente, denuncian a sus amigos y aprueban orgullosamente las peores medidas de represión, dictadas contra ellos. Los escritores son arrojados de sus sindicatos después de inmundas comedias, para quedar completamente aislados de los demás».

Se generaba así una auténtica ola de «terror asiático», que no solo no merecía ninguna condena pública, sino que además a menudo venía acompañada de no pocos elogios. Los ejemplos que ofrece Serge no dejan lugar a dudas:

> «Los niños de ocho años dan las gracias a Stalin, por haber fusilado a esos "perros rabiosos" que fueron los antiguos compañeros de Lenin. Los campesinos de los *koljoses* escriben también: "Nuestro gran padre bien amado, gracias..." La *Pravda,* en un poema publicado el 28 de agosto atribuye a Stalin la creación del hombre, la fecundidad del sol, la primavera: "Stalin, sol que se refleja en millones de corazones...". Se lee todo esto con espanto, con cólera, con asco, y no podríamos creer a nuestros propios ojos, si no estuviéramos todavía bajo la impresión de la verdad vivida...».

Los ejemplos que ofrecía eran numerosos. Serge hablaba de premeditación y, al mismo tiempo, de precipitación en muchas de las acciones represivas y al referirse al primero de los grandes procesos que se produjo en Moscú en agosto de 1936 no dudaba en destacar no solo la falta de garantías procesales sino además «el enigma psicológico de las autoacusaciones de los procesados».

Pero más allá de los horrores ya conocidos y de los crímenes cometidos, Serge ponía de relieve el futuro que podía esperar a no pocos

---

12/   V. Serge, «En torno a un crimen», *La Batalla,* 29.9.1936.

«hombres que no tienen ante sí más que la perspectiva de un aniquilamiento lento o de un aniquilamiento brusco». Porque era evidente que el terror stalinista proseguiría sin pausa.

Pocas semanas después, aparecía en *La Batalla* una nueva carta de Serge, centrada de nuevo en España, en la que felicitaba al POUM por la calidad de su periódico: «Él me trae aquí la voz viva de la revolución española erguida en toda su altivez en el momento en que los trabajadores rusos, fatigados por veinte años de esfuerzos y de sacrificios, en un aislamiento asfixiante, retroceden bajo el pensamiento burocrático». En esta nueva carta era el propio Serge quien vinculaba directamente la revolución rusa con la revolución española. Para Serge el POUM recogía la antorcha de la revolución socialista rusa. Expresando el deseo de todos los oposicionistas sumidos en las cárceles soviéticas, afirmaba sin paliativos que «si el Gobierno soviético consintiera facilitar el enrolamiento en vuestras filas a los revolucionarios que priva de libertad, muchos combatientes de octubre estarían rápidamente con vosotros».[13]

El compromiso de Serge con el POUM llegaría, sin embargo, más lejos. A requerimientos de su Comité Ejecutivo que en noviembre de 1936, a través de Julián Gómez «Gorkin», le ofrecía un puesto de colaborador-corresponsal en *La Batalla* y en el resto de publicaciones teóricas del partido, Serge contestaba, el 2 de diciembre del mismo año, no solo con «mi aceptación total de esta colaboración», sino también que «me considero desde ahora, miembro del POUM, y os ruego contéis conmigo sin reservas. Allá donde me encuentre, estaré enteramente a vuestra disposición».[14] Esta fidelidad de Serge al POUM le llevó a romper con el trotskismo, en enero de 1937, a raíz de las críticas a que Trotski y el trotskismo internacional estaban sometiendo al partido de Nin.[15]

13/ «Una carta de Víctor Serge», *La Batalla*, 9.10.1936.

14/ «El gran escritor revolucionario, Victor Serge, colaborador oficial de *LA BATALLA* y miembro del POUM», *La Batalla*, 10.12.1936.

15/ He tratado este aspecto en mi artículo «Le mouvement trotskyste pendant la guerre civile d'Espagne», *Cahiers Léon Trotsky*, juin, 1982, pp. 47-65. También existen numerosas referencias sobre las relaciones entre Serge y el trotskismo en L. TROTSKI, *La Révolution espagnole, 1930-1940*. Textes recueillis, présentñes et annotés par Pierre Broué. París: Editions de Minuit, 1975. Sobre las relaciones entre Serge y Trotski, a raíz de la guerra civil española, ver V. SERGE; L. TROSKI, *La lutte contre le estalinisme*,

De esta manera, Serge ligaba en un único compromiso su doble actividad política —en favor de la revolución española y contra la represión estalinista en la URSS— durante los años que él mismo ha caracterizado como de *la défaite de l'Occident*.[16] Si ofrecía su pluma al POUM y a la revolución española, si intervenía en Ámsterdam y en Rotterdam, junto al revolucionario holandés Heinrich Sneevliet —dirigente del R.S.A.P. holandés— en mítines obreros para reclamar la solidaridad con los republicanos españoles,[17] al mismo tiempo libraba un duro combate para sensibilizar al proletariado europeo de los crímenes que estaba cometiendo Stalin en Rusia.

España y Rusia

La sombra de Stalin —podría haber escrito Serge— era alargada. Tan alargada que desde Moscú era capaz de prolongarse hasta el extremo meridional de Europa. El temor de una intervención soviética en España, en el mismo sentido en que se estaban desarrollando los acontecimientos en la URSS, estuvo presente en el pensamiento de Serge desde el inicio mismo de la guerra civil española. Cuando en el verano de 1936 Serge constituyó en París, junto a André Breton, Marcel Martinet, Magdeleine Paz, Pierre Monatte y Alfred Rosmer, entre otros, el Comité de encuesta sobre los procesos de Moscú para la defensa de la libertad de opinión en la Revolución, Serge impuso este largo título pensando en que el Comité debería defender también «a los hombres de los que el totalitarismo ruso intentará deshacerse en Madrid y Barcelona por los mismos métodos de la impostura y del asesinato».[18]

En la medida en que en España se estaba desarrollando una revolución inoportuna para los planes de Stalin; en la medida en que la guerra de España anunciaba una próxima conflagración mundial; y en la medida en que la influencia soviética era cada vez mayor en la España republicana, para Serge no había duda sobre las intenciones de Stalin en España, como

---

París: Ed. Masperó, 1977. Remito, además, al texto de Andy Durgan, recogido en este mismo libro.

16/   V. Serge, *Mémoires...*, p. 352.
17/   Ibíd., p. 372.
18/   Ibíd., p. 361.

tampoco dudaba sobre la estrecha relación existente entre la represión en Rusia y la política de Stalin en España. En la temprana fecha de diciembre de 1936 publicó en *La Révolution prolétarienne* un artículo con el significativo título de «Crimes en Russie, intrigues en Espagne»,[19] en el que por primera vez y de una forma clara y contundente exponía sus temores sobre la represión que estaba acechando a los revolucionarios españoles.

La primera parte del artículo insistía en los acontecimientos soviéticos. Pero como «la revolución obrera es una sola en el mundo, por consiguiente lo que en un punto la pudre, la ensangrienta, la traiciona, repercute forzosamente, de manera dolorosa, sobre otros puntos». Y otro de estos puntos era España, donde el POUM «un gran partido obrero de oposición comunista, es decir, resueltamente hostil a la concepción estalinista del socialismo, al Estado totalitario, al sistema burocrático» empezaba a verse acosado por las maniobras estalinistas. Tras relatar las primeras persecuciones a que se veía sometido el POUM —asalto del local de sus juventudes en Madrid, prohibición de su órgano de prensa madrileño— y destacar la campaña iniciada por *Treball* —periódico del Partit Socialista Unificat de Catalunya, el partido comunista catalán— y por el consulado soviético de Barcelona, que el 28 de noviembre de 1936 había acusado a *La Batalla* de ser un periódico vendido al «fascismo internacional», Serge afirmaba categóricamente que «¡Es, pues, para poder mejor estrangular la revolución de España que en Rusia se fusila a los viejos revolucionarios!».

Terminaba su artículo con una premonición:

> «Si las maniobras estalinistas tuvieran éxito (y para ello sería necesario que los camaradas de la CNT y de la FAI se dejaran violentar o engañar —y lo pagarían caro después—), las etapas siguientes de la operación serían previstas: el consulado soviético se esforzaría en obtener la suspensión de *La Batalla,* es decir, de imponer al movimiento obrero catalán el régimen de mordaza; y para llevar a cabo la desagregación de este movimiento se terminaría montando, al estilo de Moscú y de Novosibirsk, comedias judiciales contra revolucionarios españoles, algunos asuntos de "complot con Hitler-Franco-Mussolini...".

19/   V. SERGE, «Crimes en Russie, intrigues en Espagne», *La Révolution prolétarienne,* 10.12.1936. Este artículo fue reproducido en *La Batalla* con el título «¿Qué pasa en Rusia? ¿Qué pasa en España?», el 28.1.1937. Hemos utilizado la versión castellana de *La Batalla.*

Denunciando a sus adversarios políticos como "agentes del fascismo internacional", ante un pueblo a menudo ignorante que se bate por su vida, los representantes oficiales de la URSS y los estalinistas en España, cometen un verdadero crimen contra la causa común y preparan otros crímenes más. Esta calumnia es un arma envenenada, de la que no se puede uno servir impunemente. En el coto cerrado de la revolución española los agentes del fascismo tienen que ser fusilados o, si son inconscientes, ser reducidos a la imposibilidad de hacer daño. Los revolucionarios a los que se intenta arrojar este barro a la cara y que se sienten atraídos a una encerrona tienen a su vez que entregar a sus calumniadores al escarnio público. Los camaradas del POUM han dado suficientes pruebas de fuerza y de sangre fría para que se les tenga confianza. Que la opinión obrera internacional pueda sostenerles con su vigilancia».

Muy pocos días después de la publicación de este artículo, concretamente el 13 de diciembre de 1936, el PSUC provocaba una crisis de gobierno en la Generalitat catalana, centrada en la necesidad de excluir al POUM del Gobierno catalán, donde estaba representado por Nin. La campaña de prensa subsiguiente protagonizada por el PCE y por el PSUC, contra la organización revolucionaria y antiestalinista, abundaba en calumnias y difamaciones que presentaban al POUM como un partido quintacolumnista, al servicio de Franco y del fascismo internacional. De esta manera, las premoniciones de Serge, que demostraba conocer a la perfección los métodos del estalinismo, se empezaban a cumplir escrupulosamente.

En *La Révolution prolétarienne* Serge denunciaba estas primeras maniobras, al tiempo que se quejaba de la pasividad demostrada por la CNT ante los primeros envites serios del estalinismo contra el POUM.[20] Y en *La Batalla* del 3 de enero de 1937 publicaba un breve artículo, fechado a 29 de diciembre de 1936, en el que volvía a equiparar la situación rusa con la española.[21] Pero en este caso situaba en parecida coyuntura histórica al POUM y al partido bolchevique en vísperas de la revolución rusa. La defensa de ambos de la revolución socialista —frente a los partidarios de la democracia burguesa— había provocado la misma reacción:

20/   V. SERGE, «L'intrigue stalinienne en Espagne», *La Révolution prolétarienne*, 10.1.1937.
21/   V. SERGE, «Todo se repite», *La Batalla*, 3.1.1937.

> «como nada había que oponer a estos puntos de vista de los bolcheviques —[se refiere al programa bolchevique de julio-agosto de 1917]— se intentó para ellos lo mismo que se acaba de redescubrir para vosotros, camaradas del POUM y de la CNT, el arma más pérfida, la más envenenada porque hiere a la clase trabajadora en su conciencia y en su fuerza moral: la calumnia».

Para Serge se estaba constituyendo un bloque heterogéneo de fuerzas de la reacción, interesadas en potenciar la campaña de injurias y descrédito contra los revolucionarios españoles. Por una parte, se hallaban las oligarquías financieras del extranjero que, en ningún caso, podían estar interesadas en la victoria del socialismo en España. En segundo lugar, la gran burguesía española defensora de sus privilegios de clase. La tercera fuerza de la reacción, detrás de los calumniadores, era la nueva casta burocrática de la URSS, que con el triunfo de la revolución española —un triunfo que no era el suyo— veía peligrar también sus privilegios. La defensa de los revolucionarios españoles calumniados era, pues, la defensa de la revolución española, y al mismo tiempo, la defensa de los obreros soviéticos y del socialismo en el mundo entero. Lo expresaba con estos términos:

> «Estas fuerzas tan distintas se hallan de acuerdo en un punto: no quieren que en España haya una libre democracia de trabajadores.
>
> Los financieros no lo quieren porque comprenden muy bien que la victoria del socialismo en España abriría un nuevo punto de partida en la historia del mundo, como hizo la victoria del bolchevismo en 1917. La gran burguesía no lo quiere porque defiende sus privilegios de clase poseedora y gobernante. La burocracia estalinista no lo quiere porque ella niega toda libertad a los obreros soviéticos y porque otro triunfo que no fuera el suyo amenazaría también sus privilegios. Diciéndolo de una manera brutal, defenderemos a la vez los intereses de los obreros soviéticos y los de los obreros de España si luchamos también por el socialismo en el mundo entero, incluso la URSS. Lenin murió con la preocupación del mal burocrático. Si viviera estaría con nosotros».

Que la situación de la revolución española era muy parecida a la que ya vivió la revolución rusa en los momentos claves lo recordaría pocos días después cuando insistía en la necesidad de un poder fuerte de la clase obrera para garantizar el triunfo de la revolución y al mismo tiempo evitar que las clases privilegiadas impusieran su propia dictadura:

«En nuestros días no hay más que dos fórmulas de poder fuerte en período de crisis social: poder fuerte para defender los privilegios de las clases ricas, es decir, contra los trabajadores, sea cual fuere su manera, y este poder conduce al desarme de los obreros y campesinos y a la destrucción de las organizaciones revolucionarias; o poder fuerte por el apoyo y la actividad de las masas, para galvanizar todas sus energías, sin temer cierto desorden aparente y hasta algunos desórdenes inevitables (¡como si los regímenes autoritarios no tuvieran sus excesos mil veces peores!) Imponiendo sobre toda la vida social, producción, revituallamiento, cambios, relaciones exteriores, fuerzas armadas, el control efectivo, diario, vigilante, de las organizaciones obreras, un control vivificado por la libre crítica y la emulación de las tendencias».[22]

A partir de este momento, y hasta mayo de 1937, la mayor parte de la actividad política y literaria de Serge, en relación a la guerra civil española, se encaminó a luchar contra la calumnia a que sistemáticamente se sometía al POUM, y que también le alcanzaba de lleno a él. Ante la mentira retornaba a la vieja premisa según la cual la verdad «es nuestra arma principal porque ella constituye una ininterrumpida llamada a la conciencia de clase», e insistía en que el alcance de la campaña emprendida apuntaba lejos, pues «es una verdadera preparación de asesinato».[23] De esta manera y ante las mentiras que habían empezado a aparecer en la prensa francesa filocomunista, aconsejaba al POUM que desarrollase una política informativa continua y sistemática:

«Permitidme que haga una sugerencia al Comité Ejecutivo del POUM. En el seno del movimiento obrero la verdad es nuestra arma principal porque ella constituye una ininterrumpida llamada a la conciencia de clase. Y quien dice verdades "informa bien". El movimiento obrero internacional debe conocer y seguir, día a día, vuestra experiencia porque en ella se decide un momento de su destino. Suministradle los medios para que la conozca bien. Una memoria documental, redactada de una manera objetiva, explicando hechos y reproduciendo textos, dirigida por el POUM a todas las organizaciones obreras del mundo sin distinción de tendencias (pues no debemos olvidar que el movimiento obrero aún en sus divisiones más profundas, es un todo único) y comunicada por vosotros a todos sus órganos dirigentes sería de una gran utilidad. Sería también, si fuese posible, muy interesante que los militantes más destacados visitaran las organizaciones extranjeras a fin de informarlas».

22/   V. SERGE, «Cartas de lejos. Sobre un poder fuerte», *La Batalla,* 6.1.1937.
23/   V. SERGE, «Cartas de lejos. Contra la calumnia», *La Batalla,* 7.1.1937.

Unas semanas más tarde, y para defenderse de la campaña a que se le sometía a él mismo, escribió un artículo en el que explicaba el porqué de las injurias a que era sometido por parte de la prensa comunista de toda Europa:[24]

«¿Qué he hecho yo para hacerme acreedor de esta baja campaña de descrédito? He tomado la defensa de mis camaradas oposicionistas y viejos comunistas rusos perseguidos, detenidos, asesinados, deshonrados por una "justicia" incalificable. He compartido su destino durante más de diez años, y ha faltado poco para que yo no pereciese como muchos de ellos perecen ahora por su fidelidad a la revolución de octubre. Los he defendido, los defiendo y los defenderé en escritos que solo tienen una pretensión: el ser absolutamente verídicos y dictados por un pensamiento socialista. No se encontrará en estos escritos ningún resentimiento personal, ningún juicio sectario. Diré las cosas tal como son, convencido de que la ignorancia de las realidades es para el movimiento obrero el peor peligro. Si mis libros son trágicos, es que la realidad del régimen burocrático que se ha instalado en la revolución rusa, lo es. Y como que es imposible contradecirme, se me cubre de injurias. Nada más comprensión en el plano de todas las reacciones y de la vieja bajeza humana».

La conclusión a que llegaba Serge era que, a pesar de la desigualdad entre quienes pregonaban la verdad y quien utilizaban la calumnia, acabaría imponiéndose la razón, la salud y en definitiva la clase trabajadora socialista:

«Se emplea contra mí, como contra muchos otros, la mentira y la calumnia, sin interrupción y en gran cantidad. ¡Lucha desigual! Pero no desanimadora, pues ella me confirma en el sentimiento invencible de tener razón. Contra estas formas de desmoralización, la lucha necesaria que nosotros empezamos será larga y penosa: el éxito no es dudoso, la salud se impondrá por encima de la corrupción, la clase trabajadora socialista por encima de la burocracia reaccionaria».

En plena campaña de calumnias, y en ocasión de un viaje que Julián Goméz «Gorkin», miembro del Comité Ejecutivo del POUM y director de *La Batalla*, realizó a Bruselas, Serge le acompañó a visitar a dos de los dirigentes de la Internacional Socialista, Fritz Adler y Oscar Pollack. La respuesta de este último reflejaba claramente la actitud que habían

---

24/   V. SERGE, «Cartas de lejos. En legítima defensa», *La Batalla*, 3.3.1937.

adoptado la mayoría de sectores socialistas ante los crímenes de Stalin en la URSS y los que estaban preparándose en España: «¿Qué queréis que hagamos? Los rusos son los dueños de la situación puesto que ellos son quienes envían armas a España!».[25] El chantaje de las armas soviéticas servía de mordaza a quienes no podían de ninguna manera —tanto en España como en Europa— estar de acuerdo con las persecuciones estalinistas y fue el chantaje definitivo que permitió llevar a cabo la provocación final con la que desencadenar la represión contra las fuerzas revolucionarias españolas.

Los hechos de mayo de 1937 y la represión contra el POUM

A partir del mes de mayo de 1937, desde París, Serge siguió de cerca los preparativos de las sangrientas jornadas de mayo de Barcelona. En las últimas semanas se habían producido una larga serie de conflictos que anunciaban un enfrentamiento generalizado entre quienes se mostraban partidarios de no retroceder un ápice en las conquistas de la revolución (CNT-FAI y POUM) y el bloque republicano-comunista dispuesto a frenar el proceso de transformaciones revolucionarias. Serge contemplaba con sagacidad analítica el agravamiento del proceso de contradicciones desde marzo de 1937. El robo de diez tanques recién salidos de fábrica por parte del PSUC en Barcelona, la suspensión temporal de *La Batalla* por haber denunciado el robo, el intento de disolución de las patrullas de control y la reconstitución de la policía, la resistencia de la CNT-FAI a disolver las patrullas, la crisis del Gobierno de la Generalitat catalana, los primeros asesinatos de anarquistas en Castilla, el proseguimiento de la represión contra el POUM madrileño, y, finalmente, sendas muertes del anarquista Antonio Martín en Puigcerdà y del comunista Roldán Cortada cerca de Barcelona constituían, según el relato cronológico de Serge, los pasos que debían culminar en el enfrentamiento generalizado.[26]

Y este se produjo el 3 de mayo de 1937, tras el ataque gubernamental perpetrado por la Generalitat y los comunistas contra la Central Telefó-

---

25/ V. Serge, *Mémoires...*, p. 366.

26/ V. Serge, «Victoire et défaite à Barcelone», *La Révolution prolétarienne*, 25.5.1937.

nica de Barcelona. «Por la tarde —constata Serge— la ciudad obrera se levantó entera, al saber que el señor Companys había dado la orden de desarmar a las patrullas de control.» De la misma manera Thiers cuando había intentado desarmar a los obreros de París había provocado la creación de la Commune en 1871. De nuevo, como el 19 de julio de 1936, los obreros eran dueños de Cataluña. Pero la indecisión de la CNT y de la FAI evitaron que la insurrección obrera, que había respondido a la provocación estalinista, consiguiera sus objetivos:

> «La censura se instala mientras se entierra a los muertos. La victoria obrera se transforma en derrota. El golpe de fuerza estalinista, verdadera puñalada en la espalda de la España antifascista, se convierte en una sabia operación policíaca dirigida contra la anarquía, el desorden sangriento, el hombre con el cuchillo entre dientes».[27]

Inmediatamente la prensa estalinista del mundo entero exigió la disolución del POUM.

A partir de estos momentos, Serge solo veía dos alternativas en la evolución de la República española. A pesar de la pérdida de sus posiciones políticas, la clase obrera aún conservaba buena parte de su fuerza:

> «si sus organizaciones se rehacen (y ello concierne sobre todo a la CNT, y en segundo lugar a los socialistas) y saben demostrar firmeza, el adversario deberá ceder, la victoria sobre el fascismo será asegurada y con ella el orden, un orden nuevo».

Pero,

> «si continúan dejándose maniobrar, dividir, asesinar en detalle, corromper aquí, encarcelar allí, solo puede preverse al final del camino alguna monstruosa provocación, una caótica, una heroica reacción de las masas exasperadas, mares de sangre, el triunfo de la reacción, primero bajo una máscara republicana, después, inevitablemente, bajo una forma fascistizante».[28]

Cuando Víctor Serge escribía sobre los hechos de mayo de Barcelona aún no se había iniciado la represión a gran escala contra el POUM y los revolucionarios españoles. La sustitución de Largo Caballero —que

---

27/ Ibíd. Ibíd.
28/ Ibíd. Ibíd.

se había negado a disolver al POUM— por Negrín, al frente del Consejo de Ministros de la República, dará el espaldarazo definitivo al inicio de la represión. A finales de mayo el gobierno Negrín suspendía definitivamente *La Batalla,* y a mediados de junio ilegalizaba al POUM, encarcelaba a su Comité Ejecutivo y a centenares de militantes, disolvía la 29 División compuesta por militantes del POUM que operaba en el frente de Aragón, y empezaban a conocerse casos de militantes antifascistas muertos en extrañas circunstancias.

Como había hecho cuando se produjeron los primeros procesos de Moscú, en agosto de 1936, Víctor Serge inició inmediatamente, junto al *Independent Labour Party* británico, el Partido Socialista Revolucionario holandés de Sneevliet y el ala izquierda del Partido Socialista francés (Marceau Pivert, Collinet, etc.) un amplio movimiento de solidaridad internacional. A finales de junio de 1937 publicaba en *La Révolution prolétarienne* un dramático artículo titulado «Crimes à Barcelone»,[29] en el cual tras narrar las primeras persecuciones contra el POUM y denunciar la muerte en la cárcel de Valencia —oficialmente de apendicitis— del joven británico Bob Smillie, combatiente del ILP en las milicias del POUM, lanzaba una nueva premonición:

> «Andreu Nin —escribía— no padece ninguna apendicitis crónica. Es joven y posee un corazón sólido. No creeremos ni en una apendicitis repentina ni en una embolia. Es preciso que su vida esté bajo la salvaguarda de las verdaderas organizaciones obreras de Cataluña».

Pero el llamamiento llegaba demasiado tarde. En julio se confirmaba la «desaparición» del máximo dirigente del POUM. «¡Cuan fácil es —había escrito un mes antes Serge— en estos negros tiempos, estos tiempos de perversidades y de silencios cómplices, ser un buen profeta.»[30]

El asesinato de Nin, no por menos esperado, le conmovió profundamente. En su nuevo artículo «Adieu à Andrés Nin»[31] recordaba distintos episodios de la vida de Nin en la que ambos habían coincidido. La lejana fecha de su primer encuentro en Moscú, en 1921, donde Nin había acudido en representación de la CNT para asistir al II Congreso

29/ V. Serge, «Crimes à Barcelone», *La Révolution prolétarienne,* 25.6.1937.
30/ Ibíd. Ibíd.
31/ V. Serge, «Adieu à Andrés Nin», *La Révolution prolétarienne,* 25.8.1937.

de la Internacional Sindical Roja. Su reencuentro en Viena, en 1923, poco tiempo antes de la muerte de Lenin. La amenaza de deportación que pesaba sobre ambos en 1927 por haber participado en las luchas de la oposición. A Nin solo le salvó su renombre en el extranjero. Su participación en el proceso revolucionario español, desde la proclamación de la República hasta su detención el 16 de junio de 1937. La admiración de Serge por Nin le hacía acabar el artículo con una amarga despedida: «Adiós, amigo mío. Nos queda tu gran vida valerosa, sembrada de obras y de acción. Nos queda también tu terrible muerte. Como tú, hay que mantenerse hasta el final para que el socialismo sea libre».

Aún pocas semanas más tarde escribía un nuevo artículo dedicado al que hasta estos momentos había sido el cónsul general de la URSS en Barcelona, Antonov-Ovséenko.[32] El antiguo revolucionario ruso —que había tenido un papel destacado en las jornadas de octubre de 1917, dirigiendo el asalto del Palacio de Invierno en Petrogrado, como recordaba el propio Serge— había sido sustituido y sobre el papel era nombrado comisario del pueblo para la justicia en la República Socialista Federal de Rusia, pero Serge tenía claro, de acuerdo con otros precedentes, que «su desaparición solo es cuestión de tiempo». Tras hacer un repaso de su extensa biografía desde que inició su militancia revolucionaria en 1905, narraba el papel que había jugado Antonov-Ovséenko en Cataluña: queriendo servir a la Unión Soviética en realidad solo había servido a la burocracia estalinista y al triple objetivo de Stalin en España: «impedir la victoria de Franco, es decir, el cerco de su probable aliado, Francia; impedir una revolución socialista que sería la fuente de demasiadas complicaciones europeas y de complicaciones sociales en la propia Rusia; imponer, finalmente, a la República española una especie de tutela diplomática y militar. El patriotismo del exrevolucionario Antonov-Ovséenko se acomodaba bastante bien a esta política». Sin embargo, el balance que iba a presentar ante sus jefes tenía sus aspectos positivos y negativos, sus activos y sus pasivos, y entre estos últimos Serge señalaba la comprometida victoria republicana, el desgarrado frente antifascista, el desacreditado Gobierno, los estalinistas detestados por la opinión pública avanzada...

A pesar de la campaña internacional desencadenada por Serge y sus

---

32/   V. Serge, «Les écrits et les faits», *La Révolution prolétarienne*, 25.9.1937.

amigos y de las gestiones que una comisión realizó cerca de los ministros republicanos españoles Irujo y Zugazagoitia, no cesó la represión contra el POUM. Al asesinato de Nin siguieron nuevos crímenes, como los de los extranjeros Kurt Landau, Erwin Wolf, Marc Rhein, etc., y de otros militantes del POUM, pero sí se consiguió evitar que se reprodujeran procesos semejantes como los que habían tenido lugar en Moscú.

Desde mediados de 1937 Serge tuvo claro que la República tenía perdida la guerra. En sus *Mémoires,* escritas en México durante la Segunda Guerra Mundial, recordaba los episodios de la represión comunista contra el POUM y escribía que era «imposible vencer al fascismo mientras se creaba en el interior un sistema de campos de concentración y de asesinatos contra los antifascistas más enérgicos y más seguros; estos métodos destruían el prestigio moral de la democracia».[33] Unas páginas más adelante era incluso más contundente: «A partir de mediados de 1937, sentimos que la República se daba, con Negrín, un "gobierno de la victoria" para entrar en la agonía. Este sentimiento penetraba en las masas de la misma manera que cae el crepúsculo e imponía una conciencia indistinta de impotencia».[34] Era el desencanto definitivo.

Por otra parte, lo hemos apuntado ya, España sirvió a Serge para confirmar su análisis sobre el estalinismo. La campaña estalinista desencadenada contra el POUM le confirmó la naturaleza totalitaria del nuevo poder soviético que, por sus métodos, era fácilmente equiparable al poder fascista. Métodos de terror contra toda disidencia que creaban un clima psicológico propenso al asesinato, a la eliminación física del adversario político, y aniquilaban la libertad de razonar, la posibilidad de pensar libremente, de poseer un espíritu imaginativo y crítico. Esta era, para Serge, la aportación fundamental del totalitarismo soviético que le acercaba peligrosamente al fascismo.[35]

33/   V. Serge, *Mémoires...,* pp. 367-368.
34/   Ibíd., p. 376.
35/   Ibíd., pp. 368-369, donde escribe, al estilo de lo que más tarde escribirían también George Orwell o Arthur Koestler: «Asistimos al nacimiento de psicosis colectivas parecidas a las que se conocieron en la Edad Media y a la formación de una técnica de asfixia del sentido crítico tan laboriosamente adquirido por la inteligencia moderna. Hay alguna parte en *Mein Kampf,* veinte líneas de un perfecto cinismo sobre la utilidad de la calumnia utilizada con fuerza. Los nuevos métodos totalitarios de dominación del espíritu de masas retoman los procedimientos de la gran publicidad

La revolución española: las responsabilidades de Stalin

A lo largo de los años que le quedaban de vida —murió en México, en noviembre de 1947— Serge prosiguió su combate constante contra el estalinismo, y a la vez llevó a cabo una defensa a ultranza de la concepción democrática del socialismo. Después de las amargas secuelas de mayo de 1937 en España, se reiniciaron nuevos procesos políticos en Moscú y empezaron las «desapariciones» de los asesores rusos que Stalin había enviado a España. El fin de la guerra de España estaba próximo —para Serge se había acabado ya— y pronto empezaría la Segunda Guerra Mundial. Era el momento de hacer un balance global sobre la intervención soviética en España y sobre las responsabilidades de Stalin en la pérdida de la revolución española y en la derrota final de la República. Lo empezaría a hacer a finales de 1937, lo proseguiría en 1938 y lo terminaría en 1940.

En primer lugar, Serge se centraba en las razones que habían motivado la intervención rusa en la guerra de España. Durante los primeros meses, Stalin cumplió escrupulosamente los acuerdos de no-intervención decididos por las potencias europeas, y no fue hasta octubre-noviembre de 1936, ante la amenaza fascista sobre Madrid que Stalin decidió ayudar a la República. Serge hallaba dos razones de este cambio de actitud: «La victoria de Franco en España —escribía en 1938— significa la amenaza a Francia, aliada de hecho, de la URSS. Todo el equilibrio europeo alterado en beneficio de Alemania».[36] La segunda razón se relacionaba estrechamente con la situación interna de la URSS:

«Exterminar a los compañeros de Lenin, diezmar el viejo partido y no decir palabra al degollamiento de la clase obrera española, hubiera sido

comercial añadiendo, sobre un fondo irracional, una violencia frenética. El desafío a la inteligencia lo humilla y prefigura su derrota. La afirmación enorme e inesperada sorprende al hombre medio, que no concibe que se pueda mentir así. La brutalidad le intimida y redime de alguna manera la impostura; el hombre medio, desmayándose por el golpe, es tentado a decirse que después de todo este frenesí debe haber una justificación superior que supere su entendimiento. El éxito de estas técnicas no es evidentemente posible más que en épocas turbadas y a condición de que las minorías valientes que encarnan el sentido crítico estén bien amordazadas o reducidas a la impotencia por la razón de Estado y les falten recursos naturales».

36/   V. SERGE, *De Lenin a Stalin*. Buenos Aires: Ed. Imán, 1938, p. 166.

> quitarse la máscara, dar en el interior del país el más grave alimento a la crítica trotskista, comprometer hasta las apariencias mismas del prestigio revolucionario. Contrariamente, aparecer ante el pueblo ruso y ante la clase obrera mundial como el salvador de la democracia en España, es hacerse perdonar muchas cosas, es consolidar políticamente el régimen».[37]

A partir de esta doble casuística, Stalin persiguió en España el triple propósito que acabamos de mencionar en el artículo dedicado a Antonov-Ovssénko y para ello destinó a España un ejército de asesores, que poco a poco irían controlando los resortes claves de la República española, y potenció a los grupos comunistas fieles —el PCE y el PSUC— que acabaron imponiendo su hegemonía en la España republicana. Pero tuvo que enfrentarse a las organizaciones revolucionarias dispuestas a no dejarse arrebatar las conquistas de la revolución. La campaña contra el POUM respondía al propósito final de hacer abortar la revolución española: «Stalin no quiere una España fascista, pero tampoco quiere una España donde haya una democracia obrera que él no podría controlar y que daría al mundo un ejemplo diferente al suyo».[38]

Para conseguir este propósito el Partido Comunista creó en España un Gulag repleto de cárceles secretas, realizó ejecuciones secretas y secuestros misteriosos, prohibió que la prensa española criticase a la URSS: «los antiestalinistas se exponen en el frente a recibir un tiro por la espalda, el pelotón de ejecución en la cárcel y el campo de concentración en la ciudad».[39] Creó, en definitiva, una dictadura oculta sobre la República española que «constituyó para esta el peor factor de división, de desmoralización y de derrota».[40] El depósito de las reservas de oro del Banco de España en Moscú, como pago a la ayuda militar rusa, servía de chantaje permanente a la República española.

De esta forma, Stalin consiguió paralizar la revolución y, a la postre, su política llevó a la derrota republicana. En 1940, para Serge las responsabilidades de Stalin en España eran claras, aunque Stalin se las imputase inmediatamente a sus agentes. En este punto se iniciaba otro capítulo de purgas, del que casi no escaparía ninguno de los rusos que

---

37/ Ibíd. Ibíd.
38/ V. Serge, *De Lenin a Stalin*, 1938, p. 171.
39/ V. Serge, *Retrato de Stalin*. México: Ediciones Libres, 1940, p. 133.
40/ Ibíd., p. 134.

había hecho la guerra de España. Como hemos visto, ya en septiembre de 1937, comentando el relevo de Antonov-Ovssénko, el cónsul general de la URSS en Barcelona, Serge había afirmado que «su desaparición es solo cuestión de tiempo».[41]

En 1940 se habían producido, además, las desapariciones de Rosemberg, el embajador soviético en Madrid, del periodista Koltzov, de los generales Kléber, Stachevski, Berzín, etc...: «La palabra desaparecer cobra aquí su sentido ruso, que equivale a *fusilado no se sabe dónde ni cuándo...*».[42] Y todo para que Stalin siguiese conservando el poder.

41/ V. SERGE, *Les écrits et les faits,* citado.
42/ V. SERGE, *Retrato de Stalin,* p. 134.

VÍCTOR SERGE. LUCIDEZ EN LA PESADILLA (MILITANTE Y CREADOR)

Ángel García Pintado

Si convenimos en que toda persona es un personaje literario, Víctor Serge lo es de una manera esencial. No estamos ante el aventurero convencional de las típicas novelas de aventuras; Víctor Serge encarna la aventura reflexiva; la aventura del compromiso cayendo en el pozo de la pesadilla; ¿un pozo como el de Alicia?; en cierto modo sí, con esa Reina de Corazones obsesionada por cortar cabezas a diestro y siniestro, genial presentimiento inglés y decimonónico del psicópata ulterior y real, nada ficticio, okupa del Kremlin.

Es Víctor Serge, a su vez, personaje real y literario decisivo para explicar la historia, personaje inverosímil a su pesar, mosca cojonera en el caballo georgiano-percherón. Acaso nadie como él ejemplifica esa fusión rayana en lo perfecto del militante o activista político con el creador. Su azacaneada existencia de devoto e insatisfecho transformador de lo real, se enriquece, más aún, con esa necesidad casi fisiológica por dejar constancia de lo que siente, ve y oye, mediante la escritura —artículos, ensayos, memorias, novelas , poesías...—, y en este aspecto conviene subrayar ante todo su altura de miras, su sensibilidad para ver y *cronificar;* su finura y su talento imaginativo a la hora de describir, tanto el mundo exterior de su Rusia adoptiva como los poliédricos mundos interiores de sus personajes.

Su novela *El caso Tuláyev* —en orden cronológico, la quinta de las seis que escribió—[1] nos ha quedado como el mejor ejemplo de ello.

El nominado Tuláyev, trasunto de Kirov, alto dirigente de la *no-*

1/   Por orden cronológico, sus novelas son: *Los hombres en la prisión* (1926-29), *Nacimiento de nuestra fuerza* (1929-30), *Ciudad conquistada* (1930-31), *Medianoche en el siglo* (1936-39), *El caso Tuláyev* (1940-42), Los *últimos tiempos* (1943-45) y *Los años sin perdón* (1946).

menklatura estalinista asesinado en noche moscovita y amigo personal del Jefe supremo, constituye el punto de inflexión decisivo en aquella «revolución traicionada» (según la afortunada expresión de Trotski), el gran pretexto y la coartada para encender la vasta hoguera inquisitorial.

Con todo derecho podríamos adscribir su *Tuláyev* a la gran tradición literaria rusa del XIX (preferentemente) y del XX, si bien su metáfora-denuncia es más concreta y más atenta al destino colectivo que en los clásicos rusos.

Parece obvio que Víctor Serge se niega a construir relatos inconsistentes, inanes o vacíos de contenido e intención. Todo en su literatura es intencionado, pero no cae en el esquematismo de la mala literatura de tendencia y es su mirada profundamente humana. Sutiles, y aun difusos, son los límites fronterizos entre literatura de tendencia y literatura crítica o de compromiso. Esa contradicción, estimo que la resuelve de la manera más eficaz y brillante Víctor Serge.

Teóricamente, sus ideas al respecto las expresó en diversas ocasiones. Aquí, la que tratando de «la función ideológica del escritor» está contenida en su pequeño ensayo *Literatura y Revolución*.[2] Dice Serge:

> «El escritor cumple una función ideológica. Podría decirse que hay dos clases de escritores: los bufones de los ricos y los portavoces de las masas (...) Nada sería más falso que deducir de ello que el espíritu político penetra o debe penetrar toda obra, lo que nos llevaría casi directamente a la canonización de la pieza de tesis. Las obras de tesis, en el sentido usual de la palabra, son a menudo, por definición, obras de calidad inferior y, a partir de ello, inferiores a su misión».

Y, más adelante:

> «"El escritor es un organizador de lo psíquico", suelen decir los rusos de una forma algo simplista. Pero, mal organizador es aquel que os anuncia: "Yo os voy a enseñar a pensar y sentir"...»

La «inferioridad» de la llamada «literatura de tesis» es una idea recurrente en Serge; en ese escrito y en otros. Así como su negación de la fórmula, enunciado y escuela «cultura proletaria» agrupada en torno a la organización llamada en tiempos de Lenin «Prolekult», cuyos pater-

---

2/   V. SERGE, *Literature et révolution*. París: Ed. Maspero, 1976.

nalistas feligreses suponían que el obrero, y en general el pueblo, estaba incapacitado para entender ciertas metáforas y formas estéticas perpetradas por escritores y artistas plásticos de la llamada *modernidad*. Una tendencia peligrosa, opuesta agresivamente al Futurismo de Maiakovski y los suyos, quienes a la postre por su condición de bolcheviques del arte progresivo (o las vanguardias) resultaron ser las víctimas propiciatorias del estalinismo y de su decreto antiestético bautizado como «realismo socialista», forma engañosa que adoptó la oficialidad para aniquilar a los más dotados y mantener en la docilidad y el servilismo a los más mediocres.

Nos recuerda Serge que los fundadores del socialismo científico contemporáneo, Marx y Engels, eran intelectuales burgueses; y también que Lenin insistía en la necesidad de aprovechar la «élite de las clases cultas que vienen hacia nosotros». Nos recuerda también que Trotski había planteado la cuestión en toda su amplitud y había concluido que la «dictadura del proletariado» ha de entenderse como una etapa «transitoria de corta duración», ya que el proletariado victorioso habrá de edificar una sociedad sin clases, la primera sociedad simplemente humana de la historia, por lo que, en todo caso, sería más lógico y necesario hablar en vez de «cultura proletaria», de «cultura humana».

Descartada, pues, la teoría obrerista de la actividad cultural por parte de Serge, toda su obra parece volcarse en lograr que «la ética llegue a trocarse en estética», según luminosa descripción que de la obra de su padre tiene su hijo Vlady, pintor de profesión.[3] Sobrellevar una vida de activista político a la vez que de literato comprometido fue el arduo camino elegido por Serge. Pero «¿podría el mismo hombre ser a la vez un gran político y un gran novelista, reunir en una sola personalidad a Thiers y a Victor Hugo, a Lenin y a Gorki?», se pregunta nuestro autor en sus *Memorias de un revolucionario*.[4] Es un interrogante que le obsesionará durante toda su existencia, aún más en sus últimos años mexicanos, años más de reflexión que de acción, aunque sin descartar una incesante actividad en la denuncia, la colaboración y el compromiso.

3/ Cita de su editor A. V. Gúsiev en el transcurso de la conferencia «Víctor Serge. Humanismo socialista contra totalitarismo», que pronunció en la Universidad de Puebla, México, en el año 2010.

4/ V. Serge, *Memorias de un revolucionario*, Madrid: Veintisieteletras, 2011.

Líneas antes había escrito que «poetas y novelistas no son espíritus políticos porque no son esencialmente racionales». Y, después, que «... Dostoyevski, Gorki, Balzac hacen vivir con amor a criminales que la política fusilaría sin amor...». Así es como, en busca de ese equilibrio entre racionalismo e irracionalismo, entre lógica y *non sense,* entre vigilia y sueño, consciente e inconsciente... encaminará sus pasos de literato. Pero sabía que nunca dispondría de tiempo para pulir bien sus obras. «Tendrán que valer sin eso» («Memorias» *dixit*). «Otros menos combativos, harían un estilo perfecto; lo que yo tendría que decir, ellos no podrían decirlo. A cada uno su tarea.»

Las condiciones en que escribe *El caso Tuláyev* no dejan de ser igualmente azarosas, como cuando él esculpe esos personajes de ficción que ha conocido, y el surrealista Breton hace lo propio con sus poemas, mientras ambos, con otros más, esperan —no sin zozobra— en un castillo desconchado del sur de Francia un barco que les llevará a América, su último periplo, para evitar que los nazis les echen la zarpa.[5]

Tuláyev, como obra cumbre en la narrativa de Serge, sí parece ofrecer al lector una literatura esmerada, una literatura que no parece acusar esa falta de tiempo y serenidad precisos para pulir el estilo. Lo que le permite *estilizarse* y firmar un pacto con la ironía en medio de tanto desastre. Hay en esa obra pasajes magistrales donde la capacidad narrativa de Víctor Serge, sus dotes analíticas y de observación, su lucidez en suma, se ponen incuestionablemente de manifiesto. Así, cuando describe a dos viejos camaradas cuyos destinos se bifurcan y que por sí solo bastaría como radiografía y síntoma de hasta qué punto fue traicionada aquella revolución gloriosa. Pasaje que concluye: «Los dos hombres sintieron, al despedirse, que no se verían más sino como enemigos». Epítome de la descomposición de la estructura política, síntoma y presagio de lo que vendría, de lo que ya estaba viniendo, de lo que ya estaba ahí...; para muestra el montaje y mobiliario del nuevo despacho del camarada Makayev; todo un símbolo.

O cuando explica esa transición desoladora de la Revolución a la Instalación, con esta síntesis, todo un ejemplo de pedagogía histórica:

5/ Escribió esta novela entre 1940 y 1942. La comenzó en París y la terminó en México. En medio: Agén y Marsella (Francia) y Ciudad Trujillo, hoy Santo Domingo (República Dominicana).

«No quedaba en Kurgansk, en las oficinas, más que un débil porcentaje de los veteranos, es decir, de los hombres formados en los tormentos de los diez últimos años; las tendencias de izquierda (trotskista), de derecha (Rykov-Tomski-Bujarin) y de falsa lealtad (Zinóviev-Kamenev) parecían aniquiladas, sin estarlo realmente, así que la prudencia recomendaba cuidarse del porvenir».[6]

Cronista clarividente de la irracionalidad delirante que se había instalado en su amada Rusia, en aquellos años de transición al abismo. «Nadie nos perdonará haber iniciado el socialismo con tanta barbarie estúpida», se atreve a decirle a la cara el personaje Kondratiev, recién llegado de la guerra de España, al Jefe exterminador en el mismo despacho de este, en el Kremlin.

El terror es ese tapiz sanguinolento tejido con hebras justificativas, coartadas hechas de vocablos y expresiones como *sabotaje, traición, cobardía, dejación, sospecha, desconfianza, derrotismo, calumnia, enemigo-del-pueblo, conjurado, agente extranjero, fascista-trotskista...* En definitiva: culpabilidad para repartir entre la inmensa mayoría. Sin justificación alguna, si es que el fusilamiento, la deportación y la tortura pueden ser, por sí mismos, justificativos.

Aciertos poéticos de narrador, como fundir la descripción del paisaje nevado de la estepa o la urbe rusas con la descripción de la naturaleza burocrática o de los caracteres humanos. Así, en el capítulo III, titulado «Los hombres asediados»:

«Desde las regiones polares, sobre los bosques dormidos de la región de Kama, las tempestades de nieve, lentas y arremolinadas, ahuyentando delante de sí manadas de lobos, llegaban a Moscú. Parecían desgarrarse sobre la ciudad, agotadas por su largo viaje aéreo. Borraban de pronto el azul del cielo. Una triste claridad lechosa se extendía sobre las plazas, las calles, las pequeñas residencias olvidadas de las callejuelas de antaño, los tranvías con las ventanillas escarchadas... Se vivía en un dulce torbellino de blancura semejante a una mortaja».

Y, más adelante:

«Se caminaba a través del error como a través de la borrasca de nieve».

6/   V. Serge, *El caso Tuláyev*. Madrid: Ed. Capitán Swing, 2013, p. 139.

Texto, el *Tuláyev*, icónicamente rico, de sintaxis ágil y acertada poetización, como virtudes inevitables del fraseo elaborado y espontáneo a la vez, de las descripciones exteriores e interiores de la dolorida crónica. Narrador clásico —tradicional si se quiere—, con un obvio anhelo de estilización sintáctica a la hora de redactar. Vemos a un Serge esmerado en el logro de ese *placer del texto* (en el sentido *barthesiano* de la expresión), por la función compensatoria de la página que eleva a dignidad tanto a su creador como al lector, este inevitable participante en el compromiso y el asombro.

Es la escritura de un hombre culto y refinado, que ambiciosamente asume la síntesis con el hombre de acción. Un *rara avis* en la historia universal de la literatura, donde se dieron hombres de acción circunstancialmente —Cervantes como paradigma—, antes de que la palabra «compromiso» tuviese la connotación actual. Esta le corresponde, con todos los honores, a Serge.

¿En qué medida fue contagiado por las vanguardias artísticas y literarias que en los primeros años de la Revolución participaron activamente en los acontecimientos, por entender que aquella era también *su* revolución, y que fueron los primeros en atender el llamamiento del comisario para la Instrucción y la Cultura, Lunacharski, contra la pasividad o la indiferencia, cuando no la hostilidad manifiesta, de los artistas y escritores académicos?

Hay que reseñar con toda justicia y para no faltar a esa verdad tan querida por Serge, que la relación de este con las vanguardias rusas fue más bien tangencial, pese a que páginas de sus *Memorias* estén salpicadas por nombres más o menos representativos de tales movimientos. Y es que Víctor Serge no es un creador vanguardista en el sentido estricto del término y del concepto, sino un escritor *realista,* alguien que bebió en las buenas fuentes de la literatura rusa pre-prerrevolucionaria, de los Puschkin, Gogol, Turgueniev, Dostoyevski, Tolstoi, Chejov...

Pero, sin ser Serge un vanguardista *à la page,* no se puede negar que lo es a su manera; alguien que se atreve, que va en vanguardia de la denuncia y de la crítica, sin que la *prudencia,* o la cobardía —que tantas veces se confunden— frenen lo más mínimo su marcha; es alguien que convierte esa crítica en obra de arte, cuando en otros de sus contemporáneos fue panfleto, mero panfleto del mal llamado «realismo socialista», ciego-sordo-mudo ante lo real, gustoso halagador de la oficialidad.

La incomprensión de Víctor Serge por el movimiento surrealista, como punta del gran iceberg de los ismos de vanguardia del siglo xx, que había tenido ocasión de conocer algo, sobre todo durante su estancia en Francia, viene convenientemente explicitada en su *Literatura y revolución,* así como en otros escritos... En 1926, dos años después de la muerte de Lenin, dos años después del primer *Manifiesto Surrealista,* Serge escribía en una revista soviética:

> «...el error de los surrealistas es hablar tanto del hombre simplemente, e identificarse ellos mismos, jóvenes intelectuales pertenecientes a una pequeña burguesía aplastada por la historia de un país capitalista desangrado, en una sociedad burguesa inquieta y debilitada, con el hombre moderno».

Para nuestro autor, los surrealistas exhiben un egocentrismo «demasiado explicable, ridículo si no fuera triste».[7] Y las primeras líneas del *Manifiesto Surrealista,* «Tanto va la creencia a la vida...» se le antoja que enmascaran un pasado cristiano. Eso de *creencia...* En la tercera línea del manifiesto detecta la siguiente expresión: «el hombre, ese soñador definitivo...» en la que Serge cree ver «una concepción estática y abstracta del hombre». En definitiva, sus mismos esfuerzos —los de los surrealistas— por escapar al pensamiento burgués de hoy, del que proceden y por el que se encuentran formados, tienen algo de «heroico y ridículo a la vez».

No, Serge no comprende la importancia revolucionaria del surrealismo, su sentido profundo, el viento huracanado de rebeldía que trae al siglo xx y que imprime una honda huella en la estética y sensibilidad, así como en la ética revolucionaria de esa centuria y de la siguiente. Al fin y al cabo, Víctor Serge incurre en el mismo error (o miopía tan solo, ¿comprensible...?) de un Plejánov[8] o de un Lukács,[9] para los que más allá del llamado realismo (en literatura) o figurativismo (en arte) se encuentra el vacío. Al menos Lenin, que era alguien de gustos clásicos, cuando le interrogaban al respecto, respondía razonablemente: «Yo de esto no entiendo, preguntad a Lunacharski».[10]

<hr>

7/ Expresado en *Litterature et révolution.*
8/ Yuri Plejánov, *El arte y la vida social,* Madrid: Ed. Akal, 1975.
9/ Georg Lukács, *La signification présente du realisme critique,* París: Gallimard, 1960; *Materiales sobre el realismo,* Barcelona: Grijalbo, 1977; *El asalto a la razón,* Barcelona: Grijalbo, 1968; *Estética* (4 vols.), Barcelona: Grijalbo, 1966-67.
10/ Citado por Jean-Michel Palmier, en su ensayo *Lenine, l'art et la révolution,*

Algún teórico dijo que Karl Marx, tan atareado en la escritura de *El capital* y otros escritos decisivos, no tuvo tiempo de legarnos un corpus doctrinal sobre *cultura marxista,* lo cual no deja de ser venturosamente providencial y, por tanto, muy de agradecer. El penúltimo y último André Breton, después, se encargaría de adscribir el surrealismo al materialismo dialéctico y el materialismo histórico, decantando el movimiento hacia el compromiso político con la revolución, su denuncia permanente del estalinismo, de aquellas caricaturas literarias o plásticas oficialistas, y su adhesión incondicional a León Trotski, al que reconoce, de manera ostensible e indubitable, su autoridad intelectual y moral, así como su condición de sucesor natural de Lenin.[11]

Con Breton coincide Serge, junto con otros escritores, militantes obreros, historiadores... en la fundación de un «Comité para la investigación sobre los procesos de Moscú y para la defensa de la libertad de opinión en la revolución», un titular cuya larguerza defendió como estrictamente necesaria Serge, quien desde el verano del 36 venía comprometiendo a muchos progresistas europeos en la defensa de aquellas personas que «en el seno de la Revolución española» se veían amenazadas, y de las que «el totalitarismo ruso intentará deshacerse en Madrid y Barcelona por los mismos medios de la impostura y el asesinato».[12]

Reconoce Serge admirar sobre todo a dos escritores coetáneos: uno es John Dos Passos (no es mal ejemplo), otro Boris Pilniak, a quien protegió en su día Lunacharski, y condenado muerte y ejecutado en 1938.

París: Ed. Payot, 1975.

11/ El movimiento literario-artístico liderado por Breton sufrió sucesivas defecciones, disidencias, mutis, defenestraciones... Se ha achacado a Breton un carácter demasiado autoritario e intransigente, pero el caso es que, unos por oportunismo-mercantil (Dalí, *Ávida Dollars,* como exponente), otros por la interpretación *mística* que hicieron del surrealismo (Artaud), otros por su entrega incondicional a las consignas de un Moscú estalinizado (Aragon)..., de aquella vieja guardia del movimiento fueron quedando pocos (con Breton, el poeta Benjamin Péret, que vino a luchar en la guerra de España; es otro de los que esperan, con Serge, en el sur de Francia, el buque que les conducirá a América; leal a Breton, al movimiento surrealista y a sus propios principios revolucionarios). El sincero fervor y la convicción trotskista de Breton desembocan en la redacción de ese lúcido manifiesto *Por un arte revolucionario independiente* (1938), elaborado en el exilio de Coyoacán, México, por Diego Rivera, Breton y Trotski, si bien este no lo firmó por razones tácticas.

12/ V. SERGE, *Memorias de un revolucionario.* Madrid: Veitisieteletras, 2011, p. 400.

Su único delito: haber facilitado información al escritor francés André Gide para su libro *Regreso de la URSS*.

Es *Tuláyev* novela de víctimas y verdugos, policiaca, histórica y psicológica a la vez, con una estructura coral; es cuadro de costumbres y de personajes (a la manera de Gogol, de Turgueniev...) y relato psicológico (cómo no evocar inevitablemente a Dostoyevski), de introspecciones, de culpabilidades individuales y colectivas... En resumidas cuentas: de *Crimen y castigo*. Porque reconocía que la novela clásica había «agotado su ciclo», el autor integra fragmentos sueltos de un gran fresco donde pinta con colores contrastantes lo que él llama *polipersonalidad,* esa «manera de vivir muchos destinos, de penetrar en el otro, de comulgar con él» y en donde «todos los personajes e incluso los árboles de la foresta o los cielos se integran a la vida del autor porque salen de él», tal como apunta su editor Gúsiev.[13]

Narrativa de un realismo expresionista, líricas descripciones del paisaje ruso, de un contenido lirismo. «La noche se llenó de un pánico invisible», nada más caer muerto en la calle Tuláyev-Kirov. De aciertos descriptivos como «Se veían a la luz incolora, a través de la fatiga...». E incluso, impregnadas de ese surrealismo *onirista* del que Serge tanto desconfía: «De regreso de estos interrogatorios, dormía como una bestia embrutecida, pero hablaba en sueños, pues los interrogatorios continuaban en los sueños...».[14]

Se asombran aún los que no entienden, o no quieren, por qué a Víctor Serge se le ha mantenido en el ostracismo como escritor; como «escritor total», que es por supuesto. Testigo excepcional, especialmente incómodo, de un tiempo no menos excepcional, a nuestro entender la explicación de tal ocultamiento e invisibilidad no puede ser más sencilla. La influencia hegemónica que los aparatos de los partidos comunistas «oficiales» y de sus «intelectuales orgánicos» han venido ejerciendo sobre la opinión de editores, críticos, lectores... en definitiva de la *intelligentsia* en todo el mundo y no solo en la URSS, desde la llegada de Stalin al poder, fue decisiva para arrojar a la hoguera a no pocos creadores, sin distinción de colores ni matices. Una tácita ley del silencio no escrita, o esas listas negras mentales, funcionaron —y por desgracia

13/   A. V. Gúsiev, *Victor Serge. Humanismo socialista contra totalitarismo.*
14/   V. Serge, *El caso Tuláyev,* Madrid: Ed. Capitán Swing, 2013, p. 214.

aún funcionan en ciertos círculos momificados— de manera muy eficaz para generar un ostracismo mortal contra aquellos que no perdieron la memoria y osaron proclamarlo.

Ni tan siquiera la *desestalinización*, meramente retórica, del camarada Kruchev —el hombre que sabía demasiado— con su célebre informe al XX Congreso, sirvió para clarificar del todo las cosas, poner a cada uno en el lugar que le correspondía y, aún menos, para desmontar el aparato burocrático y policial, o acabar con los privilegios de la *nomenklatura*.

Al cronista clarividente de esa irracionalidad delirante que se había instalado en Rusia no se le concedió la tranquilidad tan bien ganada ni siquiera en sus últimos años de exilio mexicano, en los que llegó a sufrir amenazas y algún atentado. Bien es cierto que su voz no enmudeció, que tanto él, como el otro exiliado ilustre León Trotski, acogidos junto con muchos más a la generosa hospitalidad del presidente Lázaro Cárdenas, siguió ejerciendo de mosca cojonera y aglutinando a todos los disidentes revolucionarios constantes en su denuncia del totalitarismo, que fueron llegando a México por aquellos años. Y eso era algo que los *mentalizados* cerebros de los militantes «oficiales» no estaban dispuestos a consentir.[15]

Se lamentaba Claudio Albertani, en el acto de presentación de las *Memorias* de Serge en México, del escaso o nulo interés que la prensa en general y las publicaciones especializadas habían mostrado por las ediciones de los libros de Serge, y se preguntaba, acaso con fingida, irónica, ingenuidad: «¿Será que Víctor Serge sigue siendo un autor incómodo?». Nos desbrozaba Albertani que, si bien Serge fue *un pesimista*,[16] sin embargo «al igual que Orwell y a diferencia de Koestler, no fue

---

15/   Si bien su exilio no fue mexicano, significativa es la declaración del dirigente del PCE Santiago Carrillo meses antes de su muerte en Madrid —ya en el siglo xxi—, por los micrófonos de la cadena SER, donde fue colaborador habitual en los últimos años: «Cualquiera de nosotros habría estado dispuesto a matar a Trotski gustosamente», dijo Carrillo. Y, más que como expresión de cinismo, ha de tomarse como testimonio del estado en que se encontraban las conciencias de cualquier militante de los partidos comunistas *oficiales* en aquellos tiempos.

16/   El epílogo a su libro *El destino de una revolución* (Barcelona: Los Libros de la frontera, 2010), redactado el mismo año de su muerte, 1947, a los diez años de la publicación de este memorioso, minucioso y terrible ensayo periodístico, lo titulaba Víctor Serge «Treinta años después de la revolución rusa», y en su último párrafo deun desencantado, y nunca abandonó el proyecto socialista ni la pasión revolucionaria».

Sí, efectivamente, Víctor Serge es el creador-disidente pariente carnal de un George Orwell *(Homenaje a Cataluña, Rebelión en la granja, 1984),* con su creación del inmortal personaje Gran Hermano; y sin apenas parentesco con un Arthur Koestler *(El cero y el infinito),* o con un Alexander Solzhenistsyn *(Archipiélago Gulag),* para quienes la revolución parece haber sido un despropósito de principio a fin.

No es raro que los historiadores de la infame burguesía tiendan a confundirnos metiendo a todos, revueltos, en el mismo saco. Hacerlo está en su papel.

En la imprescindible novela *Las almas muertas,* Nicolai Gogol,[17] ya a mediados del XIX, hace un alegato en defensa del escritor que se compromete. Inserto en ese ingenioso relato-denuncia de la corrupción en la Rusia zarista que tanta conmoción social causó en su día, nos habla de la suerte y del destino que le aguarda al escritor que «se atreve a sacar a la superficie todo lo que pasa constantemente ante sus ojos». Observa el gran Gogol qué diferentes son la suerte y el destino del escritor acrítico, entregado a sus «imágenes sublimes», sin rozar la tierra, sin descender a la altura de los pobres e insignificantes hermanos suyos, el cual recibirá todos los honores, halagos y recompensas de *la buena sociedad* y sus instituciones, de los del escritor crítico, indócil e incómodo, que no llegará a escuchar ningún aplauso y para el que todo se volverán «reproches y ultrajes». Este «escritor incomprendido quedará en medio del camino, sin compasión, sin respuesta y sin que nadie le tienda los brazos, como un viajero sin familia. Es dura su carrera y muy amarga su soledad» (*sic* Gogol).

Premonitoria digresión en medio de un relato sobre las peripecias de tantos seres mezquinos —con ese memorable Chíchikov a la cabeza—, en las ciudades, los villorrios y los campos de aquella Rusia de zares, terratenientes y siervos.

cía: «La democracia rusa tendría que sanear, limpiar de mugre, reorganizar en interés de los productores, la producción socializada. El interés técnico de la producción, el sentido de la justicia social, la libertad recobrada, se conjugarían, por la fuerza de las cosas, en volver a poner la economía al servicio de la comunidad... No está todo perdido, ya que nos queda esta esperanza racional, fuertemente motivada».
¿Puede tildarse de «pesimista» a quien esto escribió?
17/   Nicolai V. GOGOL, *Las almas muertas* (tomo I, cap. VII), Madrid: Ed. Aguilar, 1953.

CONTRA LA INTERPRETACIÓN
DE SUSAN SONTAG
Pepe Gutiérrez-Álvarez

Los amigos de Victor Serge no podemos por menos que reconocer la aportación que la doble reedición de *El caso Tuláyev*[1] ha significado para reiniciar la difusión del autor. Es evidente que sin el brillante prólogo de Susan Sontag, tal difusión no habría sido igual. Después de años de sequía, se ha vuelto a hablar de la vida y la obra de Víctor Lvóvich Kibálchich (Bruselas, 30 de diciembre de 1890-Ciudad de México, 17 de noviembre de 1947), un héroe ético e intelectual que sobrevuela sobre tanta mediocridad conformista. Pero aún reconociendo la fuerza y el alcance de las reflexiones de la autora de *Contra la interpretación,* su mensaje anticomunista nos obliga al matiz y a la discrepancia. Una discrepancia extensible por supuesto con quienes aceptan los criterios, por lo demás bastante representativa de una *intelligentzia* que ha puesto por delante el yo al nosotros.

Su aproximación se desarrolla a través del compás de una suma de interrogantes. En el curso de estos Sontag se pregunta sobre cómo explicar al hombre que llamó a su testamento literario *Memorias de un revolucionario,* y trata de explicar como siendo Serge uno de los héroes éticos y literarios más imponentes del siglo XX ha sido tan desatendido. En el primero de ellos se pregunta: «¿Será porque ningún país puede reclamarlo?».

Tirando de este hilo, no creo que se pueda deducir que haya sido tan desatendido, y mucho menos se puede decir que «ha podido o ha

---

1/ «Inextinguido», el texto de Susan Sontag (1933-2004) sobre Serge fue escrito en el 2004 para *The New York Review of Books.* Apareció en las ediciones de *El caso Tuláyev* en Alfaguara (2007) y Capitán Swing (2014). Se le encuentra sin dificultad en la Red, por ejemplo como «Perpetuo: vigencia de Victor Serge» en *Letras Libres.* Las citas entrecomilladas pertenecen a esta versión.

querido hacerlo suyo» como anota Imma Merino en *Un humanista imperecedero* (Cultura/s, n.º 503).

No sé sí a Sontag le puede la perspectiva norteamericana, pero por lo que sé, Serge gozó de un importante predicamento en la izquierda antiestalinista. Muy concretamente desde su franja intelectual de Nueva York con la revista *Partisan Review* desde siempre,[2] por lo demás no debe de ser casualidad que dos de sus principales biógrafos (Susan Weissman, Richard Greeman) sean del país del dólar (y de la gran mentira). Aunque en Francia, Serge fue perseguido y maltratado por las autoridades, también es cierto que gozó de una atención privilegiada desde los tiempos en que era alguien importante en el Komintern. Su nombre figura entre el de los principales protagonistas del primer PCF, como el oposicionista internacional más destacado después de Trotski, su firma fue una de las más destacadas de la célebre revista *Clarté* (1919-1928) que de la mano de Henri Barbusse y Romain Rolland, pasó del pacifismo a la revolución, y en la que colaboraron firmas tan particulares como la de Stefan Zweig.[3] Serge no habría sobrevivido sin la complicidad de editores como el conservador y culto Bernard Grasset (que además le permitió traducir a Trotski). Su prestigio fue fundamental para que la República de las Letras francesa tomara partido por su liberación, y luego lo protegió del agobio estalinista. Conocida es su estrecha relación con la izquierda radical gala, con los surrealistas y André Breton. En los años sesenta-setenta, las obras de Serge fueron como una

---

2/   Tal como expone Daniel BENSAÏD en *Trotskismos* (Barcelona: Sylone, 2015), resulta paradójico que dicho término que fue impuesto en gran medida por Stalin, que lo codificó como la negación de su escolástica «leninista», haya sido adoptado normalmente sin mayores matices. Esto en contra del propio Trotski que negaba su voluntad de crear ninguna escuela diferente. Por otro lado, el concepto individualiza lo que realmente fue un frente del rechazo que abarcó a muchas voces que coincidieron con Trotski a veces sí, a veces no. El propio Trotski trabajaba con hipótesis diversas, matizaba y variaba. Esto hace que obligue a un «prudente plural», y a un esfuerzo de concreción. Por ejemplo, son pocos los «trotskistas» que aceptan textos como *Comunismo y terrorismo, Entre el imperialismo y la revolución* e incluso *Su moral y la nuestra,* que fue parte de un enconado debate con Serge.

3/   Esta fue una revista muy importante en su momento. Evolucionó desde el pacifismo a la revolución para acabar de manos de Henri Barbusse o sea del estalinismo más o menos ilustrado. Serge tuvo un papel muy destacado en su primera fase. Ver, Alain CUÉNOT, *Clarté (1919-1928)* https://chrhc.revues.org/3522).

de las señas de identidad del 68, profusamente difundidas *chez Maspero* y *chez Seuil,* si bien es cierto que en la fase siguiente su presencia cayó en picado, lo mismo que la literatura de signo «gauchiste», al igual que sucedió aquí. Sin embargo, ulteriormente ha vuelto a ser editado como lo ha seguido siendo entre nosotros. Bien por sus conexiones con la Barcelona de Salvador Seguí, bien por su militancia en el POUM y claro está, por lo impresionante de su vida y de su obra.

Buena parte de sus libros fueron vertidos al castellano en la España de la primera mitad de los años treinta. Por otro lado, el eco de su «affaire» se extendió hasta el congreso de Intelectuales Antifascista celebrado en Valencia, capital de la República en 1937. Serge también llegó tempranamente a América Latina, sus libros fueron editados por editoriales de signo «trotskista», y aunque quizás tardíamente, fue reconocido en México donde fue traducido, ampliamente editado amén de estudiado, ahí están los valiosos trabajos de Claudio Albertani. En los años sesenta, su nombre fue ampliamente restituido en la coyuntura de los sesenta por autores como Isaac Deutscher, quien recurre a Serge pródigamente en su trilogía sobre Trotski en la que el clásico es mirado a la cara y no de rodillas. Todo un conglomerado sobre el que nos extendemos ampliamente al final, en una bibliografía que da noticias de la amplitud de su adopción.

Aún así, es evidente que Sontag tiene toda la razón sí se precisa que no ha sido todo lo valorizado que merecía.

En un segundo interrogante, Susan insiste: «¿Por qué no fue un escritor —según el modelo popular— comprometido de modo intermitente en la lucha y la política partidista, como Silone, Camus, Koestler y Orwell, sino un activista y agitador de toda la vida?». Es cierto que existe una diferencia, amén de un detalle. Silone había sido uno de los líderes del PCI así como uno de los primeros portavoces de la oposición «trotskista» italiana, defendió a Trotski en el V Congreso de la Internacional, pero se apartó del plano militante para escribir obras como *Vino y pan* y *Fontamara* que, por cierto, dio lugar a una crítica entusiasta de Trotski. Camus también fue militante comunista en Argel aunque se fue apartando en oposición al estalinismo desde 1936, y aunque fue un militante de la resistencia, su tiempo básico lo dedicó a la escritura. Orwell escribió *Homenaje a Cataluña* y *Rebelión en la granja* después de haber militado en el laborismo de izquierda y en el POUM, y aunque siguió siendo un «activista» fue primero escritor. Koestler vivió intensamente la revolución húngara de 1918, pero no ingresó en el partido hasta 1931 y lo abandonó al regresar de la guerra española para escribir su obra más revolucionaria, *Los gladiadores* en 1940.

A diferencias de ellos, Serge no se apartó de la febrilidad militante más que en la deportación, y se puede decir que siempre escribió como tal. Por otro lado, sus novelas más conocidas están centradas en la contrarrevolución burocrática, describían la cara oscura de la URSS en una época en la que la izquierda quería ver en esta una solución, no un problema. Obras como las suyas eran de las provocaban entre sus lectores potenciales comentarios del tipo: «Bastante tenemos con lo de aquí, para tener que echarnos además sobre las espaldas lo que pasa en Rusia». Eran de aquellos sobre los que decía Vázquez Montalbán que pensaban que las críticas al estalinismo había que dárselas al «Arriba», el órgano del «Movimiento» franquista.

Por otro lado, me parece evidente que Sontag ni tan siquiera considera las diferencias entre herejes y renegados. En su célebre ensayo del mismo título, Deutscher analiza la obra colectiva *El fracaso de un ídolo*, estableciendo esta distinción. Subraya que entre el relato de Silone y el de Koestler la diferencia está entre el que entró en el partido al principio y el que lo hizo en su fase burocrática, una diferencia que

> «es significativa para la cualidad de las reminiscencias de los excomunistas. Silone, que se unió al partido en 1921, recuerda su primer contacto con verdadero entusiasmo; sus recuerdos transmiten plenamente la excitación intelectual y el entusiasmo moral que latían en aquellos tempranos días. Los recuerdos de Koestler y Spender, que llegaron al partido después de 1930, revelan la completa esterilidad moral e intelectual de su primer contacto. Silone y sus camaradas se ocuparon intensamente de ideas fundamentales, antes y después de ser absorbidos por los afanes del deber cotidiano. En la historia de Koestler, su encuadramiento y cometido en el partido dejan desde el primer momento en la sombra toda cuestión de ideal y convicción personal. El comunista de primera hora era un revolucionario antes de convertirse, o de que se supusiese que debía convertirse, en una marioneta. El comunista de alistamiento tardío apenas tuvo la oportunidad de respirar el genuino aire de la revolución».[4]

4/   Título castellano de *The God that failed*, una edición de 1951 tolerada por la

Ni Serge ni ningún otro de los citados cuentan con una militancia en la CIA,[5] como es el caso del renegado Koestler. Aunque Sontag no entra en este pequeño detalle, no será porque no sea tan o más ignominioso que el del peor de los estalinistas. En el historial de la CIA no faltan precisamente horrores e infamias, basta anotar sus complicidades con las más execrables dictaduras (por ejemplo la de Suharto en Indonesia en 1965 que se cimentó en el asesinato de medio millón de «comunistas»), su implicación en el ecocidio del Vietnam o en las prácticas ocultas de la escuela de «gorilas» en Panamá, con los numerosos *Auschwitz* de la política exterior norteamericana.

Es cierto que Silone y el propio Orwell mostraron su desconcierto en el momento inicial del Congreso por la Libertad de la Cultura, pero no tardaron en reaccionar y tomar distancia. Su actitud no fue diferente a la de Bertrand Russell, quien después de liderar el movimiento pacifista, pasó a ser una pesadilla para el Pentágono cuando creó el Tribunal Russell, uno de los monumentos más sólidos en la historia de conciencia humana. En el Tribunal Russell participaron numerosos herejes (Deutscher, Peter Weiss, Sartre, Lelio Basso, etc.), pero no lo hicieron los renegados. En cuanto a Albert Camus siempre se movió en la amplia

---

censura. El famoso texto de Deutscher apareció con el mismo título (Barcelona: Ariel, 1970) y con prólogo de E. H. Carr. La consideración de Deutscher según la cual los renegados del comunismo acabaron siendo los más acérrimos anticomunistas, tuvo una abundante traducción entre nosotros en los años ochenta.

5/   Deutscher hace mención de un «raro relámpago de auténtica autocrítica», en la que Koestler desarrolla esta penetrante consideración: «Por regla general, nuestros recuerdos representan románticamente el pasado. Pero cuando uno ha renunciado a un credo o ha sido traicionado por un amigo, lo que funciona es el mecanismo opuesto. A la luz del conocimiento posterior, la experiencia original pierde su inocencia, se macula y se vuelve agria en el recuerdo. En estas páginas he tratado de recobrar el estado de ánimo en que viví originariamente las experiencias [en el partido comunista] relatadas, y sé que no lo he conseguido. No he podido evitar la intrusión de ironía, cólera y vergüenza; las pasiones de entonces parecen transformadas en perversiones; su certidumbre interior, en el universo cerrado en sí mismo del drogado; la sombra del alambre de espinos atraviesa el campo de la memoria. Aquellos que fueron cautivados por la gran ilusión de nuestro tiempo y han vivido su orgía moral e intelectual, o se entregan a una nueva droga de tipo opuesto, o están condenados a pagar su entrega a la primera con dolores de cabeza que les durarán hasta el final de sus vidas». Para mayor abundancia sobre la involución reaccionaria de Koestler, ver la obra de Frances Stonor Saunders, *La CIA y la Guerra Fría cultural*, Madrid: Debate, 1999.

área marxista y libertaria. O sea en una zona paralela a la de Serge (o la de Orwell), por ejemplo, realizó declaraciones críticas sobre el asesinato de Andreu Nin y el POUM.

Tampoco Serge se había mostrado como alguien utilizable contra la revolución, antes al contrario. Sus obras más clásicas como lo fueron su detallado estudio sobre los métodos policiales de la Oljrana o *El año 1 de la revolución,* formaron parte invariable de las listas de obras prohibidas que acompañaron a los golpes de Estado del Cono sur sudamericano y más allá, se siguen editando. Para los sicarios de Pinochet o Videla, la mera presencia de libros como estos en las estanterías de un sospechoso, le podía significar a este su «desaparición». Si nos atenemos a lo declarado por Carmen Castillo en la presentación de su documental, *Serge l'insurgé,* este fue en los años setenta uno de los referentes del MIR chileno, un partido de la izquierda radical en el que convergieron corrientes socialistas diferentes.[6]

En un tercer interrogante, Sontag se pregunta si el olvido no se debió a que ningún país puede reclamarlo. Serge fue un «exiliado político de nacimiento».

Evoca de manera vibrante que nació «por azar en Bruselas, por los caminos del mundo», citando sus *Memorias...* Señala sus travesías, un terreno en el que cabe abundar porque carece de parangón. Cabe subrayar que su trayectoria fue desmesurada desde antes de nacer, sus padres fueron unos idealistas que lo dieron todo en la lucha contra el lirismo, él mismo describe así su significado perdedor: «Si, cuando tenía 12 años —escribió— me hubieran preguntado: ¿qué es la vida? (y yo me lo preguntaba a menudo), habría contestado: no sé, pero veo que quiere decir: pensarás, lucharás, tendrás hambre». Lo hizo, despreciando las ocasiones en que habría podido dejar de hacerlo con solo haber consentido que la realización del ideal de emancipación que había abrazado se sometiera al criterio de oportunidad, personal o político. Justo porque no consintió en el plano político, tampoco lo hizo en el personal, convirtiéndose en perpetuo perseguido.

6/   En la presentación en Barcelona de *Victor Serge l'insurgé* (ORTF, Francia, 2012), la cineasta y antigua mirista chilena hizo especial hincapié en su admiración por el autor de *Hombre en la cárcel,* principal referencia para su trabajo y seguía siendo un texto muy apreciado en las cárceles galas.

«Estuve a punto de recibir una tunda en 1918 a manos de obreros franceses, mis camaradas de trabajo, porque defendía la revolución rusa en el momento de las conversaciones de paz de Brest-Litovsk. Estuve a punto de recibir una tunda a manos de los mismos obreros, 20 años más tarde, porque denunciaba el totalitarismo nacido de aquella revolución.»

Sontag no se olvida de constatar que al parecer fue Serge el primero en utilizarlo en una carta del 1 de febrero de 1933 enviada clandestinamente desde Moscú a Marcel Martinet, Magdeleine y Maurice Paz que la publicaron en la revista *La Révolution prolétarienne,* y en la que define el Estado estalinista como «un Estado totalitario, castocrático, absolutista, embriagado de su propia potencia, para el cual el hombre no cuenta»,[7] pero cosas parecidas aparecen en *La revolución traicionada,* vertida al francés por Serge que a su vez lo fue al castellano por Juan Andrade que estaba para aparecer en Barcelona en... mayo de 1937. En ningún momento se trata de descalificar Octubre de 1917 ni cualquier tentativa de superar el orden burgués, más bien todo lo contrario; se entiende la revolución como expresión de la libertad porque convierte a las masas en la protagonista de la historia.

La cuarta pregunta que plantea es: ¿Por qué —a pesar de todas estas distracciones— escribió mucho? A su parecer, la «hiperproductividad no está tan bien vista como antaño, y Serge fue excepcionalmente productivo». El listado citado por Sontag es copioso: «siete novelas, dos volúmenes de poesía, una recopilación de cuentos, un diario postrero, sus memorias, unos treinta libros y panfletos políticos e históricos, tres biografías políticas y centenares de artículos y ensayos. Pero hubo más: una memoria del movimiento anarquista francés anterior a la Primera Guerra Mundial, una novela sobre la revolución rusa, un breve poemario y una crónica histórica del segundo año de la revolución confiscados en su totalidad cuando al fin se le permitió a Serge abandonar la URSS en 1936 y a consecuencia de haber presentado ante la *Glavlit...*». Y concluye: «En todo caso, es probable que su carácter prolífico le haya sido desventajoso».

Un punto sobre el que poco hay que añadir como no sea la existencia de la dificultosa vida familiar de un «profesional de la revolución»,

---

7/   Enzo Traverso, *El totalitarisme. Història d'un debat,* València: Universitat de València, 2002, p. 78 y ss.

por la que parece no haber recibido reproches tan comunes de hijos e hijas que se sintieron abandonadas (por la revolución). Ahí están sin necesidad de ir más lejos los casos de las hijas de Trotski o las de Nin, un dolor añadido para mucha militancia entregada. Ahí está Vlady y una hermana, pegados a la devoción de un padre que raramente tenían al alcance, aunque el primero le siguió en buena parte de sus vicisitudes amén de una vida amorosa gratificante según todos los indicios.

Por supuesto, que toca pensar que, como fueron los ejemplos de Trotski[8] o de Nin y de muchos otros, sus prolongadas ausencias fueron cubiertas por su compañera Liuba Russakov, que procedía de una familia anarquista emigrada a Francia y había conocido a Serge en el barco que llevaba a ambos a la Unión Soviética, el país de la revolución. Al llegar, Víctor y Liuba se establecieron en el Astoria, el famoso hotel convertido en residencia de revolucionarios y tuvieron relación directa con los medios anarquistas. Ella trabajaba como estenógrafa en la oficina de Zinóviev, y el propio Víctor era funcionario de la III Internacional.

Albertani llama la atención sobre una foto de principios de los años veinte, tomada probablemente en Viena, que muestra a Vlady de niño, retratado con algunos colegas de su padre, entre los cuales se reconoce a Antonio Gramsci. A Vlady le gustaba contar que él se había orinado en los pantalones de Lenin. Liuba enfermó. El diagnóstico era lo que más tarde se llamaría una crisis psíquica maniaco-depresiva en la que tuvo no poco que ver el ambiente opresivo desencadenado por los sicarios estalinistas. Serge narra como durante una noche, cenando con Boris Pilniak y su compañera, Liuba comenzó a gritar que no bebieran, que los estaban envenenando a todos. Tuvo un tratamiento psiquiátrico co-

---

8/ En sus memorias, Serge efectúa una vibrante evocación (en forma de obituario) de Alexandra Lvovna Sokolovskaia (1872-1938): «Embarnecida, con un rostro bondadoso bajo los cabellos blancos, Alexandra Lvovna Bronstein era el buen sentido y la lealtad misma. Alrededor de treinta y cinco años de vida militante detrás de ella, el exilio en Siberia; había sido la compañera de los primeros años de Trotski, la madre de sus dos hijas Nina y Zina (que iban a morir las dos...) Ya soólo le permitían enseñar elementos de sociología a menores de quince años, y aun eso no habría de durar mucho. He conocido a pocos marxistas con un espíritu tan libre como el de Alexandra Lvovna!». El caso de Nin se recoge en el documental *Operació Nikolai*. Los ejemplos son interminables.

rrecto hasta que finalmente fue ingresada en un sanatorio en septiembre de 1934, luego su pista se pierde. Como la de toda su familia.

Más adelante, Susan Sontag cita un momento en 1933 en que el amigo Pilniak le dice: «No hay un solo adulto pensante en este país que no haya pensado que podía ser fusilado». Quizás habría que añadir que ese miedo tenía más razón de ser entre aquellos que en un momento u otro habían jugado tal o cual papel en la revolución, por lo tanto resulta una paradoja cruel que se culpe a aquellos que fueron las primeras víctimas.

En la quinta pregunta dice: «¿Por qué la mayor parte de lo que escribió no pertenece a la literatura?». La autora de *Estilos radicales* anota que Serge comenzó a escribir narrativa —*Los hombres en la cárcel*— cuando tenía 39 años, todo lo que había escrito anteriormente se orientaba hacia la «dedicación a obras especializadas de valoración histórica y análisis político y a una profusión de brillante periodismo político y cultural». Ciertamente, Serge fue conocido primeramente como cronista, como un periodista de la revolución, no fue hasta finales de los años veinte que evolucionó desde una manera a otra, quizás por eso sus novelas nunca dejaron de mostrar una vertiente política.

Sontag precisa con justeza que «ningún novelista del siglo XX contaba con algo parecido a sus experiencias insurgentes directas, a su íntima relación con los dirigentes que hicieron época, a su diálogo con intelectuales políticos fundacionales», aunque quizás sea justo tener en cuenta a Larisa Reisner, mucho más olvidada que Serge pero con una obra literaria que en su día sedujo a muchos lectores. Fue la preferida de la pareja formada por M.ª Teresa García Banús y Juan Andrade. También la admiraron entre otros, Viktor Sklovski, Boris Pasternak y Lev Soskovsky.[9]

9/   En una obra que evoca el mismo contexto, *Arcángeles. Doce historias de revolucionarios herejes del siglo XX,* Paco Ignacio Taibo II, la presenta así: «De la historia maravillosa de la princesa roja del periodismo revolucionario, Larisa Reisner, al suicidio del primero de los puros ante una revolución que se desvanecía en el canibalismo estalinista». Taibo evoca el suicidio del «trotskista» Adolf Joffé, así como de las intrépidas crónicas periodísticas de Larisa Reisner sobre la revolución rusa, entre otros «arkángeles». Taibo II escribe como un novelista pero cuenta la trama con el rigor del historiador. Para mayor detalle, me remito a mi artículo: «Larisa Reisner, escritora y profesional de la revolución», en 2014.kaosenlared.net/component/.

La escritora regresa a *El caso Tuláyev*, «cuya trama épica es el asesinato que perpetró el Estado estalinista de millones de fieles al partido así como de casi todos los disidentes en los años treinta, Serge escribe sobre un destino que él mismo, de modo inverosímil, eludió por muy poco. Las novelas de Serge han sido admiradas sobre todo en su calidad de testimonio; de polémica; de inspirado periodismo; de narrativa histórica. Es cómodo subestimar los frutos literarios de un escritor cuya obra no es literaria en su mayor parte».

El texto se límita *a lo personal,* no efectúa la más mínima referencia sobre el significado de una guerra civil añadida a una guerra mundial (en total entre 1914 y 1921) que dejó al país y a los vencedores *más allá* del abismo. Estudiosos de la categoría de Moshe Lewin en una obra de investigación histórica tan inexcusable para conocer y comprender como *El último combate de Lenin,*[10] y cuyos datos y argumentos recuerdan vivamente muchas de las páginas de las memorias de Serge, hace lo contrario.

En el siguiente Sontag escribe: «¿Por qué no hay literatura nacional que pueda reclamarlo cabalmente?». Quizás, Serge sobrevuela por diferentes países y resulta ser un poco de todos. Este trotamundo es además un convencido internacionalista por más que como bien dice Sontag: «su narrativa ha de ser considerada un escritor ruso, si se tiene en cuenta la extraordinaria continuidad de las voces rusas en la literatura, cuyos predecesores son Dostoyevski, el Dostoyevski de *Memorias de la casa muerta* y *Los demonios,* y Chejov, y cuyas influencias contemporáneas fueron los grandes escritores de los años veinte, sobre todo Boris Pilniak, el de *El año desnudo...*».

10/   En su ensayo, *El siglo soviético* (Barcelona: Crítica, 2005) Moshe Lewin, evoca en su introducción los desenfoques sobre la realidad soviética producidos por las universidades norteamericanas para la CIA. El método denigratorio se basaba primordialmente en la comparación de «modelos» cuando en 1922, el ingreso de un ciudadano soviético era 33 veces inferior al de un estadounidense. A pesar del abismo suscitado por las guerras la espantosa devastación, del cero y los 27 millones de muertos de una II Segunda Guerra Mundial que enriqueció a Estados Unidos y reafirmó su dominación planetaria, de la carrera armamentística imperial, de los enormes gastos derivados de la gestión burocrática, en 1990 la diferencia ya solo era de uno a cuatro o cinco. Susan Sontag queda muy lejos de autores como nuestro Francisco Fernández Buey, capaz de situar el mal más allá de las simplificaciones interesadas en *La barbarie: de ellos y de los nuestros,* Barcelona: Paidos, 1995.

Como testimonia su opúsculo *Literatura y revolución,* de inequívoco título trostkiano (esta fue otra de sus grandes afinidades con Trotski. Serge habría firmado con las dos manos los trabajos sobre literatura de este. Especialmente el *Manifiesto por un arte revolucionario e independiente,* con otro Trostki ya con Breton y de criterios más abiertos que los de este «loco de la libertad»), estaba al día de la situación de la literatura francesa. Sus encuentros con los escritores que fueron «compañeros de ruta» de la revolución (Alexander Block, Seguei Esenin, Vladimir Maiakovski, etc.), fueron intensas. Con Pilniak se puede hablar de complicidad desde el momento en que Boris simpatizaba con la Oposición, como lo hicieron de hecho todos aquellos escritores rusos que no se dejaron someter por la maquinaria del «realismo socialista». En general, los componentes de la nueva cultura se sintieron plenamente identificados con la revolución en sus inquietudes culturales y artísticas, al menos hasta que esta se convirtió en otra cosa. En una auténtica pesadilla, sobre todo para los sospechosos de «trotskismo».

Sontag no se olvida de registrar la dimensión de Serge

> «como traductor fue del ruso al francés: obras de Lenin, Trotski, el fundador del Komintern Grigori Zinóviev, la revolucionaria prebolchevique Vera Figner (1852-1942), cuyas memorias relatan sus veinte años de reclusión incomunicada en una prisión zarista, y, entre los novelistas y poetas, Andrei Biely, Fiodor Gladkov y Vladimir Maiakovski. Y todos sus libros los escribió en francés. Un escritor ruso que escribe en francés: eso implica que Serge sigue ausente, incluso como nota al pie, de las historias de la literatura rusa y francesa».

Creo que esto es exagerado, Serge figura en los ensayos e historias de la literatura francesa, su «caso» ha sido comparado con el de Dreyfus, señala un momento en la conciencia humana. En cuanto a Rusia, la descomposición del «socialismo real» no ha permitido hasta ahora la recuperación de las tradiciones revolucionarias aunque algunas cosas se han hecho.

En un lado u otro, el nombre de Serge resulta indisociable de la historia soviética, al menos de tres «casos» que resultaron ser tres aldabonazos de primera magnitud en la conciencia crítica de las izquierdas en relación a lo que estaba sucediendo en la URSS, pero no solamente:

también abogaban por una puesta al día de la acción revolucionaria. Los casos de Francia y España en 1936 fueron muy significativos desde este punto de vista.[11]

El primero lo rememora Sontag cuando precisa que «al final de los años veinte, el abismo entre la realidad y la propaganda aumentó drásticamente. Fue el clima de opinión que llevó al valeroso escritor rumano Panaït Istrati (1884-1935) a considerar la retirada de su veraz crónica de una estancia de dieciséis meses en la Unión Soviética en 1927 y 1928», un hilo que nos lleva al «caso» del celebrado escritor «proletario» rumano que fue invitado en 1927 a los fastos del décimo aniversario de Octubre, por cierto, el último acto público en el que pudo tener presencia la Oposición.

Las afinidades electivas fueron tales que se hicieron indisociables, Panaït no era de los que miraban hacia otro lado. Un cálido Serge lo describe con estos trazos:

> «Escribía sin tener la menor idea de la gramática y del estilo, pero como poeta nato, enamorado con toda su alma de varias cosas simples: la aventura, la amistad, la rebeldía, la carne, la sangre. Incapaz de un razonamiento teórico y por consiguiente de caer en la trampa de un sofisma bien hecho. Le decían delante de mí: *Panaït, no se puede hacer una tortilla sin romper los huevos, nuestra revolución..., etc.* Él exclamó: *Bueno, ya veo los huevos rotos. ¿Dónde está la tortilla?* Salíamos de la colonia penitenciaria modelo de Bolshevo donde grandes criminales trabajaban en libertad vigilándose ellos mismos. Istrati dijo únicamente: *Lástima que para conseguir ese bienestar y esa hermosa organización del trabajo, haya que haber asesinado por lo menos a tres personas.* A unos redactores de revistas que le pagaban cien rublos por artículo, preguntaba de repente: *¿Es cierto que un cartero gana en su país cincuenta rublos al mes?* Y añadía: *Yo no soy teórico, pero entiendo el socialismo de otra manera.* Estallaba con cualquier propósito en indignaciones vehementes. Se necesitaba un refractario de

---

11/   Sontag no muestra apenas interés por las afinidades oposicionistas de una mayoría escritores rusos de entonces que actuaron como «compañeros de viaje» de la revolución, una conexión bastante tratada en las memorias de Serge. Algunos acabaron, bien suicidándose (Block, Esenin, Maiakovski) bien desaparecidos en la «noche oscura» del estalinismo. Serge fue quizás el primero en ofrecer un testimonio bastante detallado en *Le massacre des écrivains soviétiques* (incluido en la antología editada por Spartacus, publicado por primera vez en *Masses*, n.º 4-5, noviembre, 1946), y cuyo contenido general aparece insertado a lo largo de la parte final de *Memorias de un revolucionario.*

nacimiento como él para resistir a todas las tentativas de corrupción y para salir de la URSS diciendo: *Escribiré un libro entusiasta y doloroso donde diré toda la verdad.* La prensa comunista lo acusó inmediatamente de ser un agente de la Siguranza rumana... Murió pobre, abandonado y completamente desorientado, en Rumania. Si sobrevivo es en parte gracias a él» (2011; 337).

El libro anunciado fue una trilogía literaria titulada *Vers l'autre flamme. I. Aprés seize mois en URSS. II. Soviets, 1929. III. La Rusie nue*. Y que representó un primer sedimento de denuncia de la burocracia y del estalinismo realizada desde la conciencia de la revolución El primer tomo era de Istrati, el segundo lo escribió Víctor Serge, y el tercero Boris Souvarine, aunque, por seguridad, los tres aparecieron con la firma del rumano. Un mismo espacio en el que coinciden tres protagonistas.

Al fondo se adivina la presencia sólida del veterano marxista rumano Christian Rakovsky, el autor de *Los peligros profesionales del poder* y al que Istrati conocía muy bien en sus inicios militantes anarquistoides.[12] Susan Sontag se refiere a que «Istrati y Souvarine, amigos íntimos de Serge, formaron con él una suerte de triunvirato de escritores» que «se arrogaron el ingrato papel de denunciar desde la izquierda —y por ello prematuramente— lo que estaba acaeciendo en la Unión Soviética», olvidando que semejante tarea había adquirido un sesgo internacionalista desde mediado la década, por ejemplo, Max Eastman, el compañero de John Reed, causó una conmoción publicando el *Testamento de Lenin*, una tarea que, por cierto estuvo en el origen de los interminables campos de prisioneros de Varlam Shalámov, al que también se le acusó de haber participado, en 1927, en una manifestación con el lema «Abajo

---

12/ La trilogía fue traducida por Julián Gorkin con el título de *Rusia al desnudo*, y fue muy bien recibida por la prensa socialista y anarquista, figurando en esta como uno de los suyos. En cuanto a Christian Rakovski (1873-1941), anotemos que fue uno de los «padres» del socialismo rumano, uno de los personajes más emblemáticos y cultos de la revolución a la que sirvió en la diplomacia, mano derecha de Trotski en la Oposición y autor de un alegato memorable, la *Carta a Valentinov,* editada como *Los peligros profesionales del poder,* disponible en la sección en español del Marxists Internet Archive. Para mayor detalle: Francis CONTE, *Un révolutionnaire-diplomate: Christian Rakovski. L'Union Soviétique et l'Europe 1922-1941,* París: Mouton Editeur, 1979.

Stalin», se trata pues de un oposicionista, amén de reconocido autor de los insuperables *Relatos de Kolimá...*[13]

Insistimos en el subrayado de la amplitud del rechazo crítico del que también sería otro exponente próximo, el escritor heleno Nikos Kazantzakis, quien en sus memorias *Del monte Sinaí a la isla de Venus*, escribió:

> «Adrian Zograffi es el propio Istrati. Narra las historias de amor y de libertad recogidas en el curso de su vida errante o explica los recuerdos de su infancia. Y sus aventuras de adolescente. Se entrega totalmente a la amistad que le decepciona o a la mujer que engañará; se regocija cuando encuentra un alma que, en medio de la cobardía y la vulgaridad de la vida contemporánea, no transige, rehúsa someterse y pone fuego a todas sus esperanzas, incendiando el círculo de su destino. Pero, al final, Adrián es vencido, ya que sus pasiones son violentas y no las consigue dominar. Sus deseos son desordenados, indisciplinados, su corazón vagabundo, y su espíritu incapaz de coordinar todo este caos».

El entusiasmote de Nikos por la revolución quedó expresado en una novela sobre su décimo aniversario, *Toda Raba* (*Moscú gritó*, 1934), en la que subrayaba su mensaje liberador (idealizado por supuesto) para la juventud del mundo.[14]

Sontag reconoce que la coyuntura histórica no ayudaba la tarea y se

13/ Poeta, novelista y revolucionario ruso (Vólogda, 1907-Moscú, 1982), Shalámov está considerado con toda probabilidad el testigo más concienzudo y lúcido de una experiencia que ha llevado a Nikolai Dostal, a proclamar certeramente: «Soljenitsin solo entró en el primer círculo del infierno estalinista, mientras que Shálamov descendió hasta el fondo. Su obra fue publicada en Francia como parte de una labor de recuperación de la memoria antiestalinista. En castellano se han publicado cuatro volúmenes en Minúscula en traducción Ricardo San Vicente.

14/ Boris Souvarine (1895-1984) (a) de Boris Lifchitz. Comunista de primera hora, formó con Serge e Istrati una suerte de triunvirato de escritores francófonos extranjeros que, desde finales de los años veinte, se arrogaron el ingrato papel de denunciar desde la izquierda —y por ello prematuramente— lo que estaba acaeciendo en la Unión Soviética. Tal como señala Sontag, «André Malraux, en calidad de editor de Gallimard, rechazó la publicación de la biografía de Stalin (la primera que puede considerarse como seria y rigurosa) con el argumento de que podía perjudicar la solidaridad con la República española». En cuanto a lo referente a Nkos resulta inexcusable el memorial de Eleni H. Kazantzaki, *El disidente, visto a través de sus cartas, sus notas, sus textos inéditos* (Barcelona: Planeta, 1974), Eleni fue también la autora de *La verdadera tragedia de Panaït Istrati*. Sobre Istrati me remito a los trabajos publicados en la página de la Fundación Andreu Nin.

refiere a la «gran depresión» de 1929, pero en 1932, que evoca al citar unas notas del diario de Gide («En el abominable trance del mundo actual, el nuevo plan de Rusia me parece ahora la salvación. ¡Nada puede persuadirme de lo contrario! Los argumentos miserables de sus enemigos, lejos de convencerme, hacen que me hierva la sangre. Y si mi vida hiciera falta para asegurar el éxito de la URSS, la ofrendaría de inmediato... como lo han hecho ya, y lo seguirán haciendo, muchos otros, y sin distinguirme de ellos.»), habían más cosas. Aparte de las campañas sistemáticas de denigración —no fue hasta 1929 que las cancillería dejaron de lado la hipótesis de una intervención «contra»—, había que contar el amenazante ascenso del nazismo, otro factor histórico de primer orden omitido en su texto.

Un ascenso al que no era ajena la derecha norteamericana. No hay más que echar una ojeada a *La conjura contra América* (2004), de Philip Roth, con su «descubrimiento» de la trama liderada por Charles Lindbergh, el héroe americano de la aviación tan fascinado por la causa del nazismo. También se puede leer *Las venas abiertas de América Latina* de Eduardo Galeano. Incluso Putin pudo hacer callar al impresentable George Buhs jr., cuando este trataba de echarle en cara cuentas sobre los «Derechos Humanos» en un encuentro en 2008, cuando el jerarca ruso pudo sacarle una lista de atropellos contra la humanidad mucho mayor que la suya. El propio Roosevelt, que no reconoció en los hechos a la República española aunque sí «¡moralmente!», de todos es sabido que su esposa Eleanor fue muy beligerante en este punto, aunque lo fueron mucho más los grandes *trust* que favorecieron a Franco sin hacer declaraciones. Franklyn no decidió entrar en el frente antinazi hasta la victoria de Stalingrado, nombre emblemático y clave de la guerra contra el nazismo y de una realidad extremadamente compleja.

Sontag apunta que Serge sí que sabía lo que estaba sucediendo en la URSS. Nos habla de *El hospital de Leningrado,* un cuento escrito en México en 1946. Escribe que cuando Serge vivía en dicha ciudad entonces lo hacía en

> «...tiempos oscuros, de escasez en las ciudades y hambre en los pueblos, de terror, de asesinatos secretos y persecución de los administradores de la industria y los ingenieros, los campesinos, los clérigos y todos los que se oponían al régimen. Yo pertenecía a la última categoría, lo cual quería decir

que en la noche, incluso en las profundidades del sueño, nunca dejaba de estar atento a los ruidos en la escalera, a los pasos ascendentes anunciando mi detención».

Pero no precisa desde qué punto de mira lo hacía. De ahí que indique que la citada narración «se anticipa a la narrativa de Solzhenitsyn», de cuyas conclusiones —finales, de enmienda a la totalidad que son diferentes a las del autor cuando escribe *Pabellón de cáncer*— le separa un abismo. Para este la historia tendría que retroceder al mundo previo al Renacimiento —al feudalismo—, en tanto que para Serge se trataría de culminar con la revolución, las promesas incumplidas de libertad, igualdad y fraternidad.

Entre 1933 y 1934, el ascenso del partido nazi en Alemania representó un vuelco histórico de proporciones incalculables. En la URSS, a finales de 1934 tuvo lugar el asesinato de Serguei Kirov. Situado por encima de cualquier facción, Stalin, que se ha sentido fascinado al contemplar como el *führer* se había desembarazado de sus rivales en la «noche de los cuchillos largos», comienza a planear la liquidación de todas las oposiciones. Desde la cúpula del «partido del Estado», puede actuar con total impunidad. Ahora se plantea imponer su poder absoluto, acabar de una vez por todas. Se abre un proceso en el que todas las posiciones, sobre todo los que hicieron la revolución, serán exterminados.[15]

Mientras que la victoria nazi es interpretada por la derecha como una demostración de que es posible destruir al movimiento obrero más potente del mundo, la actuación de Stalin lo es en sentido totalmente contrario. Esta fascinación abarca tanto al pueblo militante como a la izquierda y a la intelectualidad radicalizada. Por el «crac del 29» y sus

15/   En *La lógica del terror. Stalin y la autodestrucción de los bolcheviques, 1932-1919,* sus autores J. Arch GETTY&Oleg V. NAUMAV, coinciden con un criterios ya expresado por Serge en su día, denunciando «un pensamiento causal sin matices y politizaron las conclusiones. Se popularizaron cadenas deterministas como la ecuación: Lenin igual a estalinismo/totalitarismo, al terror, "o que el estalinismo era un producto inevitable del leninismo. Sin embargo, como apuntó hace veinte años Stephen Cohen en su ensayo sumamente sugerente, las circunstancias que rodearon la revolución rusa y el bolchevismo podían haber propiciado resultados dispares. Hubo otra alternativas de desarrollo, y el estalinismo (o el terror) no fue predeterminado por el leninismo» (2001; 457). Stephen Cohen es un especialista norteamericano conocido por su biografía de Nikolai Bujarin.

consecuencias sociales que ya señala Sontag, pero también por el auge de los grupos fascistas, por la pusilanimidad liberal-socialdemócrata ante lo que viene... Surge una nueva izquierda que *descubre* la URSS como una revolución victoriosa a pesar de todo, como un firme baluarte contra el fascismo. Se trata de una necesidad básica, de un espejismo no exento de cierta verdad: la URSS queda lejos, la derecha echa pestes sobre ella un día y otro también, no ha sido afectada por la recesión, sus campañas hablan de revolución, incluso hasta 1935 aparecen como más de izquierdas que nadie. En Alemania prometían que después de derrotar a la socialdemocracia, acabarían con el nazismo.

Lo demás vino por añadidura. Los ecos de la mítica revolucionaria eran ahora difundidos por grandes películas como las de Eisenstein, por el deslumbramiento de unos mecanismos de propaganda en los que la mítica y la falsificación se confunden, que resultan refrendados por los que como Upton Sinclair, creen que la URSS es una fortaleza sitiada por la restauración capitalista y fascista, y en donde por lo tanto, no caben las críticas. Se trata de una primera oleada de prosovietismo, la segunda después de la que acompañó a la toma del Palacio de Invierno, la Bastilla bolchevique. Su expansión es tal que llega hasta las orillas más apartadas de la izquierda. Incluso en casos en principio tan lejanos como el de la CNT antes de mayo del 37, por no hablar de los elogios desplegados por liberales y socialdemócratas que encaran la mala conciencia de lo no-intervención en la guerra de España, como fue el caso de León Blum o del propio Hollywood liberal que siguiendo las directrices de la Casa Blanca produjo tiempo después *Mission to Moscow* (EUA, 1943) obra dirigida por Michael Curtiz que jugó un papel muy destacado en la revolución húngara de 1918, y que en 1942 había dirigido la mítica *Casablanca*.[16]

Claro que, exceptuando una minoría esclarecida a la que pertenecían Serge, Trotski, el POUM y aquellos librepensadores que denunciaron los

16/   Tanto la CNT como el POUM, vieron con buenos ojos el apoyo de la URSS a la República asediada internacionalmente. Pero mientras estos denunciaron los procesos de Moscú, la prensa cenetista enfocó el hecho como un mero conflicto entre «facciones marxistas», actitud que únicamente fue criticada en sus rangos por el exiliado italiano Camillo Berneri. Desde un ángulo muy diferente, Hollywood realizó varios títulos prosoviéticos, aunque solamente en este se vanaglorian los procesos de Moscú. Un buen estudio es el de David Caute, *Compañeros de viaje,* Barcelona: Grijalbo, 1975. Traducción de Teresa Pámies.

procesos, más allá de esta toma de partido, la línea tendía en no pocos casos hacia el fascismo. Era la derecha católica que en Gran Bretaña seguía a Churchill que —siguiendo las exigencias de los intereses británicos— pasó de apoyar a Hitler y a Franco, para hacerlo con Stalin. En Francia esa derecha anticomunista actuó como colaboracionista durante la ocupación. No creo abusivo subrayar que Sontang escribe su borrón del historial bolchevique en pleno apogeo neoliberal con el que —lamentablemente en nuestra opinión— no disiente, al menos en este punto. De alguna manera se podría hablar de una tentativa de «extraer» a Serge de las tradiciones con las que se había jugado la vida y la libertad.

De ahí que el trato despectivo que Susan Sontag dispensa a la «necedad y las mentiras ignominiosas de Dreiser, Rolland, Henri Barbusse, Louis Aragon, Beatrice y Sydney Webb, Halldór Laxness, Egon Erwin Kisch, Walter Duranty, Leon Feuchtwanger y otros como ellos casi se han olvidado del todo. Y también los que se les opusieron, los que lucharon por la verdad».

Lo primero que habría que decir es que esta es una lista arbitraria, no se puede meter a todo el mundo en el mismo saco. No todos se implicaron contra toda verdad como lo hicieron Barbusse, y no digamos Louis Aragon que todavía a finales de los sesenta defendía a Arthur London —el autor de *L'aveu,* un antiguo estalinista de buena fe, que los había— porque... no era cierto que hubiese sido *trotskista* cuando lo detuvieron, lo torturaron y lo calumniaron. Las posiciones de los Web fue la propia del laborismo durante la guerra mundial, aunque también fue asimilada por los conservadores. La hostilidad contra el Orwell de *Homenaje a Cataluña* y *Rebelión en la granja* fue extensible a personalidades como T. S. Eliot, de hecho solamente le apoyó la izquierda insumisa. A Halldór Laxness no le dolieron prendas en el momento en que contó con una información. En el caso de los escritores, esta ola fue desintegrándose con el tiempo. Por ejemplo, Julien Green y Paul Nizan rompieron con el pacto nazi-soviético, otros lo hicieron después de la guerra mundial o con la revolución húngara de 1956, como fue el caso de Howard Fast, el célebre autor de *Espartaco* (1951), Premio Stalin en 1953 y que 1956 escribió ya entonces en el órgano del partido Daily Worker,

> «El informe de Jruschev es un extraño y terrible documento sin paralelo
> quizás en la historia; hay que familiarizarse con el hecho de que precisa-

mente se trata de un acta protocolaria la que registra una embriaguez de sangre bárbara y paranoia y que los hombres civilizados la conservaran por toda la eternidad como un recordatorio de vergüenza».

El caso de Theodor Dreiser (o los de Dorothy Parker y Dashiell Hammett, entre otros como Alvah Bessie) no fue muy distinto al de Ernest Hemingway, que dio la espalda a su amigo John Dos Passos en el caso de su amigo y traductor José Robles, que vertió al castellano también el *Babitt* de Sinclair Lewis. El asesinato de Robles llevó al autor de *Manhattan Transfer,* primero a reafirmarse en la izquierda aproximándose al POUM y la CNT, pero luego evolucionó hacia la extrema derecha, llegando a apoyar a Barry Goldwater que, entre otras cosas, defendía el empleo de la bomba atómica en Vietnam. Es curioso que la autora de *Ante el dolor de los demás,* no cite a Hemingway que fue un compañero de ruta un tanto especial, pero que llegó a apoyar la revolución cubana. Pero parece que este es otro anatema para la última Sontag, la que escribió este discutible trabajo sobre Serge.

Esta afirma que la

> «verdad, una vez obtenida, es ingrata. No podemos recordarlos a todos. Lo que se recuerda no es el testimonio sino... la literatura. El presunto caso para exceptuar a Serge del olvido que espera a la mayoría de los héroes de la verdad está respaldado, en última instancia, por la excelencia de su narrativa, sobre todo por *El caso Tuláyev*. Pero un escritor literario al que se considera sobre todo como un escritor didáctico; un escritor sin país, un país en cuyo canon literario su narrativa pudiera encontrar un lugar: tales son los elementos del complejo destino de Serge que siguen opacando este libro cautivador y admirable».

Una obra y un libro que —insisto— pertenece a la izquierda que no se sometió a ningún dictado.

Fue en este escenario de «fe en Moscú» —como diría aquí Enrique Castro Delgado, otro renegado que acabó reconciliado con el régimen franquista— en el que se enmarcó el «affaire Serge», el más importante en el historial criminal del estalinismo, nunca ni antes y después se dio una movilización con tantas cancillerías implicadas, tantos escritores y artistas y tantos sindicatos obreros. La lucha por su libertad dio lugar a la creación de plataformas de sonados apoyos militantes en Estados Unidos, Gran Bretaña, Bélgica, Suiza, España, sin olvidar el exilio italiano y germano, aunque su mayor repercusión la tuvo en Francia a la que Stalin estimaba como piedra angular para su política exterior de alianza con las potencias democráticas.

Así pues, como no podía ser menos, el «affaire» se confunde con la situación de ascenso de fascismo que en Francia tiene sus orígenes en el bloque reaccionario que trató de linchar a Dreyfus, un claro antecedente del antisemitismo nazi. Este ascenso provocó una obligación a la unidad por abajo, socialista y comunista; también produce una movilización cultural liderada por los surrealistas que pronto se dividirán entre «trotskistas» (Breton, Benjamin Péret, André Masson, Pierre Naville) y estalinistas (Aragon, Elouard). En Moscú, Stalin toma buena nota de la victoria de Hitler y opera a su manera un giro de 180º escenificado en el VII Congreso del Komintern. Se trata pues de procesos paralelos. Stalin ofrece un pacto con las potencias que practicaban la *policy of appeasement,* un pacto que en Francia pasa por la dirección política del Partido Radical de Edouard Herriot, representante de la burguesía liberal y colonialista.

Fue a pesar de este ambiente entusiasta hacia la URSS, que el «affaire Serge» provocó un debate que obtuvo un considerable impacto, dando lugar a diversas corrientes de opinión expresada también en sindicatos como en el de los Enseñantes. Su momento más resonante se dio en el «Congreso Internacional de Escritores por la Defensa de la Cultura», detrás del cual se encontraba el legendario Willy Müzenberg.[17] Hablar sobre Serge no fue tarea fácil: el «servicio de orden» y la militancia vociferante se ocuparon de no dejar hablar a nadie que se saliera del guión. Intelectuales orgánicos como Louis Aragon y Ilya Ehrenburg sacaron a relucir todo tipo de argumentos adversos, en especial aquel según el cual los «trotskistas» daban balas al enemigo; no faltaron referencias al asunto Bonnot, ni tampoco al asesinato de Kirov, por más que el hecho tuvo lugar un año después de su detención. Otros —como los exiliados alemanes Anne Seghers y Gustav Regler, luego disidente y afín a Serge

---

17/   Müzenberg ha sido uno de los mitos comunistas más utilizados desde el frente neoliberal como encarnación suprema del mal, pero también como un modelo. De trayectoria internacionalista, acabó rompiendo con el estalinismo en términos «trotskistas» y desapareció. Me he referido al caso en *Willi Müzemberg, la bestia negra de Goebbels (y de Esperanza Aguirre)*, en kaosenlared.net/

en México—, argumentaron que el enemigo principal era el fascismo, y trataron ingenuamente de aplazar el debate que ya no se permitiría más.

Una de las intervenciones más sonadas fue la del antifascista italiano Gaetano Salvemini que provocó un escándalo condenando a «todas las opresiones» en tanto que un inquieto André Gide insistió en la discusión. El prestigio de Serge no permitía que algo así se pudiera omitir impunemente. El 25 de junio, durante la última sesión del congreso, Magdeleine Paz consiguió hablar y a tirar del hilo y habló. Lo hizo con tanta valentía y claridad que hasta un enemistado Trotski la elogió diciendo que era «lo mejor que había hecho en su vida», aunque los que realmente llevaron el mayor peso de la batalla fueron los surrealistas.[18]

Susan Sontag dice que en esta movilización el papel más activo lo jugaron los «trotskistas», aunque parece obvio que bajo este concepto se incluyeran sectores afines como los surrealistas que irrumpieron en el congreso poniéndolo literalmente «patas arriba»[19] o los activistas agrupados en la «Ligue Syndicaliste» liderada por militantes de tradición libertaria y tan próximos a Serge como Alfred Rosmer, Pierre Monatte, Robert Louzon, amén de los escritores proletarios Marcel Martinet y Henry Poulaille. En medio de este amplio colectivo destacaban dos jóvenes activistas a los que Serge había presentado a Trotski en Rusia en 1927, Pierre Naville y Gérard Rosenthal, así como los especialmente activos Raymond Molinier y Pierre Frank, dos jóvenes audaces en los que

---

18/   Magdeleine Paz (1889-1973) compañera de Maurice Paz, intelectuales de prestigio de procedencia burguesa y situados en el ala jauresista de la SFO, cofundadores del PCF en 1921, jugaron un papel destacado en la Oposición francesa. Su compromiso con Serge resultó determinante en sus inicios. Ulteriormente regresaron a la izquierda socialista, Magdeleine además fue una reputada escritora en su época, aunque su tiempo pasó con la Segunda Guerra Mundial. Entre sus obras se cuentan *Esta es la lucha final* (*Seis meses en la Unión Soviética*, 1923) y un alegato antirracista, *Hermano negro...* Trotski mostró su desconfianza al conocer revolucionarios que gozaban de comodidades, como observó en casa del historiador y sindicalista Maurice Dommaget, lo que contribuía a sus acusaciones en muchas ocasiones abusivas de «fariseísmo» y otros epítetos similares.

19/   En cuanto al fuerte compromiso de los surrealistas liderados por Breton en el «caso Serge», está detallado en el segundo volumen *(Los sueños y la fuerza)* de las memorias de André THIRION, *Revolucionarios sin revolución,* Madrid: Edicusa, 1975, así como en la *Historia del surrealismo* de Maurice NADEAU, Barcelona: Ariel, 1975. Traducción de Juan Ramón Capella.

Trotski había depositado su confianza por su juventud y que parecían atreverse a todo. Sin embargo, el alcance de su influencia en los medios culturales no tuvo su correlato en los medios proletarios durante las jornadas de junio, cuando estalló una huelga general con ocupación generalizada de las fábricas. Entonces, la burguesía francesa supo dar un paso atrás y ofrecer importantes concesiones como la semana de 40 horas y las vacaciones pagadas. Medidas que suelen ser comparadas con las del New Deal.[20]

En la misma onda estaban los socialistas de izquierdas liderados por Marceau Pivert y Daniel Guérin... Más allá se ubicaban «compañeros de viaje» con contradicciones morales como André Malraux, André Gide y Romain Rolland, que acabarán divididos en el trayecto. Paralelamente se situaban los grupos defensores de las libertades civiles tan moderados como Léon Blum, al que la conciencia no le hacía olvidar que era un «hombre de Estado», capaz de traicionar a la República española y de glosar a Stalin por su «realismo», sin olvidar a Víctor Basch de la Liga de los Derechos del Hombre. Y a un cierto número de comunistas discrepantes o a los cristianos de izquierdas de *L'Esprit*.

En total alrededor de 60 escritores, artistas, periodistas y militantes políticos quienes a pesar de sus contradicciones apostaron por el *rapatriement* de un hombre que no tenía *patria,* olvidando que Serge era un exiliado apátrida nacido en Bélgica, naturalizado como ciudadano soviético, expulsado en Francia en 1919. Aún y así, a lo largo de tres años este grupo heterodoxo dio el significado más práctico y concreto a la palabra solidaridad, logrando desbordar plenamente a los partidos dominantes, un logro que estuvo muy lejos de conseguir en el terreno estricto de la lucha de clases durante las «jornadas de junio» de 1936, cuando la clase trabajadora protagonizó una huelga general con ocupaciones de fábricas que, finalmente, logró ser encauzada por los líderes del Frente Popular. En un momento dado, alguien que sabía de lo que hablaba como Helena Stássova, una de las escasas antiguas bolcheviques

---

20/ Con la voluntad de traducir estos avances en el medio proletario, Trotski se plantea rehacerlo todo, para lo que planea en solitario la creación de una nueva internacional, apostando para ello en la franja más joven y audaz, por el trabajo hacia las juventudes socialistas. La orientación que le lleva a enfrentase con los veteranos como Rosmer o Andreu Nin. Sobre esta insólita y compleja situación resulta imprescindible la obra citada de D. BENSAÏD, *Trotskismos...*

que sobrevivió en aquella noche oscura, a la sazón secretaria del Socorro Rojo Internacional de Moscú, le confesó al llamado «Serge suizo», Fritz Brupbacher, que Victor *no saldría nunca*.

En aquel tremendo pulso, la República de las Letras pesó más de que «la razón de Estado», sobre todo porque Stalin sopesó que no podía poner en riesgo su política exterior. Según algunas fuentes, el punto de inflexión fue la insistencia de Rolland, aunque todo indica que en realidad fue la geoestrategia lo que primó. Stalin había aprendido con el exilio de Trotski —el mayor error de su vida— que no podía subestimar a sus adversarios, y sabía que Víctor Serge era alguien a quien temer. A la hora de la verdad, Serge tuvo serios problemas de visados. Ningún país lo quería. Finalmente logró su visado gracias a Émile Vandervelde (contra el que el joven socialista belga Serge había arremetido en 1907 por su complicidad en la anexión colonial del Congo), el veterano socialdemócrata integrado en el Gobierno belga, el que pactó su salida. Fuera del acuerdo quedó el resto de una amplia familia rusa que acabaría muriendo en las prisiones, tal como sucedió con toda la familia de Trotski.

El «affaire Serge» fue una de las últimas victorias de la revolución, de un proceso de grandes transformaciones en las que las expectativas creadas por Octubre se vieron confirmadas por la crisis social que acompañó hasta la derrota final de la revolución en Alemania en 1923, el año del nacimiento del nazismo. Este aislamiento está en el origen del «socialismo en un solo país» que Serge y sus amigos traducían por el «socialismo en ningún otro país». La actualidad de la revolución volvió a plantearse en 1936 en Francia y en España, para quedarse a mitad de camino. Las expectativas revolucionarias tuvieron su epílogo en las jornadas de mayo del 37 en Cataluña, con la clase obrera ya a la defensiva... Estas jornadas fueron el principio del fin del POUM, el partido al que Serge dedicó *Medianoche en el siglo...* Según Sontag, «a los camaradas del partido radical más honorable de la República española, el disidente comunista —es decir, antiestalinista— Partido Obrero de Unificación Marxista (POUM), cuyo dirigente, Andreu Nin, ejecutado por agentes soviéticos en 1937, era otro amigo íntimo de Serge», y al que se suele tachar por periodistas e historiadores de «trotskista».[21]

21/   En un artículo aparecido en la Página tres del diario *ABC* (23.3.2008), Stanley

Una plataforma similar a la que se implicó en el «caso Serge» fue creada en 1936, la que hizo publico el manifiesto «Llamado a los hombres» firmado por una extensa lista de personalidades, como el filósofo George Bataille, militante trotskista entonces, André Breton, el historiador obrerista Maurice Dommanget, el novelista Jean Giono (que había participado en la Asociación de los Escritores y Artistas Revolucionarios próxima al PCF), Daniel Guérin, Víctor Margueritte, Marcel Martinet, Pierre Monatte, Pierre Naville, por supuesto Magdeleine y Maurice Paz, Benjamin Péret, el poeta y guionista Jacques Prévert, el celebrado Jules Romains, al que Trotski había tratado vanamente de influir para que emulara a Émile Zola y un largo etcétera. En el texto se denunciaba un proceso

> «que deja detrás de él, con los cadáveres de los dieciséis condenados, un profundo estupor. Los principales acusados habían sido colaboradores y compañeros de Lenin. En prisión desde hace dieciocho meses, luego de un primer proceso ya extraño, estos hombres, conocidos en el mundo entero como artesanos esenciales de la revolución de octubre y fundadores de la III Internacional, repentinamente aparecen como contrarrevolucionarios e incluso como bandidos comunes. Confusamente, con sospechosas comparsas, los abatieron "como a perros rabiosos", según la expresión del Ministerio Público»:

Acusaba la existencia de

> «un verdadero torrente de confesiones, confesiones enormes, sórdidas, monótonas: los más notorios sobrevivientes del bolchevismo de Octubre

---

Payne, el historiador norteamericano alineado con las tesis revisionistas (el franquismo fue *autoritario* pero necesario), escribe al respecto: «Si Nin fue mártir y héroe de la extrema izquierda revolucionaria, no lo fue de la democracia. El objetivo del POUM era la creación de un sistema revolucionario totalitario inspirado por la primera Unión Soviética de Lenin. Stalin meramente "perfeccionó" el sistema leninista, que ya empezó como terrorista y totalitario. Eso es lo que el POUM buscaba para España, y durante el primer año de la guerra participó en toda clase de actos violentos, vandálicos y asesinos. Los soviéticos trataron a Nin más o menos del mismo modo que los poumistas ya habían tratado a miles de españoles y pensaron tratar a todo el país, si milagrosamente se hubieran apoderado del Gobierno de España. Esta fue la triste realidad de la guerra civil, y, más allá de las criminales circunstancias de su muerte, eso es la verdadera "memoria" que la historia nos enseña sobre el caso y la carrera política de Andrés Nin».

se deshonraron frenéticamente; un Trotski pasa y vuelve a pasar, vestido como agente de la Gestapo hitleriana ¿Cómo se obtuvieron estas confesiones más pasmosas aún que la oleada de la acusación? Esta escena, en todo caso siniestra ¿disimula o no esta vasta maquinación? Lo ignoramos».

Y finalmente se dirigían

«a los hombres de todos los partidos que se dicen fieles a la liberación de los trabajadores, a todos aquellos individuos, sea cual sea su ideología que solo reconocen el progreso humano cuando crecen auténticamente la justicia social y la dignidad del hombre ¿quién de ellos se negaría a pedir la VERDAD?».

El documento recogía también la presencia de otros firmantes que mostraban su acuerdo especialmente en la necesidad de una aclaración honesta de los hechos. Pero esta vez, la ola estalinista era y mucho más potente. Los tiempos ya habían cambiado, para la mayoría, criticar a la URSS era, pura y sencillamente, darle munición al fascismo.

En la misma línea, Sontag conecta el caso Serge con el de André Gide, quien en el curso de «un viaje triunfal por la Unión Soviética al que se le había dado suma importancia propagandística», y que se interesó por él. Al regresar a Bruselas a finales de abril,

«Serge publicó una "Carta abierta" a Gide en la revista francesa *Esprit,* en la que agradecía su reciente intervención ante las autoridades soviéticas para intentar la recuperación de sus manuscritos confiscados y en la que evocaba algunas de las realidades soviéticas sobre las cuales Gide acaso no se enteraría durante su visita, como la detención y asesinato de muchos escritores y la supresión absoluta de libertad intelectual».

El «caso Gide» fue complementario al de Istrati y al de Serge, cerró un cuadro testimonial que la Segunda Guerra Mundial pareció engullir por los testimonios de los «turistas revolucionarios» que regresaban ofreciendo una imagen que podemos encontrar plasmada en películas como *La estrella del norte* (*The North Star,* Lewis Milestone, EUA, 1943). Sin embargo, el tiempo fue colocando a Istrati, Gide y sobre todo a Serge, en su justo lugar. Unas imágenes que —conviene no olvidarlo— «confirmaban» la victoria de Stalingrado contra el nazismo. Sin embargo, nunca dejó de existir una resistencia.

En unos párrafos ulteriores, Sontag se refiere a una época (la de los años treinta) en la que «el consenso era otro», refiriéndose a «el escándalo de la crónica desfavorable del viaje de Gide, *Regreso de la URSS* (1937): Gide siguió siendo incluso hasta después de su muerte en 1951 el gran escritor de izquierdas que había traicionado a España». Pero aquí cabría precisar que semejante veredicto era entonces una exclusiva del PCF, el más estalinista del momento. Por entonces ya se estaba ampliando la brecha que todavía se pudo percibir con cierta fuerza en el curso del II Congreso de Intelectuales Antifascistas celebrado en 1937 en Valencia, capital de la República mientras Madrid era bombardeada. No estaría de más subrayar que a dicho Congreso asistió la flor y nata del mundo de las Letras, advertir sobre su contenido antifascista, algo que suelen omitir anticomunistas, que, a pesar de todo se habló claro y en defensa de Gide (y de Serge), y que muchos de los que entonces callaron acabaron rechazando el estalinismo.

No estará de más recordar que Gide nunca se cuestionó el ideario comunista, ni se reconcilió con lo que había despreciado (por ejemplo, el colonialismo en el Congo). Lo vio un poco a la manera que lo vieron los trabajadores polacos, «un buen invento que fue mal aplicado».[22]

Sontag muestra igualmente un especial interés por la autora de *La condición obrera*, Simone Weil, la «escritora francesa de aquel período al que Serge sí se parece —en la severidad de su rectitud, en su dedicación incesante, en su convencida renuncia a la comodidad, las posesiones y la seguridad—, es su más joven contemporánea y compañera de militancia política». Señala que era «probable que se hubieran conocido en París en 1936, poco después de la liberación de Serge, o en 1937», lo cierto es que frecuentaron los mismos medios, los de la Liga sindicalista de Monatte y Rosmer, ambos escribían con regularidad en *La Révolution prôletarienne*. Sontag informa también que «Trotski conocía bien a Weil —una noche, a los 25 años de edad, había sostenido un debate cara a cara con Trotski durante la breve visita de este a París en diciembre de 1934».

Si nos atenemos a lo dice su biógrafa Simone Petrelle, la reunión

---

22/   Sobre toda esta cuestión me remito a mis trabajos, «André Gide y "Los amigos de la URSS"» (kaosenlared.net/andre-gide-y-los-amigos-de-la-urss/); «Una mirada sobre el II congreso de escritores antifascistas en Valencia, 1937» (www. nodo50.org/ despage/Nuestra%20Historia/).

constituyente de la IV Internacional tuvo lugar en casa de su familia. Weil se movilizó en la campaña y tomó buena nota de las cartas de Serge, sobre todo en lo referente a la definición de la URSS. Un punto en el que la fricción de Simone Weil con Trotski se manifestó claramente. Cuando en julio de 1936 estalló en España la guerra la sublevación militar-fascista, Weil marchó a Barcelona, al local del POUM, y allí conectó con Gorkin y la compañera que la llevó a conocer en directo la experiencia autogestionaria en Vilanova i la Geltrú. Luego llegó la guerra mundial, lo peor que le podía ocurrir a la humanidad doliente, y llegó sin que ninguna revolución lo impidiera.

En otro interrogante Sontag plantea: «¿Por qué siempre se politizó su dimensión de escritor literario, fuera cual fuere, es decir, se percibió como una proeza moral?», de «una recta militancia política, un prisma paulatinamente reducido por el cual vemos el cuerpo de una obra que ejerce sobre nuestra atención otros reclamos no didácticos». Sontag recuerda que Serge fue muy publicado, «al menos en Francia» (aunque como ya hemos señalado, no solamente). En esta consideración, la escritora introduce ya una primera andanada contra Trotski. Define la IV Internacional como «una corte pequeña pero ferviente: una corte política, desde luego, sobre todo de credo trotskista». Afirma sin titubeo que Trotski «excomulgó» a Serge (en eso queda una voluminosa correspondencia), haciendo que «esa corte» (la de Trotski) lo abandonara «ante las predecibles calumnias de la prensa del Frente Popular prosoviético»...

En este pasaje, Susan ofrece una buena demostración de fanatismo. Es cierto que las querellas teóricas fueron ásperas y que el lenguaje empleado era normalmente duro, pero Trotski lo empleó y no en menor grado con Alfred Rosmer, y eso no significó ningún problema —todo lo contrario— cuando este le visitó en México casi a la par que Ramón Mercader. Por otro lado, tal como escribió Orwell, ser «trotskista» en aquella época significaba estar en el punto de mira de todas las policías, comenzando por la estalinista. En España, los del POUM tuvieron que enrolarse en las brigadas anarquistas para protegerse de tipos como David Alfaro Siqueiros, que en sus memorias presume de haber matado por una apuesta a un joven poumista. Nunca Víctor Serge escribió nada parecido por más que pudo exasperar por algunas actitudes, finalmente: Serge defendió al POUM cuando este firmó el pacto del Frente Popular y se opuso a la intransigencia de Trotski que ofrecía lecciones sobre una situación en la que era un espectador muy alejado. Por lo demás, lo del *Frente Popular prosoviético* no deja de ser una definición digna de un vulgar funcionario cultural de la CIA.

Más adelante añade que

> «mientras Serge manifestaba en Bruselas su adhesión a la IV Internacional —como se denominaba la liga de partidarios de Trotski— sabía que la propuesta del movimiento no era una alternativa viable a las doctrinas y prácticas leninistas que habían llevado a la tiranía estalinista (Para Trotski, el crimen consistía en que se estaba ejecutando a la gente equivocada)...».

Lo primero que se les ocurre a los lectores es preguntarse, ¿cómo era posible que Víctor Serge, que lo había seguido desde que se apuntó a la revolución, no se hubiera percatado de semejante talante? Por esta misma lógica podíamos preguntarnos por el «complejo de Cordelia» que albergó un personaje como André Breton, ¿qué mecanismo de ocultamiento le permitió seducir a tantos y tantas, a la larga lista de artistas y escritores del siglo xx? ¿De todos aquellos que asumieron la llamada de la FIARI, la internacional cultural «libertaria» que no pudo sobrevivir al embate de la Segunda Guerra Mundial? Es evidente que Susan Sontag prescinde de varias escuelas de historiadores... Esto por no hablar que la mayoría de los autores que han efectuado aportaciones de interés sobre el «fenómeno estaliniano» (Rakovski, Souvarine, Ciliga, Orwell, Bruno Rizzi, Castoriadis, Shalámov, etc.) parten de la misma matriz oposicionista o trotskiana. La dificultad de una caracterización satisfactoria fue uno de los factores más crispantes dentro de la última internacional obrera como en buena parte de la izquierda insumisa. Al parecer de Trotski (y de Serge), lo primordial era estar de acuerdo en que 1917 fue una revolución socialista, que su atraso, su aislamiento facilitó una usurpación burocrática, por lo que lo importante era apoyar una revolución democrática que devolviera el poder a los trabajadores y campesinos.

Es evidente que existe un desencuentro entre Trotski y Serge que se inicia en 1936. Es un tema lo suficientemente importante para que haya dado lugar a libros y artículos como el escrito por Andy Durgan. Está claro que existen unas diferencias de perspectivas, Serge se mueve más a gusto en la línea abierta que había caracterizado el trotskismo en la primera mitad de los años treinta. Mientras que Trotski se cierra en el proyecto de crear contra viento y marea una internacional en oposición a reformistas y «centristas» (un centro al que le falta una izquierda en la que mirarse), en tanto que Serge por el contrario, aboga por acuerdos los más amplios posibles. No antepone la crítica radical sino que aboga por apoyar al POUM, a la Ligue syndicaliste de Pierre Monatte y Robert Louzon, busca complicidades en el anarquismo, dialoga con cristianos como Mournier...

En este desencuentro también influye, y no poco, un Trotski rugiente por la situación del desastre político y humano que cae sobre sus espaldas. Es un tiempo en el que se enemista con todos sus antiguos camaradas, incluyendo al mismo «Rako»(vski), que había acabado «claudicando» en condiciones de cuya medida no somos conscientes. Se muestra tiránico hasta con su entregado hijo León Sedov, que no siempre podía cumplir las peticiones de un padre que se había cargado el destino de la revolución sobre las espaldas. Pero no era solamente la situación, también había un componente de carácter en Trotski ya descrito por afines que lo conocían de cerca, por ejemplo Anatoli Lunacharski.[23]

También la apreciación del momento es diferente. Hay una parte de la historia, mucha tragedia por medio de la que Trotski es profundo sabedor, pero que a Serge le ha tocado contemplar. Mientras que para el primero la razón política está por encima de otras consideraciones, no sucede lo mismo con el segundo. Serge ha quedado roto, maltrecho, pesimista. Ya no está por una batalla cuyo horror le sobrepasa... Por lo mismo, no parece verosímil que Serge pudiera rubricar el mensaje final de *Mi vida,* aquel en el que Trotski proclama: «No conozco la tragedia personal...», y que se cierra con esta cita de Proudhon:

23/   Existe una acusación de prepotencia ya efectuada por Anatoli Lunarcharski (texto perteneciente a su libro *Semblanzas de revolucionarios,* se halla en la Web *Viento sur,* 31.7.2011), crítica reiterada por otros que lo conocieron en proximidad. Este tono intolerante hizo que algunos de sus camaradas más fieles se apartaran. Reprodujo la tonalidad con su hijo exigiéndole más de lo que este podía hacer, sobre todo considerando que tenía un «topo» al lado. Su muerte lo conmocionó como no podía ser menos. En su texto, Trotski se explica por su propio nivel de exigencia lo que le llevaba a serlo igual con todos y olvidar a las personas en concreto. Sin duda la aproximación más próxima y penetrante es la de Jean VAN HEIJENOORT, *Con Trotski. De Prinkipo a Coyoacán. Testimonio de siete años de exilio,* perfectamente asequible por Internet.

«El movimiento, indudablemente, no es normal ni sigue una línea recta; pero la tendencia se mantiene constante. Todo lo que los Gobiernos hagan, primero unos y luego otros, en provecho de la revolución, es cosa que ya no se puede desarraigar; en cambio, lo que contra ella se intenta, se evapora como una nube. Yo disfruto de este espectáculo, cada uno de cuyos cuadros sé interpretar; asisto a esta evolución de la vida en el universo como si desde lo alto descendiese sobre mí su explicación; lo que a otros destruye, a mí me exalta, me enardece y me conforta; ¿cómo, pues, puede usted pretender que me lamente de mi suerte, que me queje de los hombres y los maldiga? ¿La suerte? Me río de ella. Y en cuanto a los hombres, son demasiado necios y están demasiado envilecidos, para que yo pueda reprocharles nada».

Y lo que no era menos importante, Serge rectificaba la cronología establecida por la Oposición según la cual la «degeneración burocrática», del surgimiento del estalinismo fue gestada durante el curso mismo de una guerra civil a vida o muerte, a través de otra realidad, la de una Cheka cada vez más autónoma del partido, de las medidas autoritarias contra los demás partidos y contra las minorías, dos factores decisivos en la conformación de un nuevo poder que crecía como un cáncer totalmente imprevisible sobre el que resulta tentador ofrecer las interpretaciones más interesadas (la revolución devora sus propios hijos), o más místicas (Stalin recibía órdenes del diablo desde un pozo de Bakú, según aseguraba un ministro de Franco). Igualmente plantea un debate sobre el drama moral creado desde una revolución, y amplía la discusión sobre los medios y los fines. En línea generales, estas rectificaciones resultan actualmente ampliamente aceptadas, baste mencionar un ensayo como *A sangre y fuego* de Enzo Traverso.[24]

Aislado en México, atormentado por los «mundos desaparecidos», Serge trata de culminar su legado en sus últimas obras entre las que hay un lugar para un retrato sin rencores, *Vida y muerte de León Trotski* escrito con el soporte documental brindado por Natalia Sedova y en cuyos párrafos finales se lee:

«Toda su larga y laboriosa existencia de luchas, de pensamiento, de oposición inflexible a lo inhumano, León Davidovitch la había con-

---

24/   Sobre el cómo y el porqué de la deshumanización bolchevique en el curso de la guerra civil, resulta primordial la obra colectiva, *Después de la caída. El fracaso del comunismo y el futuro del socialismo* (Barcelona: Crítica, 1993), especialmente el trabajo de su editor, Robin BLACKBURN, «"Fin de siècle": el socialismo después de la quiebra».

sagrado a la causa de los trabajadores. Cuantos se le han aproximado conocen la medida de su desinterés, saben que no concebía su propia vida sino en función de una gran tarea históricas, no vinculada a su particular destino, sino al movimiento de las masas socialistas conscientes de los peligros y de las posibilidades de nuestra época. *Vivimos tiempos amargos,* escribía, *pero no nos queda otra patria que elegir.* Era íntegro de carácter, en el más amplio sentido del término: no concebía discontinuidades entre la conducta y las convicciones, entre la idea y el acto; jamás admitió que a lo transitorio, a lo personal, al pequeño egoísmo sin trascendencia, pudieran sacrificarse los intereses superiores que dan sentido a la vida. Su rectitud moral se vinculaba con una inteligencia objetiva pero apasionada, siempre tensa hacia lo profundo y amplio, hacia el esfuerzo creador y el combate justo... Y era a la vez sencillo. Le ocurrió escribir sobre el margen de un libro cuyo autor aludía a *sus ansias de poder: (Otros) habrán querido el poder por el poder. Yo he ignorado siempre ese sentimiento... He buscado el poder sobre las inteligencias y las voluntades...».*[25]

Nada pues que ver con estas apreciaciones «soltadas» por Susan Sontag sin molestarse tan siquiera en argumentarlas. En este trayecto Sontag no estaba sola, ni tampoco en buena compañía. En su último exilio, Trotski fue víctima de una campaña de denigración que al decir de Manuel Sacristán, no se conocía desde los tiempos de Catilina. Para los «blancos», Trotski fue una especie de Golem, un judío sangriento de sangre, aunque nunca pudieron achacarle nada que autores como Serge relataran (ver bibliografía final)... El odio abismal que le tuvo Stalin sobrepasa la patología tal como indica Moshe Lewin. «Nuestro» José Antonio Primo de Rivera lo situaba detrás de los mineros insurrectos de la «Comunne» asturiana en una carta a Franco en la que intentaba convencer a este, de la necesidad de que liderara un golpe de Estado contra la República. También entre los fanáticos del Mercado, el viejo león resulta alguien doblemente odioso porque combate el «comunismo con más comunismo», como diría T. S. Eliot de George Orwell.

Llegados aquí quizás cabría plantear un interrogante: ¿a qué se debía que encontrara tamaño abismo entre Trotski y Serge? No existen muchas pistas que lo expliquen como no sea la de un «vol-

<hr>

25/ Buenos Aires: Ed. El Yunque, 1974, p. 279. Natalia Sedova depositó en Serge una documentación inédita y una total confianza.

ta face» en la onda neoliberal dominante, un furor ciego e incontrolado, totalmente indigno de la admirable autora de *El dolor de los demás*.[26]

En el exilio, Sontag lo encuentra más «aislado que nunca, boicoteado por la izquierda y la derecha en la Europa occidental de la posguerra, Serge, el exbolchevique, extrotskista y anticomunista...». Párrafos antes, Sontag matiza que este mantuvo sus «posiciones socialistas»... El texto añade que «siguió escribiendo: casi siempre para la gaveta», y que «a pesar de los empeños de admiradores tan influyentes como Dwight Macdonald en Nueva York[27] y Orwell en Londres por encontrarle un editor», al final: «dos de las últimas tres novelas de Serge, los últimos cuentos y poemas y sus memorias permanecieron inéditos en todos los idiomas hasta después, casi siempre muchos decenios después, de su muerte». Y se pregunta si esto sucedió "¿porqué en su vida hubo demasiadas dualidades?».

Susan no olvida que en todas sus fases Víctor fue «anatema de la derecha (aunque, como anotó en su diario en febrero de 1944, *los problemas ya no tienen la hermosa simplicidad de antaño: era provechoso vivir de antinomias como socialismo o capitalismo*)». Pero hay un imán que la atrae para dictaminar que «era un anticomunista con luces suficientes para inquietarse porque los Gobiernos estadounidense y británico no habían comprendido que la meta de Stalin después de 1945 era apoderarse de toda Europa (a costa de una tercera guerra mundial)».

26/   Hay una pista que nos lleva a los sesenta, cuando su hijo David Rieff se aproximó a las juventudes del SWP que lideraba Peter Camejo, un personaje de altura que acabó como segundo en las candidaturas de Ralph Nader. Al parecer, a Susan Sontag no le gustó la «estrechez» de este partido que había alcanzado un considerable prestigio en la lucha contra la guerra del Vietnam, lo que le valió ser objeto de un sucio montaje por parte del FBI. Las diferencias se prolongaron en una lejana polémica sobre «la revolución norteamericana». La relación aparece tratada muy tangencialmente en la biografía que Carl Rollyson y Lisa Paddock dedicaron a Susan Sontag (Barcelona: Circe, 2002).

27/   A Dwight Macdonald (1906-1982), poeta, político y ensayista, se le llamó también el «Víctor Serge norteamericano», uno de los animadores de la *Partisan Review*, defendió con entusiasmo el Manifiesto por un arte... Evolucionó desde el SWP al anarquismo, publicó *Memories of a Revolutionist* (1957), colaboró en sus inicios con el Congreso por la Libertad de la Cultura (CLC), para mantener su independencia y convertirse en un agitador del movimiento estudiantil en la denuncia de la guerra del Vietnam.

Nada menos, Susan nos obsequia con toda una interpretación unidimensional de la segunda posguerra mundial. Recordemos que Serge era de los que habían interpretado que la traducción real del «socialismo en un solo país» era «el socialismo en ningún otro país». Lo cierto es que Stalin, si fue alguna cosa, fue un gran nacionalista ruso. Desconfiaba de cualquier tentativa revolucionaria, por lo que se negó a tomar cualquier iniciativa que pudiese molestar a Hitler, incluso se negó a creer en la ocupación alemana hasta que la evidencia le cayó encima. Sus imposiciones en el este fueron parte del cínico reparto de influencias de Postdam. No fue el que lanzó las bombas atómicas sobre Japón (otro detalle que queda en el tintero de esta Sontag politóloga), pero sí fue el que se opuso a la revolución en Yugoslavia y en China, el que permitió que Churchill reprimiera la resistencia griega, el mismo que vetó cualquier tentativa socialista en Francia o Italia, donde la resistencia comunista fueron dominantes. La URSS siempre jugó a la defensiva en el curso de la Guerra Fría, lo del Vietnam «trágicamente solo» (Che) fue otra demostración de la realidad de una burocracia que —como sucedió con la China de Mao— solamente pensaba en sus propios intereses nacionales como casta.[28]

Después de esta digresión tan discutible, Sontag nos presenta la época en que Serge fue hostilizado por los «intelectuales de Europa Occidental», una suerte de «liga» que «volvió a Serge un renegado, un reaccionario, un belicista», cuando lo que le sucedió no fue muy distinto a lo que les sucedió a George Orwell o a Albert Camus, a todos los que se negaron a perder su independencia moral y cultural, todos tuvieron que resistir, pero nada que ver con el caso de Zavis Kalandra, el trotskosurrealista fusilado en Checoslovaquia en 1950. Es verdad pues que se dio una hostilidad, pero sería abusivo diferenciarla de la que pade-

---

28/   No hay analista serio que no abunde en este sentido. Recordemos que el general MacArthur sugirió lanzar la bomba atómica sobre la «China roja», que durante la guerra contra el Vietnam no faltaron voces en el Congreso a favor de su empleo. Seguro que Susan Sontag estaba al corriente de los trabajos del Tribunal Russell, que no dudó en juzgar y condenar la ocupación de Checoslovaquia en agosto de 1968. Por lo que sorprende la benevolencia con que trata a los que acaban de vencer y por citar un ejemplo, proclamaban a través del Bush sr., en la Cumbre sobre el Clima en Río de Janeiro en 1990: «El modo de vida norteamericano estaba fuera de cuestión». Un «modo de vida» depredador que exige guerras constantes y cuya sostenibilidad resulta inviable. Pero...

cieron los componentes de las «listas negras» en los Estados Unidos. En realidad, tanto Orwell como Camus fueron publicando sus artículos y sus obras, pudieron intervenir en debates, ambos fueron de los pocos que siguieron luchando por la República española en el exilio y a la que Franco trataba de «comunista». Camus recibió el Nobel, por lo demás coincidió con el PCF en lo referente a la resistencia argelina, aunque para Sontag la cuestión colonial no es digna de mención.

En realidad, el «consenso» de la segunda mitad de los años treinta y de los cuarenta, se fue descomponiendo. Sobre todo después de la revolución húngara de 1956 y del Informe de Kruschev en el XX Congreso del PCUS, detalles que demuestran que la brocha gorda que emplea Sontag carece de rigor. En cuando a los partidos comunistas, a pesar de su indudable carácter sectario, no es menos cierto que contribuyeron a la expansión del movimiento obrero y a la defensa de las libertades. En el caso del partido italiano se puede asegurar que permitió un ambiente interno mucho más abierto. Al mismo tiempo que la CIA movía todos los dispositivos golpistas para neutralizar su posible llegada al Gobierno. No fue otra cosa lo que hicieron en Indonesia en 1965 y en Chile en 1973... Todo estaba permitido contra el «comunismo».

Sontag reconoce que Serge nunca renunció

> «a la idea de un cambio radical en la sociedad a causa de las consecuencias totalitarias de la revolución rusa. Para Serge —hasta aquí coincide con Trotski—, la revolución fue traicionada. No sostiene que desde el comienzo se tratara de una ilusión trágica, de una catástrofe del pueblo ruso...».

De ahí su estupor:

> «¿Por qué siguió hasta el final identificándose con un revolucionario, vocación hoy día tan desprestigiada en el mundo próspero? ¿Será porque, de un modo inverosímil, persistió en albergar esperanzas... aún? Atrás queda —escribió en 1943 en *Memorias de mundos desaparecidos*— una revolución victoriosa desencaminada, diversos intentos de revoluciones abortadas y masacres tan abundantes que provocan un cierto vértigo. Y sin embargo Serge declara que aquellos fueron los únicos caminos posibles para nosotros. Y reitera: El porvenir se me presenta lleno de posibilidades más grandes que las que entrevimos en el pasado. Sin duda esto no podía ser cierto».

Lo cierto era que en la guerra entre los malos y los peores (Orwell *dixit*), ganaron los malos. Por lo tanto, apenas si quedó margen para los que seguían creyendo que la revolución era la solución, también en Moscú.

Serge no tenía la respuesta, pero parece que Sontag sí. Además la expone de manera concluyente. Aunque ella, con una biografía distinta a la de la mayoría, en el fondo, lo que nos cuenta cuando da un paso fuera del Serge personaje, no es muy diferente a la que escuchamos en las tribunas establecidas sobre las «ilusiones trágicas», «el pasado de una ilusión» de François Furet, al «no hay donde ir» de Ciorán y otros *finis terrae* del pensamiento neoliberal dominante.

Si hubiera que datar la historia de las «ilusiones trágicas» podríamos remontarnos al cristianismo primitivo, todavía tan presente. Su huella persiste bajo otros envoltorios en las «guerras campesinas» de los tiempos de Thomas Münzer, aunque de una manera más definida se vislumbra una potente corriente igualitaria en la revolución inglesa. Podíamos hablar de las «ilusiones trágicas» desde las primeras comunidades cristianas (estudiadas por Koestler en sus investigaciones sobre Espartaco), de los «jacobinos negros» liderados por el haitiano Toussaint-L'Ouverture, regresar a Bolívar y a Emiliano Zapata. Esto por no hablar al potente socialismo y anarquismo norteamericano representado por personajes como Eugene V. Debs, Mother Jones, John Reed, Carlo Tresca, el primer Max Eastman o Emma Goldman. ¿Qué fueron sino «ilusiones trágicas» las que movieron a Martín Luther King o a Malcom X?

Desde estos lares ¿cómo olvidar a la gente trabajadora, a los militantes y a los poetas de la república española del Frente Popular y todo lo demás? Un episodio sobre el que Víctor Serge abre todas las puertas, pero ante el que Sontag se queda en el umbral. Una república antifascista sobre la que Truman ya ofrecía el mismo veto, sobre todo desde el momento en que la influencia conservadora de Churchill se hizo sentir en la actitud norteamericana que asimiló el régimen de Franco como un mal menor. Una política que Foster Dulles aclaró muy bien a Indalecio Prieto cuando este le recordaba la vieja «amistad» de Rooselvelt con la República: los Estados Unidos no tenía amigos, tenía intereses. Se podría hablar de otras muchas «ilusiones trágicas» de la Guatemala de Jacobo Arbenz en 1954, del Chile de Pinochet en 1973, del «Pobre

México, tan lejos de Dios y tan cerca de los Estados Unidos» (Porfirio Díaz). Del Vietnam donde cayeron más bombas que en toda la Segunda Guerra Mundial, otro dato sobre el que la célebre escritora, aparentemente seducida por Francis Fukuyama, pasa de largo.

Serge era demasiado digno, tenía demasiada historia, demasiados compromisos con los de abajo para seguir la deriva del último Julián Gorkin,[29] principal representante del exilio republicano en la «guerra fría cultural» contra el «comunismo», avalador del imperio en todas sus aventuras, como la de Pinochet en 1973, primera piedra del edificio neoliberal. Ella había dado junto con toda la generación de conversos al neoliberalismo que, al final, acabaron proclamando la sentencia del infierno del Dante: *Lasciate ogni speranza, voi ch'entrate.* No había vida fuera del mercado, del imperio y de la gloria de la fama y el dinero de la que Susan Sontag gozó actuando como una hija díscola que con trabajos como este, regresaba al hogar, y por lo mismo, parece que el no arrepentimiento de Serge la molesta. Quizás debería de recordar que en esto no estaba solo. Que no fueron pocos los que nunca claudicaron, como Alfred Rosmer, George Novak, Juan Andrade... Ellos fueron los enlaces con nuevas generaciones en los sesenta-setenta en la que se alineó la indomable Susan Sontag y muchos de sus amigas y amigos que se atrevieron y desafiaron el poder. No llegó a apreciar la irrupción del «becariado», ni el surgimiento del *Ocuppy Wall Street* con su rechazo del 1% de potentados que mueven el mundo al margen de leyes y necesidades humanas. La ilusión por el «comunismo» quizás forme parte del pasado, pero la esperanza seguramente es hoy más necesaria que nunca.

Líneas más abajo Sontag ofrece otro interrogante: «¿Por qué, a pesar del cerco y la derrota, su obra literaria rehusó a llevar la esperada carga melancólica? Su carácter indomable no resulta tan atractivo para nosotros como el de una impresión más angustiada». En esta parte del retrato, Sontag distingue en Serge «una voz que evita los consabidos

---

29/ Personaje novelesco donde los haya, Gorkin acabó asumiendo todos y cada uno de los tramos de la política exterior norteamericana con la pretensión de «engañar» a los señores que dirigían el CLC. Su historial de genuflexiones aparece detallado en el estudio de Olga Gondys, *La guerra fría cultural y el exilio republicano español*, Madrid: Consejo Superior de Investigaciones Científicas, 2012. También puede encontrarse más información en mis *Retratos poumistas*, Sevilla: Ed. Renacimiento, 2006.

tonos de la desesperación, el arrepentimiento o la perplejidad —tonos literarios, como suele entenderlos la gente—», y percibe su situación derrotada: «...en 1947 intentaba con desesperación salir de México, donde le estaba prohibida toda actividad política por las condiciones de su visado», no podía marchar a los EE.UU. por su pasado comunista, sin embargo olvida en registrar que habría sido distinto para un «arrepentido», tampoco pudo regresar a Francia a pesar de lo dicho por Malraux que no levantó un dedo por él. Serge —aprecia Susan— era

> «incapaz de no sentirse interesado, estimulado, donde quiera que estuviese, creció su fascinación hacia lo que observaba de las culturas indígenas y el paisaje en diversos viajes por el país, y había comenzado un libro sobre México. El final fue lamentable...».

Lo contó Julián Gorkin: su imagen era la de un verdadero miserable. Su muerte tuvo un punto extraño, y no han faltado hipótesis sobre su similitud con el de Tina Modotti, detrás del cual se ve la larga mano del estalinismo. En los años cuarenta, no necesitaba liquidar a un opositor aislado. No hacía falta. Por entonces Diego Rivera y Frida Kahlo se habían cambiado de partido, y creían que la causa de la URSS era la causa de la humanidad, pero esto no disminuye su valor, ni la importancia de su papel en los años treinta. Diego siempre tuvo razón contra la maldición de los Rockefeller.

La admirada autora de *La enfermedad y sus metáforas* no se equivoca al decir

> «nada hubo, nunca, de triunfal en su vida, en la del eterno estudiante menesteroso y en la del militante en fuga, salvo que se exceptúe el triunfo de su inmenso talento y aplicación de escritor; el triunfo de sus convicciones firmes y su astucia, y por ello su incapacidad para estar en compañía de los fieles, los crédulos cobardes y los meramente ilusionados; el triunfo de la incorruptibilidad así como de la valentía, y por ende el de un sendero solitario y distinto al de los mentirosos, los aduladores y los arribistas; el triunfo, a mediados de los años veinte, de haber tenido razón».

Y cierra el interrogante con estas palabras:

> «Porque tuvo razón se le ha castigado como narrador. La verdad de la historia deja fuera la verdad de la narrativa, como si estuviésemos obligados a elegir».

Estas aún le dan pie para otra pregunta: «¿Será porque su vida estuvo tan saturada del drama histórico que ensombreció su obra?». Esta pregunta se refiere a su «vida tumultuosa, repleta de peligros, insobornable (...) los libros de Serge son mejores, más sabios y más importantes que la persona que los escribió. La creencia contraria desdeña a Serge y las preguntas fundamentales —¿Cómo debemos vivir? ¿Qué sentido puedo darle a mi vida? ¿Cómo se puede mejorar la de los oprimidos?— que honró con su lucidez, su rectitud, su valor, sus derrotas», un reconocimiento que lleva a pensar en una subyacente tentativa de adopción como si pretendiera al mismo tiempo colocarse en el otro lado, y revestirse de la categoría ética de Serge.

El comentario avisa que los lectores del *siglo americano*

> «tienen que situarse en una época en la cual la mayor parte de la gente aceptaba que el curso de sus vidas estaba determinado por la historia más que por la psicología, por las crisis públicas más que por las privadas. Fue la historia, un momento histórico determinado», y a continuación nos devuelve al principio del ovillo individual. A la Rusia zarista: al tiempo en el que la «revolución estaba en el centro mismo de la cultura del exilio socialista en cuyo seno había nacido Serge: la esperanza quintaesenciada, la intensidad quintaesenciada (...) La revolución implicaba peligro, riesgo de muerte, prisión probable. La revolución implicaba sufrimientos, privaciones y hambre. "Me parece que si, cuando tenía doce años, me hubieran preguntado: ¿qué es la vida? (y yo me lo preguntaba a menudo), habría contestado: no sé, pero veo que quiere decir *pensarás, lucharás, tendrás hambre.*"».

«Y así fue», añade en un análisis en el que no hay más horizonte que el personal.

Susan Sontag salta literalmente de ciclo histórico, deja atrás los tiempos de las internacionales obreras, de la «Gran Guerra» (1914-1918) que marca el inicio de un episodio en el que Serge complementó la opción que siguió alumbrando sus días hasta el final. Entre dos guerras se vive un período de crisis y revoluciones, con la derrota del III Reich se abre otro capítulo. El *siglo soviético* en manos del estalinismo —o sea, la revolución a pesar de su mayor distorsión— pasa del apogeo de la segunda mitad de los treinta, los cuarenta hasta sus sucesivas crisis y a la *debâcle* final del «socialismo real», patéticamente, sin una resistencia digna de mención.[30]

30/ Al principio de la obra citada, Moshe Lewin se cuestiona los juicios sumarios

El siglo americano se impone. En primer lugar gracias a su enorme potencial económico (representa casi el 50% del PIB mundial), pero también gracias a las reformas derivadas al miedo a la revolución, el principal factor causante de las mejoras sociales que representaba el «Welfare State».[31] Gracias al bloqueo estalinista, la revolución, después de los años treinta, abandona las metrópolis para orientarse hacia la periferia. Es cuando emerge el «tercermundismo», otra realidad que vive una fase de impulso arrollador hasta que se queda a mitad de camino en Sudáfrica y se agota en la Nicaragua asediada por el «Imperio del Bien». Desde los ochenta se impone una nueva fase histórica, una larga coyuntura reaccionaria. Se pasa del nosotros al yo, de la solidaridad al individualismo, del idealismo al consumismo. Los intelectuales comprometidos a lo Sartre son sustituidos por un *star system* cultural que cuenta con unos medios en los que todo está permitido menos la crítica social organizada. En este paisaje de derrotas surge una nueva hornada de «arrepentidos», viejos insumisos que cambian Marx por Milton Friedman.

---

sobre la URSS, «un sistema del que sabemos muy poco». A la hora de hablar de períodos anteriores (incluidos los años de Stalin), «se ha esfumado ya el halo de secretismo que caracterizó el sistema soviético y podemos hoy estudiarlos de un modo sistemático, como de hecho ya se está haciendo. Tiempo atrás, la imposibilidad de acceder a los archivos y a otras fuentes de información indispensables convertían el estudio de la historia soviética en una empresa sumamente frustrante y ardua, y dar con el menor dato que contuviera un indicador útil o toparse con una publicación soviética bien documentada era todo un logro». Por lo mismo se refiere a un «grupo de expertos que ha estudiado el trabajo de los servicios de inteligencia de EE.UU. sostiene que una organización como la CIA, así como los círculos de poder subordinados a ella, no acertaron en la evaluación de los puntos fuertes y débiles de la URSS: no tenían la menor idea de hacia dónde se dirigía el país» (obra citada, pp, 9-12). Pero parece que para Sontag la victoria es ya de por sí suficiente.

31/   La «cuestión social» ha vuelto a reflotar en los EE.UU. a través de algunas de sus manifestaciones clásicas. En los años sesenta se efectuaron algunas encuestas que dejaron constancia del sentir «social» entre la gente, que mayoritariamente abogaba por más igualitarismo. En otra en la que se preguntaba a la gente de la calle sobre a quienes creían que pertenecían ciertas frases «socialistas», y respondían que eran frases «comunistas» cuando en realidad pertenecían a figuras de la historia nacional como Jefferson o Lincoln. Aparte de la barbarie ecológica, el neoliberalismo está abriendo la brecha social también en el Imperio, creando las condiciones para un replanteamiento de muchas cosas. Entre ellas, de la historia.

Sontag sugiere que quizás de haber vivido, Serge habría acabado diciendo lo mismo que ella, pero esta es más que una hipótesis un deseo propio de la autora. Sin embargo, no hay ningún motivo para creer que Serge hubiera aceptado las 30 monedas. Nunca se cambió de chaqueta se sintiera como un tránsfuga tal como lo vieron sus antiguos camaradas anarquistas o incluso el propio Trotski, atribuyéndole un «retroceso» a un anarquismo que, a lo que a él respectaba, veía enteramente superado. Quizás lo estuviera en el sentido de querer «saltar» por encima del período de transición —un «salto» que la CNT estuvo lejos de siquiera acariciar—, pero no en el sentido de rectificación democrática radical de la tradición marxista. No es por casualidad que se ha hablado de un esbozo de «leninismo libertario» en el caso de Serge.

Parece que Sontag admira a Serge en el que en realidad no cree. Este, aun variando en su apuesta organizativa, siempre se mantuvo en los principios primordiales del servicio a un ideal revolucionario, que fue del populismo en la línea de Pietr Lavroff (por cierto, un camino que recorrió el primer Trotski), socialista juvenil de izquierda a lo Karl Liebknecht (o Tomás Meabe), se hizo anarquista leyendo al Kropotkin de *Carta a los jóvenes* que todavía brilla. Asistió al «nacimiento de nuestra fuerza» o sea al fascinante espectáculo de las masas conscientes organizadas, algo que Sontag quizás no haya podido ver en su vida. El 8 de marzo (según el viejo calendario ruso) de 1917 sintió la llamada de la revolución rusa y los bolcheviques no le preguntaron qué carné tenía. Lo canjearon diversos «contras» y por Bruce Lockart, el que según Robert Service habían tratado de asesinar a Lenin. Desde entonces fue comunista al servicio del partido mundial y siguió defendiendo lo mismo con la Oposición, discrepó con Trotski para afiliarse con entusiasmo al POUM y trabajar con sus amigos, la mayor parte de ellos comunistas de primera hora. En México enfatizó su dimensión humanista, incluso se puede hablar de una tentación socialdemócrata... Pero en lo que respecta a sus posicionamientos, ahí está su obra final, especialmente sus memorias.

En la parte final del texto Susan Sontag deja de lado las interpretaciones políticas para ceñirse a la novela. Aquí se trata en nuestro caso en leer respetuosamente y en lo posible, tomar buena nota.

Sontag ve que la «narrativa, para Serge, es la verdad, la verdad de la trascendencia propia, la obligación de dar voz a los enmudecidos o a los silenciados». Aprecia que Serge no es uno de esos escritores individualistas «que solo buscan su propia afirmación y son incapaces de ver el mundo excepto a través de sí mismos». Desde su prisma

> «relataba el heroísmo y la injusticia en la primera mitad del siglo xx europeo y pudo haber comenzado con una novela situada en los círculos anarquistas franceses justo antes de 1914 (sobre lo que en efecto escribió unas memorias, confiscadas por la GPU). En las novelas que Serge pudo concluir, el período cubierto es el que va de la Primera a la Segunda Guerra Mundial: es decir, de *Los hombres en la cárcel,* escrita en Leningrado a finales de los años veinte y publicada en París en 1930, a *Los años sin perdón,* su última novela, escrita en México en 1946 y no publicada hasta 1971 en París».

Se trataba de un proyecto muy amplio del que

> «solo quedan fragmentos. Pero si Serge no se entregó tenazmente a la crónica, como la sucesión de novelas de Solzhenitsyn sobre la época de Lenin, no se debe meramente a que le faltara tiempo para concluir la serie, sino a que estaba en ciernes otra idea de la novela que de algún modo subvertía la primera».

Son obras inmersas en grandes movimientos sociales, de miles y miles de obreros y campesinos de los que ofrece una «crónica en varios volúmenes», después de los cuales escribe

> «la novela como secuela, no era el mejor medio para el desarrollo de Serge en cuanto escritor literario, pero siguió siendo una suerte de posición por defecto desde la cual, siempre trabajando bajo el acoso y el apremio financiero, podía generar nuevas tareas narrativas».

Sus influencias y afinidades son variadas, Sontag se refiere a «los grandes modernistas de los años veinte, como Pilniak, Zamiatin, Sergei Esenin, Maiakovski, Pasternak, Danil Charms (su cuñado) y Mandelstam, en lugar de con los realistas como Gorki, emparentado por el lado materno, y Alexei Tolstoi. Pero en 1928, cuando Serge comenzó a escribir narrativa, la nueva era milagrosa prácticamente había acabado, destruida por los censores, y pronto los propios escritores, en su mayoría, fueron detenidos y asesinados o se suicidaron», a las que añade

«*Petersburgo* de Biely y por *Manhattan Transfer* (cita a Dos Passos como influencia), y quizás por *Ulises*, un libro que admiraba mucho». Todo para evocar un abismo sobre el que Serge trataba de ofrecer una reconstrucción pero también un cierto análisis.

Sontang explica que *El caso Tuláyev* relata varias tramas, «despliega un conjunto de historias, de destinos, en un mundo densamente poblado». Se «retratan vidas enteras, cada una de las cuales podría constituir otra novela. El relato de la detención de Makeyev, astutamente orquestada mientras asiste a la ópera (al final del capítulo cuatro), es en sí mismo un cuento digno de Chejov. Y el drama de Makeyev, su historial, su ascenso al poder (es el gobernador de Kurgansk), su detención repentina cuando visita Moscú, su reclusión, interrogatorio, confesión...». Serge no confunde la crónica y la novela, pero en opinión de Susan: «La verdad que crea el novelista no puede confundirse, de ningún modo, con la verdad del historiador o del cronista». A su manera de ver: «Serge no solo destaca que la verdad del novelista difiere de la del historiador. Defiende, aquí de modo implícito, la supremacía de la verdad novelística...».

Lamenta que la novela «no ha gozado ni siquiera de un poco de la fama de *Oscuridad al mediodía (El cero y el infinito)* (1940) de Koestler, una novela que trata ostensiblemente el mismo tema, y que asevera lo contrario en cuanto a la correspondencia de la narrativa con la realidad histórica». Igualmente considera que se trata de «una novela mucho menos convencional que *Oscuridad al mediodía y 1984,* cuyos retratos del totalitarismo han demostrado su carácter inolvidable: quizás porque esas novelas cuentan con un solo protagonista y relatan una sola historia. No hace falta pensar en la naturaleza heroica del Rubashov de Koestler o del Winston Smith de Orwell; el hecho mismo de que ambas novelas sigan a los protagonistas de principio a fin obliga al lector a identificarse con la víctima arquetípica de la tiranía totalitaria...». En no poca medida, la opción personal determina enfoques diferenciados, lo que en el caso de Koestler convida a descontextualizar procesos históricos sobre los que se está distanciando, en nuestra opinión, confundiendo el niño con toda el agua sucia, que era mucha.

Sontag regresa al punto del anarquismo porque cree que «asesinar a un tirano es una hazaña que acaso evoca el pasado anarquista de Serge, y Trotski no se equivocaba del todo cuando acusó a Serge de ser más anarquista que marxista», otra pincelada sobre la que tampoco ofrece datos. En realidad es que después del abismo que había presenciado, Serge se abrió a todas las consideraciones del socialismo desde la anarquista hasta la humanista aunque no lo es menos que en ningún momento pretendió ofrecer una opción diferenciada. Sontag simplemente lo percibe en la «experiencia se manifiesta con más penetración en *Ciudad ganada* y sus pasajes de matanzas orgiásticas por obligación, por necesidad política, si bien la muerte preside todas sus novelas», sin embargo esta misma percepción la podemos encontrar por ejemplo en Isaak Babel *(Caballería roja).* No es un hecho menor que la literatura revolucionaria de los años veinte no escondió para nada los desastres y los horrores de la guerra, incluyendo los perpetrados en nombre de una revolución que no tenía tiempo de escoger sus representantes.

En unas líneas se refiere a la «revelación de *cómo* —es decir, mediante qué argumentos en lugar de la tortura física— se pudo inducir a Zinóviev, Kámenev, Rádek, Bujarin y los otros dirigentes que pertenecían a la élite bolchevique a confesar los absurdos cargos de traición presentados en su contra» es la historia de la célebre obra de Koestler que hasta fue trasladada a escena en Broadway. Actualmente se sabe que Stalin no se detenía ante los métodos que podían ser peores que la tortura, por ejemplo secuestrando a los seres queridos, como se sabe de casos, como el de Smilga, por citar un ejemplo. Pero también está el final de época, a los viejos bolcheviques se les había caído la historia encima. Hicieron con ellos lo que trataron de hacer con Andreu Nin.

El «equipo» que lo «trató» probó las maneras de poder aniquilar sus defensas. Que su sufrimiento fuese el «apropiado» para aparecer en escena confesando «absurdos cargos de traición», proclamando que era el jefe de la Quinta Columna, pero no lo consiguieron. A ello no fue ajeno el hecho de que Nin estaba en otro momento que sus antiguos camaradas. Todavía había una revolución, tenía un partido que no se había doblegado, estaban inmersos en un movimiento que se sentía fuera de las cuatro paredes de la mazmorra, por encima de aquellos sicarios que se decían «comunistas». No pudieron con él y por eso lo tuvieron que «desaparecer».

El caso Tuláyev había conocido una edición anterior en 1954 en la editorial Luis de Caralt, reconocida por el falangismo de su dueño y sus ediciones plurales en la que no faltaban jerarcas nazis.[32] Con tales antecedentes no era de extrañar que algunos jóvenes disidentes con el comunismo observaran la edición con desconfianza, por lo demás no había donde informarse y los veteranos republicanos contaban historias muy distintas. Por aquel entonces, de no haber sido por la revolución húngara de 1956, entre los airados contra el franquismo, *todos nos habríamos hecho comunistas,* tal como comentó con mucho acierto Pascual Maragall.

Por este tiempo, el PCE (PSUC en Cataluña), era el único que habría logrado superar la prueba de «la clandestinidad» contra el franquismo. Al contrario que las demás formaciones obreristas, habían soportado las tres pruebas básicas de la resistencia: la de una represión despiadada en la que la militancia se «jugara la vida y la libertad» en ello; la de las divisiones internas que en el caso de la CNT resultó especialmente doloroso, por no decir devastador; pero sobre todo el de la conexión con las nuevas realidades, con las generaciones emergentes. Conectaron con las universidades, con los católicos que se cuestionaban la Iglesia oficial, con los trabajadores e intelectuales... El imaginario de la nueva resistencia veía a los comunistas como los numantinos de la República, a los mismos que en Francia e Italia habían tenido el mayor protagonismo en los maquis, la URSS había apoyado a la República mientras que el «mundo libre» mostraba su total falta de escrúpulos. A una segunda potencia que en 1917 era «el culo del mundo».

Es evidente que bajo el franquismo se congelaron algunas de las crisis que sacudieron el comunismo —oficial— comenzando por el pacto germano-soviético, y siguiendo con todo lo demás. No fue hasta que las tropas del Pacto de Varsovia deshicieron la «primavera de Praga», que las crisis comenzaron a sumarse. El capitalismo era un sistema capaz de cualquier cosa, de financiar la «Cruzada» franquista, de costear el irresistible ascenso del nazismo y no había que olvidarlo: la «democracia burguesa» había sido lograda por las masas trabajadoras a pesar de que la

---

32/ / La editorial Luis de Caralt se convirtió más tarde en Noguer. Su creador fue un representante de Vichy catalán y su fondo contiene el mayor número de testimonios nazis y afines (las memoria de León Degrelle, por ejemplo), del fascismo italiano, aunque también grandes nombres de la literatura norteamericana. Caralt publicó la primera edición de la obra de Valtin, luego rescatada por Seix Barral y más tarde por el Círculo de Lectores.

burguesía —esa enfermedad que decía Pasolini—, se hubiera apropiado de ella. Para los conspiradores más firmes, solo el comunismo podría conducir a los pueblos, tras derrotar a sus enemigos, hacia un horizonte verdaderamente humano en el sentido que le daba César Vallejo, otro poeta comunista, posiblemente el mejor. En buena parte del mundo, el «socialismo» se había extendido logrando cuanto menos salir de la miseria extrema al que les condenaba el colonialismo, al que Hannah Arendt consideraba algo así como «la madre de todos los totalitarismos», aunque esta parte de su obra sobre los orígenes del totalitarismo normalmente es sustraída.

La revolución se había desviado hacia la China, y la seguía manteniendo el pueblo del Vietnam. Un pueblo que soñaba, como escribía el general Giap, con un desarrollo como el de la URSS que le permitiera escapar de tanta opresión.

Parecía que las crisis del comunismo oficial eran las propias del crecimiento, eran desbordamientos por la izquierda del único partido de masas existente en el Estado español a pesar de toda la maquinaria fáctica franquista. No obstante, la mayor parte de las rupturas en el PCE-PSUC que se dieron en los sesenta, se orientaron hacia el maoísmo que, de alguna manera, representaba a los ojos de sus defensores una doble rectificación: de un lado trataba de recuperar el pasado estaliniano idealizado, de otro se refería a la «revolución cultural» como una demostración de superación de las contradicciones presentes. Fragmentado en diversas facciones «auténticas», el marxismo-leninismo-pensamiento Mao Tse-Tung consiguió representar la corriente más potente de la izquierda radical hasta que acabó descomponiéndose por sus propias contradicciones internas, así por la caída de la «Banda de los Cuatro», de los herederos de Mao. Buena parte de sus cuadros evolucionaron hacia la socialdemocracia *light,* y raramente se acercaron a la tradición amplia representada por Víctor Serge.

Pero hubo otra corriente heterodoxa amplia, mucho más abierta intelectualmente. Más dada a combinar la acción con la reflexión y el debate, que aprendió que se podía criticar el estalinismo en nombre de los ideales del socialismo, del comunismo, desde todas las tradiciones obreristas incluida la de origen católico en la que se daban cita viejas amistades de Serge como Simone Weil y Emmanuel Mournier. En esta variante, la obra de Víctor Serge fue leída junto con otros muchos otros libros que los estrategas de la «guerra cultural» del llamado «mundo libre» habían aprendido a utilizar contra el «comunismo», de luchar contra este desde la izquierda, la posibilista o la testimonial, como fueron los casos de la obra citada Serge o de la biografía de Stalin que Trotski dejó incompleta, y que se editó en España en 1950. Hasta el franquismo no dudó en adoptar la táctica de favorecer a la oposición posibilista —los del «Contubernio de Munich»—, contra los comunistas, que eran los que están reconstruyendo los movimientos desde abajo.

El denominar a todos los críticos del estalinismo «anticomunistas», es una manifestación más de esta táctica o maniobra intelectual. Una manifestación muy clara del neolenguaje del que hablaba Orwell. En este sentido podemos interpretar una obra reciente, *The Anti-communist manifestos* (Norton), del profesor John V. Fleming. Los títulos acogidos son *El cero y el infinito* (Arthur Koestler, 1941); *La noche quedó atrás* (Jean Valtin, seudónimo de Richard Krebs, 1941); *Yo escogí la libertad* (Víctor Kravchenko, 1946), y finalmente *El testigo* (Whittaker Chambers, 1952);[33] son obras de rupturas con «el Partido» y con la URSS, la justificación de un alto funcionario soviético en el caso de Kravchenko. O sea, testimonios de militantes que «lo dieron todo» y que fueron traicionados por el estalinismo, más el de un funcionario de un Estado en el que los escritos de Marx o Lenin tienen tanto que ver como el Evangelio con la Inquisición. Ninguno de ellos pretende desmentir los trazos maestros de la obra de Marx y Engels, que ha vuelto a ser reeditada y releída bajo las perspectivas que exigen los nuevos tiempos.

Se trata de una nueva tentativa a la manera de *The god that failed* (1949), obra en la que participan además Koestler, Silone, Stephen Spender, André Gide, Louis Fischer y Frank Borkenau. Siete biografías que no se cuestionan la revolución, se refieren a los primeros tiempos

---

33/ El testimonio de Kravachenko que fue vertido al castellano por NOS Editorial en traducción directa del ruso por M.B. No registra fecha y aparece presentada como «Vida íntima y política de un alto funcionario soviético fugado en la Embajada de la URSSS en Washington». En España no alcanzó la misma resonancia que en Francia, incluso fue llamada con ironía *Yo encogí la libertad.* Whittaker Chambers era un antiguo militante comunista norteamericano que espiaba para la URSS hasta que se arrepintió.

como algo muy distinto a lo que llegarían a ser los años de los «procesos de Moscú», algunos renegaron de su pasado (Koestler, Borkenau), otros siguieron su camino propio, Spender (cuyo testimonio aborda la Barcelona de 1937 a la manera de Orwell) tras los pasos de Bertrand Russell, Gide se mantuvo lejos del mundanal ruido, Louis Fischer se convirtió en un propagandista de Gandhi. En el mejor de los casos —desde el punto de vista de los vencedores—, lo que hay es un reconocimiento de que los EE.UU. son preferibles, como si se tratara de una competición entre dos escuelas que prueban sistemas distintos y no de historias y condiciones socioeconómicas radicalmente diferentes.

Hay una trampa sucia en todo esto. Mientras que nadie dotado de un mínimo rigor intelectual confunde la parte con el todo en cualquiera de los grandes temas de la historia (los imperios, las religiones, las grandes ideas), mientras que solamente sectarios incurables se atreverían a amalgamar el cristianismo rectamente entendido con las manifestaciones más infames de la Iglesia, con el «comunismo» esto no solamente está permitido. Es que incluso se pretende que es la única lectura posible. Se trata de aplastar cualquiera otra opinión. Dejar desamparado al que discrepa, una sensación que me recuerda una anécdota paterna. Soldado del ejército franquista muy a su pesar, si algo tuvo mi padre claro en las ideas fue siempre una vehemencia pacifista. Comenzó despreciando la campaña de la primera guerra del Golfo hasta que un día se presentó en casa echando pestes contra Sadam Hussein, comparándolo con Hitler y Franco. A la pregunta sobre cómo era posible, la respuesta era que si todo el mundo lo decía, tanta gente, tantos diarios, no se podían equivocar.

Pero se equivocaban, sobre todo los que sabían que eso era mentira (además, gente que jamás habría admitido que se bombardeara España porque la lideraba Franco con el que, por cierto, tenían muy buenas relaciones), tampoco la Alemania de 1933...

HUELLAS DE UN SOCIALISTA LIBERTARIO EN NUESTRA CULTURA
VÍCTOR SERGE EN LA ARGENTINA

Horacio Tarcus

En las primeras tres décadas del siglo xx, buena parte de nuestra cultura de izquierdas se nutrió de las ediciones de la izquierda española. El movimiento es claro hasta fines de la guerra civil, cuando la dirección se invierte y, durante los años del franquismo, toma el relevo América Latina (no sin el concurso de los editores españoles, muchos de los cuales continúan su labor en México, Santiago de Chile o Buenos Aires). La recepción de la obra de Víctor Serge no es la excepción: provino inicialmente de España, donde prestigiosas editoriales de pensamiento izquierdista, como Zeus, Cenit o Ulises, publicaban sus novelas y ensayos, que luego tenían amplia difusión en las librerías de Buenos Aires.

Es que Serge, además, era una figura conocida en ciertos círculos izquierdistas hispanos, pues había vivido en Barcelona en 1917 y en el periódico anarquista *Tierra y Libertad* había estrenado, nada menos, que su seudónimo de «Víctor Serge». Entonces participó, junto a Salvador Seguí, en las jornadas revolucionarias de la Barcelona de agosto de ese año, cuya épica revivió en su novela *El nacimiento de nuestra fuerza*.

En la década de los veinte se halla difundido en lengua española el novelista y el analista de la Rusia de los Soviets, pero en 1930 España —y por su intermedio América Latina— toma conocimiento, por una vía indirecta, del Serge oposicionista. Es que en ese año Editorial Cenit publica *Rusia al desnudo,* del entonces celebrado escritor rumano Panaït Istrati (1884-1935). Era una personalidad romántica, escritor nato, vagabundo autodidacta, que Romain Rolland había estimulado para que se lanzase como escribitor. El «Gorki balcánico», como se lo apodó en seguida, publicó su primera novela, *Kira Kyralina,* en 1923, que le dio fama mundial. Istrati, el marginal, es traducido de pronto a veinte idiomas, y accede súbitamente al reconocimiento internacional.

El asunto es que Istrati, un rebelde temperamental, que podría haber sido un visitante ilustre en la URSS, llegó al país de los soviets en compañía de su amigo, el oposicionista búlgaro Christian Rakovsky. Una vez en Moscú, en 1928, traba nueva amistad con otro oposicionista, Víctor Serge, y utiliza todo su prestigio para sacarlo de prisión, donde había ido a parar entonces a raíz del «asunto Rusákov». De regreso después de un año y medio, escribe su testimonio, nada complaciente —*Vers l'autre flamme,* traducido por Cenit como *Rusia al desnudo*—, donde no solo relata el clima de creciente persecución contra Trotski, Serge y los oposicionitas, sino que incluye un lúcido análisis de la realidad soviética redactado por el propio Serge. Istrati lo da a entender en la advertencia, pero no puede revelar el nombre de su amigo para no comprometerlo definitivamente: «Los tres libros que publico bajo este título... han sido escritos en colaboración... Si los publico únicamente con mi nombre es, en primer lugar, solo temporalmente, y también porque los firmo con ambas manos, no para apropiarme de sus ideas, sino para asegurar su difusión» (p. 13). Lamentablemente, Istrati no llegó a reeditar el libro con el nombre de su amigo: este salió en libertad de la URSS recién en 1936 e Istrati, solo, decepcionado, se había suicidado un año antes.[1] Serge le dedicará una página emotiva en sus *Memorias*: «Murió pobre, abandonado y completamente desorientado en Rumania. Si sobrevivo en es parte gracias a él» (p. 318, ed. mexicana).

Mateando en Leningrado

El 13 de junio de 1931 el escritor Elías Castelnuovo zarpaba en el buque *Monte Olivia* rumbo a Hamburgo. En la dársena norte del puerto de Buenos Aires lo despedían la escritora anarquista Herminia Brumana, el intelectual comunista Aníbal Ponce, y su amigo, el escritor Roberto Arlt. Después de recorrer diversos países de Europa Occidental y Oriental, a fines de ese año, el mentor del grupo de Boedo llegó a Leningrado,

---

1/ La autoría de Serge es confirmada en una carta de Istrati a Adrien de Jong del 31 de julio de 1929, en *Cahiers des amis de Panaït Istrati*, n.º 4, décembre, 1976, p. 21.

donde entre otras figuras intelectuales le fue presentado Víctor Serge. Todo parecía indicar que los dos hombres iban a entenderse y no solo por el castellano perfecto que hablaba Serge. Fundamentalmente, ambos pertenecían a la misma generación (Serge era de 1890, Castelnuovo de 1893), eran escritores «realistas», tenían pasado anarquista y con la revolución rusa se habían acercado al comunismo. Sin embargo, a su regreso de la URSS, Castelnuovo publicó sus impresiones de viaje en dos volúmenes aparecidos sucesivamente —*Yo ví... en Rusia,* Buenos Aires: Actualidad, 1932 y *Rusia Soviética (Apuntes de un viajero),* Buenos Aires: Rañó, 1933—, pero en ellos no hay referencia a encuentros con Serge.

Originariamente anarquista, Castelnuovo formó parte de los escritores que se sintieron atraídos por la experiencia soviética y se había acercado por entonces al comunismo argentino. Sus libros de viaje, no carentes de interés histórico, no complacieron a los comunistas argentinos, a pesar de los esfuerzos del autor por presentar épicamente la construcción del socialismo en la URSS sin mayores conflictos internos ni costos sociales. Antiintelectualista y populista consecuente, de toda la vida, los *verdaderos enemigos* de la experiencia soviética son, para Castelnuovo, los intelectuales que quieren juzgarla según sus cánones ideales. Tal el caso de Panaït Istrati, cuya obra literaria realista admira, pero cuya «crítica furibunda y despiadada al ideario bolchevique» le parece producto de un «cretinismo intelectual». Pero, como decíamos, a lo largo de los dos volúmenes, no hay referencias al amigo de Istrati, Víctor Serge, y apenas dos o tres a Trotski y la Oposición de Izquierdas, en general indirectas, negativas y puestas en boca de terceros.

Castelnuovo nunca se desengañó totalmente de la URSS —murió en 1982, desestimando a los críticos del régimen soviético e imputando sus problemas a los límites humanos—,[2] pero al admitir décadas después al menos *problemas* en la *construcción del socialismo,* se abría la posibilidad de rescatar del olvido sus encuentros con el disidente Víctor

---

2/   «Yo creo que los hoy critican a la Unión Soviética y a los países comunistas es porque tienen una idea utópica del socialismo, puramente doctrinaria. Creo que en la actualidad el hombre no da más que para eso. Por más que se tome el poder, no puede cambiarse al hombre», en «Elías Castelnuovo. Un hombre llamado historia», en *Kosmos,* n.º 12, marzo-abril, 1982.

Serge entre fines de 1931 y principios de 1932. Así, accedió en 1954, a pedido de Jorge Eneas Spilimbergo, a redactar un testimonio de aquellos encuentros como prólogo a la edición argentina de *Vida y muerte de Trotski* (Buenos Aires: Indoamérica, 1954). Escribe allí esta semblanza de Víctor Serge, un Serge que por momentos parece una proyección del propio Castelnuovo (esto es, según se veía a sí mismo el autor de *Tinieblas,* o cómo hubiese querido que trazaran su propio perfil):

«Lo conocí en Rusia a fines del año 1931. Residía entonces en la ciudad de Leningrado y se hallaba aún, aparentemente, en buenas relaciones con el partido (sic). Ocupaba un cargo importante en el VOKS y presidía, además, la Sociedad de Hispanistas, agrupación de intelectuales integrada por setenta rusos que hablaban todos perfectamente el castellano. Estaba casado con una francesa y durante las tertulias que tenían lugar en su domicilio, cambiaba de idioma a cada rato. Tan pronto hablaba en francés, tan pronto en ruso, tan pronto en español. Su agilidad mental, sin embargo, no se reducía al simple conjede instrumento verbal. Abarcaba toda la instrumentación de su intelecto.

»Era de estatura normal, recio, no obstante, y corpulento. A pesar de todas las calamidades y contratiempos que había pasado a lo largo de su existencia —miseria, prisiones, destierro— conservaba una salud espléndida. Parecía un luchador romano. Se acostaba tarde y se levantaba temprano sin dar nunca señales de cansancio. A cualquier hora que se lo visitase, por tanto, se encontraba siempre despierto. Trabajaba con ahínco. Sistemáticamente. Había sido linotipista y observaba la disciplina que adquiere el obrero sujeto a la obligación sistemática del trabajo. También a cualquier hora que se lo frecuentase, se lo encontraba siempre trabajando. Pero como le interesaba más la vida que los letras, su producción literaria resultó, al cabo, un pálido reflejo de lo que fue su actividad personal.

»No pensaba para seguir pensando y hacer un oficio del pensar. Pensaba para poner en práctica su pensamiento. Como Miguel Bakunin, con quien, por su físico y por su temporamento, guardaba una pronunciada semejanza, allí donde estallaba una revolución, tal cual ocurrió en Rusia en octubre de 1917, fusil al hombro, se hacía presente. No se perdió ningún movimiento de esa naturaleza. Con todo, no era un revolucionario profesional. Era, más bien, un revolucionario juramentado, de nacimiento, que no es lo mismo. Desde muy joven le había declarado la guerra al mundo capitalista, y en esa postura estaba de manera permanente. Se dijera que vivía para eso exclusivamente.

»Sus ideas estéticas eran la prolongación de sus ideas políticas. Más que escribir, sin embargo, le gustaba actuar. Padecía la fiebre de la militancia. Se consideraba secundariamente literato, aunque lo era primordialmente. Estaba convencido de que su fervor artístico procedía de su fervor revolucionario y no concebía que se pudiese agarrar la pluma, en los tiempos que corrían, para agradar o entretener al público, eludiendo el enfoque del problema social. Aborrecía profundamente a los escribas que tomaban posiciones abstractas o metafísicas y oficiaban concretamente de consoladores de la burguesía.

»A veces venía a tomar mate conmigo a Dom Uchoney,[3] en cuyo piso superior me alojaba, un edificio antiguo situado junto al Neva y frente a la fortaleza de San Pedro y San Pablo. Yo me había llevado allí un cilindro de yerba, conocida allí por *paraguaysky chay,* té del Paraguay, y a cada hispanista que me visitaba lo recibía como si hubiese estado en la República Argentina. Esto es: encendía el calentador y le cebaba mate. Confieso que experimenté más de un fracaso en este sentido. A pesar de la curiosidad de que mostraban todos por conocer "eso" que únicamente conocían a través de las novelas de Eduardo Gutiérrez o de Benito Lynch, algunos no bien chupaban un poco de la bombilla y le sentían instantáneamente el gusto al yuyo paraguayo, se ponían colorados de golpe y escupían violentamente el líquido contra el piso como si hubieran ingerido veneno. Otros, más precavidos, succionaban con cautela, mas en cuanto tragaban un poco, estiraban el pescuezo y se quedaban duros. Para disimular su impresión, estos, en vez de ponerse colorados, se ponían amarillos. Víctor Serge, por el contrario, se había aficionado al mate en España y se prendía al cimarrón exactamente igual que un criollo.

»En nada, por otro lado, se diferenciaba de nosotros. Pronunciaba, incluso, la lengua de la Real Academia Española, como se pronuncia en esta república, y debido a que conocía la jerga de las cárceles, solía matizar su discurso con expresiones como "tirar la manga" o "meter la mula". A despecho de su origen eslavo, tenía características típicamente latinas. Era de una fogosidad tropical, por ejemplo. Se arrebataba fácilmente y transformaba cualquier conservación amable y apacible en una discusión seria y acalorada. Ni sentado sobre una silla o una butaca. Ni siquiera parado. Caminaba de aquí para allá, mientras discurría, apurando el paso a medida que se agitaba. Su vitalidad desbordante, no resistía las cuatro paredes de ninguna habitación. Al final, me desafiaba a salir a la calle para continuar allí con el intercambio. Me costaba luego seguir su tranco, porque aunque caminábamos sin ningún propósito, él lo hacía apresuradamente como si tuviésemos que llegar a un sitio preciso y a una hora establecida.

»No hablaba de un modo y escribía de otro, como es corriente en muchos escritores. Hablaba y escribía del mismo modo. Con idéntica claridad y concisión, con igual sencillez y naturalidad. No rebuscaba las palabras ni afinaba el órgano. Las dejaba salir en bruto de su conciencia. El mismo interés que suscitaba su persona, dotada de un sistema nervioso y sanguíneo excepcional, lo suscitaba después su literatura (...)

3/   La «Casa de los Obreros de la Inteligencia».

»Sin persona no hay personalidad. En vano se quiere separar el artista del hombre. Los valores artísticos son, en última instancia, valores humanos. Todas las pasiones que sacuden al arte son las mismas que sacuden a todas las criaturas. Y el mérito más grande de Víctor Serge, a mi juicio, consistía justamente en eso. Era un hombre, un hombre bien estructurado, que sufría y se apasionaba por todas las cuestiones del hombre y de la sociedad y que solamente tomaba la pluma cuando no le era dado empuñar un fusil para cumplir con el compromiso que había contraído voluntariamente desde su mocedad. Y este hombre modesto, humilde, sencillo, dueño de un cerebro bien plantado como su físico, después de brillar en diversos países de Europa, llegando a ser un escritor de fama mundial, murió pobre y olvidado, en México, pese a su fortaleza orgánica, a los 58 años de edad».[4]

En sus *Memorias*, publicadas en 1974, Castelnuovo repite parte del relato de los encuentros con Serge, reconociendo implícitamente que ellos, así como sus obras, le sirvieron para comprender parte de la realidad soviética. «A través de las narraciones de Víctor Serge, paulatinamente me fui imputando de todas las calamidades pasadas por el pueblo ruso, antes y después de la revolución de octubre» (Buenos Aires: ECA, 1974, pp. 165-6, subrayado mío). Y en ellas nos da, finalmente, la confirmación de por qué Serge fue omitido en sus libros de viaje a la URSS: una mañana, mientras cebaba mate, lo visita uno de los comandantes del Ejército Rojo, por otra parte también hispanista. Luego de vagar por distintos temas, el funcionario va directamente al *asunto para el cual venía a verme*:

«—No se deje influenciar por Víctor Serge —me previno—. Está en la oposición. Le interesa más la interpretación teórica del comunismo que la práctica de su ejecución. Aborrece a la burocracia del partido. Todos sus integrantes son burócratas para él.

—¿Stalin, también?

—También. Un burócrata solemne.

—¿Eso es todo?

—Hay algo más. Como en su juventud fue anarquista, ahora, y quizás contra su misma voluntad, vuelta a vuelta se le sube de nuevo el anarquista a la cabeza.

Hizo una pausa y agregó:

—Le ruego que no le haga caso. Se va a desubicar.

4/   Elías CASTELNUOVO, «Algo sobre Víctor Serge», en V. SERGE, *Vida y muerte de Trotski*, Buenos Aires: Indoamérica, 1954, pp. 11-14.

—Pierda cuidado —le contesté—. Eso no puede suceder, porque no estoy ubicado» (pp. 171-2).

Entre la cultura anarquista y la trotskista

El vehículo natural de un marxista libertario como Serge fueron las publicaciones anarquistas y trotskistas, especialmente los de esa frágil franja que constituyen, por un lado, los anarquistas más abiertos al marxismo crítico y, por otro, los trotskistas de perfil menos leninista y más libertario. Así, la editorial anarquista Imán publica en 1938 *De Lenin a Stalin. Visiones políticas y sociales,* preparado por dos jóvenes intelectuales trotskistas: Juana Palma, que lo tradujo del francés, y Antonio Gallo, que escribió una nota biográfica. El editor anarquista justifica la edición en dos breves páginas que antepone al texto de Serge: «la publicación de esta obra... implica para Ediciones Imán una coincidencia con la actitud subjetiva y con la posición doctrinaria del autor. Independientemente de su actitud y de sus principios doctrinarios, revista la obra *De Lenin a Stalin* un valor extraordinario en cuanto crítica objetiva y documental del apasionante problema que constituye la Rusia soviética ante el mundo actual». Es para el editor, en suma, una «contribución al restablecimiento de la verdad, desvirtuada tanto por los sustentadores del régimen cuanto por su más encarnizados y seculares enemigos» (pp. 8-9).

El epílogo de Antonio Gallo, uno de los animadores más activos del trotskismo argentino de la década de los treinta,[5] lo presenta como «la vida-arquetipo de los hombres que luchan por la liberación de la humanidad. Al esbozar su figura se dibuja a sí misma la de millares de militantes que han pasado y pasan por todas las vicisitudes concebidas para mantenerse fieles a los ideales de los trabajadores, para luchar y soñar, para odiar y amar. Vida de estudio, de trabajo, de abnegación, de alegría y amargura» (p. 175). Después de trazar un esbozo biográfico, Gallo cierra su nota con este párrafo:

«Desde su expulsión de Rusia, ha dedicado todos sus esfuerzos a decir al mundo la verdad sobre el Estado soviético, degenerado y traicionado

5/ Sobre Gallo debo remitir a mi libro *El marxismo olvidado en la Argentina,* Buenos Aires: El Cielo por Asalto, 1996.

por la burocracia; a gritar el dolor y el heroísmo de millares de socialistas, anarquistas y "trotskistas" sometidos a una represión más sangrienta, más bárbara, más humillante que la empleada por el propio hitlerismo. A decir al mundo trabajador que no se olvide a los hombres "que allá abajo" mantienen viva la llama de la libertad del pensamiento revolucionario, la dignidad del movimiento obrero y el heroísmo grandioso de no capitular a pesar de todo, que no olvide a los hombres que cuidan que en Rusia no desaparezca el rescoldo de la revolución internacional. "Cuánto más oscura es la noche, más brillan las estrellas." En la densa oscuridad de este tiempo de traición y de cinismo, más clara es la luminosidad de las estrellas como Víctor Serge» (pp. 177-178).

También el grupo «comunista anárquico» que lidera Horacio Badaraco (1902-1946) da cuenta de la liberación de Serge de la URSS en su periódico *Spartacus* (1934-1938). Reproduciendo un fragmento de *Destino de una revolución,* el editor de *Spartacus* lo presentaba como «un tenaz combatiente de la libertad, conocido internacionalmente en los medios revolucionarios, el excenetista y colaborador en otrora de *Tierra y Libertad;* el perseguido de todos los gobiernos en Europa y guerrillero en la revolución rusa, ha regresado hace un año de los campos de concentración en la URSS. De allí trae una visión amarga del destino de una revolución. Con este es título ha dado un libro, aun inédito en español, construido con los documentos recogidos en todos los años de secuestro y con todo el coraje angustiado con que un revolucionario de verdad puede ver a un pueblo que aplastó a sus amos y que ahora es aplastado a su vez por los "aprovechadores de la revolución"».[6]

Y ya mencionamos antes que Indomérica —la editorial de la «izquierda nacional» vinculada a los nombres de Aurelio Narvaja, Enrique Rivera, Jorge Abelardo Ramos y Jorge Eneas Spilimbergo— había publicado en 1954 *Vida y muerte de Trotski,* con traducción de este último. Pero la irradiación de la figura y la obra de Serge trasciende los cenáculos anarquistas y trotskistas, e incluso va más allá de la izquierda. Ese mismo año la editorial socialista Bases publica *16 fusilados en Moscú,* con traducción del francés de Abel M. Verdier y un documentado prólogo sin firma. También reproduce una colaboración de Serge sobre el mismo tema en la revista teórica del partido radical, *Hechos e Ideas*

6/ «El destino de una revolución», en *Spartacus. Un programa comunista-anárquico para todo el proletariado*, n.º 10, Buenos Aires, septiembre de 1937.

(1935-1941), que dirige Enrique García, aclarando que ello no importaba «adhesión alguna o simpatía por las ideas políticas que profesa», pero destacando el valor «del publicista belga Víctor Serge, de actuación descollante durante los primeros años de la revolución rusa...».[7]

Finalmente, el Serge poeta es incluido en *Lettres françaises,* la revista de cultura franco-argentina que desde su exilio en Buenos Aires dirige Roger Caillois y que patrocina Victoria Ocampo.[8]

En las lenguas de Babel

Otro vehículo de la difusión de Serge, tanto en la Argentina como en Chile, fue la revista *Babel,* editada primero en Buenos Aires y luego en Santiago. Su director, Samuel Glusberg (1898-1987), que publicaba cuentos y ensayos desde los años veinte con el seudónimo de Enrique Espinoza, dio a conocer numerosos artículos y poemas de Serge en *Babel* y hasta mantuvieron, entre Santiago de Chile y México, un intercambio epistolar.[9] Solo se conservan dos cartas de Serge a Glusberg, escritas en francés, pero que dan idea de un intercambio más regular. La primera, fechada: «Mexico, 5 décembre 45», está encabezada «Mon cher Enrique Espinoza» y comienza diciendo «Yo pienso, en efecto, al recibir vuestra amable carta del 23 nov., que la precedente ha debido perderse». Además, Serge había respondido tiempo atrás a la encuesta «Sobre la cuestión judía» que había organizado *Babel* (su respuesta, fechada en México el 12 de octubre de 1944, se publicó en *Babel,* n.° 26, marzo-abril, 1945).

La carta de diciembre de 1945 sigue con apreciaciones sobre artículos de la revista (que Serge dice recibir regularmente y leer *con interés*),

---

7/ V. Serge, «La vida de los proscriptos en Rusia», en el dosier de E. Lyons, V. Serge y A. Pierre, «Los Procesos de Moscú», en *Hechos e Ideas. Revista radical,* a. II, n.° 19, marzo de 1937. El texto de Serge es un fragmento de *De Lenin a Stalin.* Ver sobre *Hechos e Ideas:* Alejandro Cattaruzza, *Historia y política en los '30: comentarios en torno al caso radical,* Buenos Aires: Biblos, 1991.

8/ «Marseille»; «Les Rats fuient...» y «Mer des Caraibes», en *Lettres françaises,* n.° 4, Buenos Aires, abril de 1940, pp. 14-20.

9/ Horacio Tarcus, «Samuel Glusberg, entre Mariátegui y Trotski» en *El Rodaballo,* n.° 4 y 5, otoño/invierno de 1996 y verano de 1996/97.

respuestas a informaciones sobre escritores solicitadas por Glusberg, una excusa por no poder escribir el ensayo sobre la Comuna de París que le solicita su amigo desde Santiago («trabajo en dos obras que me absorben enteramente») y el envío, en compensación, de «tres poemas inéditos». Glusberg publica dos de ellos: «Letanía de la mañana» (*Babel,* n.º 33, Santiago de Chile, mayo-junio, 1946) e «Idilio» (*Babel,* n.º 43, Santiago de Chile, enero-febrero, 1948), que son dos fragmentos de un libro de poemas en preparación, *México,* que probablemente haya quedado inconcluso e inédito. La traducción del francés fue hecha por Óscar Vera para la revista de Glusberg.

Particular interés revista otro ensayo de Serge publicado en la revista argentino-chilena: «El Viejo. *In memoriam* L. D. Trotski» (*Babel,* 40, julio-agosto, 1947), donde retrata al Trotski del exilio en México en los términos de

> «un drama de soledad. Se paseaba apresurado, solo, en su gabinete de Coyoacán, hablándose a sí mismo (igual que Chernichevsky, el primer gran pensador de la inteligencia revolucionaria rusa que, trasladado del Yakout donde había pasado veinte años prisionero, "se hablaba a sí mismo mirando las estrellas", según informaban sus guardianes). Un poeta peruano le llevó un poema titulado "Soledad de soledades", y el Viejo se lo hizo traducir palabra por palabra; impresionado por el título, lo encontró muy hermoso...».

Y más abajo:

> «Solo, así, seguía discutiendo con Kamenev fusilado: varias veces se lo oyó pronunciar ese nombre. Aunque estaba en la plenitud de su poder intelectual, sus últimos escritos no valen ni con mucho lo que sus obras de otra época. Con frecuencia se olvida que la inteligencia no es un don individual... La grandeza intelectual de Trotski estaba en función de la de su generación. Necesitaba el contacto inmediato de hombres de su mismo temple espiritual, capaces de comprenderlo apenas enunciaba una idea, de oponerse a él en un mismo plano. Necesitaba a Bujarin, a Piatakov, a Preobrazhensky, a Racovsky, a Iván Smirnov, necesitaba a Lenin para ser plenamente el que era...
>
> »Lo mataron en el momento preciso en que el mundo moderno entraba por los caminos insensatos de la guerra a una nueva fase de su revolución permanente. Lo mataron precisamente por eso, porque podía volver de nuevo a ser realmente demasiado grande si entraba en contacto con la tierra y la gente de Rusia, cuya intuición poseía en grado extraordinario.

Se habían encarnizado primero en matar su leyenda, una leyenda épica fundada enteramente en la verdad.

»La lógica de su pasión y de los errores secundarios de ella derivados también contribuyó a matarlo: para conquistar y tratar de formar, una vez más, una conciencia de hombre oscuro, que no existía, que era solo simulación y perfidia, dejó entrar a alguien en el cuarto de su soledad, y ese alguien, ejecutando una orden, lo hirió por la espalda mientras se inclinaba sobre un manuscrito insignificante. La picota hizo en su cerebro una herida de siete centímetros de profundidad» (pp. 182-185).

Cuando en *Babel* n.º 43 (enero-febrero 1948) se publica uno de los fragmentos de su poemario *México,* es acompañado con la siguiente nota, sin dudas redactada por Glusberg:

«A principios de diciembre del año pasado un escueto cable de México nos hizo saber la muerte de nuestro querido compañero Víctor Serge de un ataque al corazón, a la edad de cincuenta y seis años. Mientras preparamos al autor de *Destino de una revolución* el homenaje que se merece, insertamos con carácter póstumo ya, uno de los últimos poemas que nos mandara para *Babel.* Como a los demás compañeros que se nos fueron, difícilmente olvidaremos a Víctor Serge» (p. 27).

Es así que en el número especial dedicado a «La situación de la literatura en la URSS», se abría con un artículo de Serge, «La tragedia de los escritores soviéticos», y que según nota de Glusberg, se publicaba «en el primer aniversario de su lamentada desaparición» (*Babel,* n.º 48, noviembre-diciembre, 1948, p. 263 n.). El ensayo se lo había enviado Serge a pedido de Glusberg, acompañado por una pequeña esquela, redactada solo días antes de su muerte:

«México, 9 nov. 47.
Mi querido Enrique Espinoza
Disculpe la demora con que le hago llegar mi respuesta. Estoy frecuentemente dolido y sobrecargado de trabajo. Me parece imposible encontrar un elemento positivo en la literatura estaliniana actual, en que la domesticación es espantosa. Le adjunto aquí un ensayo mío donde abordo ampliamente el problema y un extracto de mis dosieres.
Fraternalmente suyo

Víctor Serge

PS. ¿Babel publicará un comentario a mi novela? Está por salir otra».

Serge abogaba, otra vez, por una causa perdida: en uno de los momentos de mayor prestigio internacional en la historia de la Unión Soviética, tras la victoria sobre el nazismo, cuando muchos intelectuales de izquierda del mundo entero vuelven a dirigir su mirada esperanzada a Moscú y olvidan pudorosamente el carácter terrorista del régimen estaliniano, Serge llama a la inteligencia internacional a ajustar cuentas con todas las opresiones, a ejercitar la crítica con todos los totalitarismos. *¿La «literatura comprometida» que preconiza con razón J. P. Sartre, limita su responsabilidad a ciertos y determinados hechos históricos, renunciando a otros?, es bueno preguntarlo. La conciencia del escritor no puede eludir esta interrogante sin traicionarse. En ella reside hoy lo que se llama lisa y llanamente la conciencia, es decir la conciencia de todos los hombres para quienes la vieja magia de las palabras y de las obras vivas que crean las palabras, sigue siendo un medio de iluminar y ennoblecer la vida* (p. 271).

La desesperación y la confianza

Simultáneamente, Serge colaboraba con una publicación antifascista argentina, que dirigía un antiguo militante trotskista, Luis Koifmann (1900-1878). Koifmann, que como Serge era de origen ruso, era un periodista que publicó, a partir de 1940, el semanario *Argentina Libre,* el que, tras el golpe militar de junio de 1943 sufrió numerosas prohibiciones y persecuciones. El semanario reapareció en 1945 con el título *...Antinazi,* lo que no impidió que su director fuese encarcelado y luego deportado a Montevideo. Serge envió su ensayo «Tiempo de destrucción» a la redacción de *...Antinazi,* señalando expresamente que retomaba «contacto con los lectores de Argentina, a los cuales mi simpatía permanece fiel». Escrito a fines de la Segunda Guerra Mundial, Serge plantea en él una crítica de la civilización industrial de trágico aliento benjaminiano. El siglo xx, con todo su esplendor técnico, había mostrado su faz perversa y destructiva: juzgado desde la conciencia optimista del siglo anterior, aparecía como *criminalmente insensato.* Pero las grandes síntesis de ese siglo —liberalismo, socialismo—, tales como fueron heredadas por el nuevo, habían quedado superadas. La nueva racionalidad capitalista, el totalitarismo soviético, una guerra de nuevo tipo, que destruye fuerzas productivas al mismo tiempo que libera otras, exigían una renovación del pensamiento. Entre tanto, apunta Serge, *mantengamos la confianza más fuerte que la desesperación* y aceptemos la *complejidad* de los problemas humanos, mucho mayor que la prevista en los albores del socialismo o que en febrero de 1917.

LAS EVASIONES IMPOSIBLES DE VÍCTOR SERGE

*Claudio Albertani**

Planeta sin visado, sin dinero, sin compás,
gran cielo desnudo sin cometas,
el hijo del hombre ya no tiene donde descansar su cabeza

Víctor Serge

Bajo el título de *Memorias de mundos desaparecidos (1901-1941),* a finales del año pasado, la editorial Siglo XXI puso en circulación una nueva edición de las *Memorias de un revolucionario* de Víctor Serge, publicadas póstumas en Francia por primera vez en 1951.[1]

Agotada en español hace mucho tiempo, esta es una obra de gran calidad literaria, así como un texto fundamental para entender la historia de la primera mitad del siglo XX y en particular, el gran ciclo de luchas sociales europeas que arranca con la primera revolución rusa (1905) y se concluye con la derrota de la revolución española (1936-39).[2]

La actual edición retoma de la anterior la traducción de Tomás Segovia, añadiendo un útil aparato crítico con notas e índice analítico.[3] Escogido por el editor, el nuevo título es uno de los muchos pensados en su mo-

---

*/ Claudio Albertani es profesor de tiempo completo en el posgrado en Ciencias Sociales de la Universidad de la Ciudad de México (UCM). Autor de *Los Camaradas Eternos,* biografía todavía inédita de Víctor Serge. El texto que publicamos fue leido en el acto de presentación de las *Memorias...* de Víctor Serge en Casa Lamm el día 28 de mayo de 2003. En la mesa estuvieron junto a Claudio Albertani, además de Vlady y Jeannine, Adolfo Gilly, Horacio Cerutti, Jacques Gabayet, Alejandra Moreno Toscano y el editor Jaime Labastida.

1/ V. SERGE, *Memorias de mundos desaparecidos (1901-1941),* México: Siglo XXI, 2002.

2/ La edición anterior en español es: V. SERGE, *Memorias de un revolucionario,* México: ediciones El Caballito, 1974.

3/ V. SERGE, *Mémoires d'un Révolutionnaire et autres écrits politiques. 1908-1947,* París: Laffont, 2001, edición a cargo de Jean Rière y Jil Siberstein.

mento por el propio Serge, quien falleció antes de poner punto final a la obra.[4]

La publicación se inserta en una ola de renovado interés a nivel internacional por Víctor Serge que incluye artículos, estudios y múltiples ediciones de sus obras en francés, ruso, italiano, inglés y árabe.

En México, *Memorias de mundos desaparecidos* no ha merecido hasta ahora comentario alguno ni en la prensa ni en publicaciones especializadas. ¿Será que Víctor Serge sigue siendo un autor incómodo? Además: ¿quién fue este escritor atípico y relativamente desconocido? ¿Y qué nos puede decir a nosotros, hombres y mujeres del tercer milenio?

La trayectoria de un herético

Escritor ruso de idioma francés, novelista, poeta y ensayista, Víctor-Napoleón Lvóvich Kibálchich —alias Víctor Serge, Le Rétif, Le Masque, Ralph, Victor Stern, Victor Klein, Alexis Berlovski, Sergo, Siegfried, Gottlieb, V. Poderewski, y algunos pseudónimos más— nació en el exilio en Bruselas el 31 de diciembre de 1890 de padres rusos y murió, igualmente en el exilio, en la Ciudad de México el 17 de noviembre de 1947.

Su vida se desenvolvió en la frontera de dos mundos: la Europa optimista e hipócrita de anteguerra y los sombríos imperios totalitarios de la primera mitad del siglo xx. Luchó con pasión contra ambos: militante a los 15 años, presidiario a los 22, participó en tres revoluciones: la española, la rusa y la alemana. Fue activo en cuatro países más: Bélgica, Francia, Austria y México. A pesar de su gran inteligencia y talento, nunca sucumbió a la tentación, tan común entre revolucionarios, de ser un líder.

Autodidacta, empezó a ganarse la vida a los trece años siendo sucesivamente dibujante, fotógrafo ambulante, técnico de gas, tipógrafo, traductor, corrector de estilo. Una jornada laboral de diez horas, y un salario de hambre, no le impidieron alimentar su espíritu, estudiar y cultivar la amistad. Y es que, tal vez por tradición familiar, Víctor dis-

---

4/ Los otros eran: *La Revolución Rusa y la COMINTERN. Un testimonio,* y *De la Revolución al Totalitarismo. Testimonio sobre la Revolución Rusa y el Totalitarismo.* Finalmente el editor francés optó por el más clásico, *Memorias de un revolucionario.*

ponía de un bien muy raro: la conciencia social. Empezó su militancia en las juventudes del Partido Obrero Belga, convirtiéndose muy pronto al anarcocomunismo de Piotr Kropotkin y Élisée Reclus.

«El anarquismo —escribió en un texto retrospectivo— además de ser una doctrina de emancipación social, es una regla de conducta. (...) Su gran mérito es ser inseparable de la vida personal. (...) Nosotros lo considerábamos una reacción profundamente sana contra la corrupción del socialismo a finales del siglo xix.»[5]

Todavía adolescente, viajó a París donde se vinculó a grupos individualistas que pregonaban la guerra a muerte contra la sociedad: la llamada banda Bonnot. No compartía su estrategia, pero sí su indignación quedando atrapado en un trágico asunto de asaltantes románticos y vegetarianos. Inocente, rehusó convertirse en delator purgando, únicamente por esto, cinco años de prisión. Fue su primera condena, no sería la última.

Liberado en 1917, pasó a España, donde —bajo la influencia del dirigente de la Confederación Nacional del Trabajo (CNT), Salvador Seguí—[6] evolucionó paulatinamente del individualismo al anarcosindicalismo. Fue en el periódico barcelonés *Tierra y Libertad* donde empezó a firmar sus artículos con el seudónimo que lo haría famoso: Víctor Serge.[7]

Cuando se alumbró la lejana antorcha de la revolución rusa, Victor escuchó el llamado de sus ancestros. Participó, todavía, en la fallida insurrección de julio de 1917 en Barcelona y, después de una prolongada estancia en un campo de concentración francés, llegó a Petrogrado hacia enero de 1919. Allá, en aquel «mundo mortalmente helado» encon-

---

5/   V. Serge, «La Pensée Anarchiste», en *Le Crapouillot*, número especial dedicado al anarquismo, coordinado por Víctor Serge, Alexandre Croix y Jean Bernier, París, enero de 1938.

6/   Salvador Seguí, apodado «el Noi del sucre» (1890-1923), leyendario dirigente anarcosindicalista, fue asesinado en 1923 por guardias blancas. Con el nombre de «Darío» es uno de los héroes de la novela de Serge, *Nacimiento de nuestra fuerza*.

7/   De los ensayos de esta época es importante recordar el «Esbozo crítico sobre Nietzsche», publicado en *Tierra y Libertad* en 1917 (reedición: *Casa del Tiempo*, vol. I, n.º 3, noviembre de 1980) donde Serge hace las cuentas con su anterior individualismo. Sobre la evolución intelectual del joven Serge véase: Jean Maitron, «De Kibaltchiche à Victor Serge, Le Rétif (1909-1919)», *Le Mouvement Social*, n.º 47, abril-junio de 1964, pp. 45-80.

tró —o pensó encontrar— sus raíces. «Salíamos de la nada, entramos en el dominio de la voluntad. Nos espera una país donde la vida vuelve a empezar de nuevo...», escribe en las *Memorias*.[8]

A los pocos meses, en plena guerra civil, se adhirió al comunismo de Lenin y Trotski como, en un primer momento, lo hicieron también otros anarquistas.[10] Lo que sigue es historia: Víctor Serge participó en la fundación de la Internacional Comunista, colaboró de cerca con su primer presidente, Gregori Zinóviev y fue miembro del Consejo de Comisarios del Pueblo de la Comuna del Norte.

Intentó servir lealmente al nuevo régimen, sin renunciar a sus convicciones buscando, más bien, conciliarlas con la necesidad de defender la revolución cercada por múltiples enemigos.[10] Según el testimonio de Pierre Pascal, cuñado de Serge y uno de los primeros comunistas franceses, nuestro autor saboreó los privilegios de la nueva clase superior, pero, aun exponiéndose a riesgos, siempre intervino a favor de tal o cual víctima de una injusticia, o de una detención arbitraria.[11]

Combatiente, periodista, traductor, organizador de los servicios de información de la Komintern, agente clandestino en Alemania, Víctor Serge vivió tanto el fracaso de la revolución europea, como la progresiva degeneración del régimen soviético.

8/ *Memorias de mundos...*, ob. cit., pp., 69-70.

9/ Al estallar la revolución, la posición de los anarquistas con respecto a los bolcheviques oscilaba entre el rechazo, la neutralidad y la colaboración. Entre los que aceptaron el comunismo, además de los franceses Alfred Rosmer y Pierre Monatte (fundadores del PCF y pronto expulsados), de los españoles Joaquín Maurín y Andreu Nin (ambos amigos íntimos de Serge y futuros fundadores del POUM), cabe destacar a Bill Chatov, antiguo militante del sindicato libertario norteamericano International Workers of the World, quien fue gobernador militar de Petrogrado en tiempo de guerra civil para después desaparecer en las purgas estalinistas. Sobre Chatov, véase: Paul AVRICH, *Los anarquistas rusos*, Madrid: Alianza Editorial, 1974, p. 202 y Emma GOLDMAN, *Living my life*, 2 vol., Nueva York: Dover Publications, 1970, vol. II, p. 728-734.

10/ Al llegar a Rusia, Serge empezó a enviar una gran cantidad de artículos a la prensa anarquista francesa, siendo un contribuidor asiduo de *Le Libertaire*, dirigido por Sebastien Faure. Lejos de sectarismos *Le Libertaire* dio cabida a un debate serio y «laico» sobre los bolcheviques que se interrumpió en 1921 a raíz de la represión de la revuelta de Kronstadt.

11/ Pierre PASCAL, *Mon Journal de Russie*, Lausana: ediciones L'Age d'Homme, IV tomos, 1982, tomo III, «Mon état d'ame», pp. 18-19.

Conservó, en estas andanzas, una marcada sensibilidad libertaria y una gran independencia de pensamiento lo cual, a la postre, le permitió formular críticas certeras y demoledoras al estalinismo. A partir de 1924 fue miembro de la Oposición de Izquierda (trotskista), lo cual marcó su destino como perseguido político cerrándole, poco a poco, todas las puertas a la vez como dirigente político y como intelectual.

Se volcó hacia la literatura relativamente tarde, y no por amor al arte, sino porque «es preciso dejar un testimonio sobre este tiempo; el testigo pasa, pero puede suceder que el testimonio permanezca».[12] Fue en 1928, mientras se estaba recuperando de una grave enfermedad, cuando escribir se le reveló como una nueva razón para vivir. «De repente mi actividad anterior me pareció fútil e insuficiente. El impulso que recibí entonces —o, mejor dicho, que nació en mí— fue de un tal vigor que se ha mantenido hasta el día de hoy en las circunstancias más adversas.»[13]

Si bien el ruso de Víctor Serge era perfecto, optó por el francés, ya que en la URSS nunca le hubiesen publicado ni una línea. Detenido una primera vez en 1928, se mantuvo cinco años en la sombra, escribiendo en la soledad, afinando sus ideas y esperando en cualquier momento la llegada de la policía secreta.

> «Concibo la literatura como un medio de expresión y de comunión entre los hombres: un medio particularmente poderoso a los ojos de quienes quieren transformar la sociedad. Decir lo que uno es, lo que uno quiere, lo que uno vivió, luchó, sufrió, conquistó. Para eso es necesario ser de entre los que luchan, sufren, caen, conquistan. Y entonces la literatura en sentido estricto no tiene en la vida más que un lugar bastante secundario.»[14]

En 1933, Serge fue deportado a Oremburgo, antesala geográfica y política de Siberia. Muy pocos disidentes salían de la URSS, y todavía menos del cautiverio, pero el ruido de sus amigos anarcosindicalistas en Francia, y las discretas gestiones de Romain Rolland con Stalin y Yagoda lograron lo imposible. El 12 de abril de 1936 —a unos cuantos meses de los procesos de Moscú— Serge, su esposa Liuba y sus dos hijos, Vlady y Jeannine, viajaron a Europa.

12/ *Memorias de mundos...*, ob. cit., p. 373.
13/ V. SERGE, *Carnets*, París: Actes Sud, 1985, p. 115.
14/ V. SERGE, *Les Révolutionnaires*, París: Seuil, 1980, p. 13.

A partir de ese momento, nuestro autor persiguió una idea obsesiva: narrar la tragedia de la revolución triunfante que se devora a sí misma.

> «El acontecimiento más esperanzador, más grandioso de nuestro tiempo, parece volverse contra nosotros. ¿Qué nos queda del entusiasmo inolvidable de 1917? Muchos hombres de mi generación, que fueron comunistas desde el primer momento, no guardan otro sentimiento que el rencor».[15]

Desbordado por su propia experiencia, incursionó en todos los géneros: memorias, novelas, epístolas, poemas, cuentos, ensayos y estudios históricos, sin contar cientos de artículos periodísticos. Pronto, publicó *Destino de una revolución,* un texto que se acaba de volver a editar en Francia, y que es uno de los primeros estudios sobre el universo de los campos de concentración.

En el ciclo *Los revolucionarios* —título con que los editores franceses reunieron en un solo volumen cinco de sus novelas— narró con vigor épico los logros y desaciertos de los protagonistas de las grandes sublevaciones sociales que le tocó vivir: los presos en la Francia de la Bella Época —*Los hombres en la cárcel*—, los insurrectos de Barcelona en 1917 —*Nacimiento de nuestra fuerza*—, los defensores de Petrogrado en 1919 —*Ciudad ganada*—, los viejos bolcheviques deportados en 1933-36 —*Media noche en el siglo*— y el drama de la fidelidad al partido en la época de las grande purgas —*El caso Tuláyev*—, esta última probablemente su obra maestra.[16]

Es extraña la paradoja de un hombre que, siendo en primer lugar un revolucionario, vio hecho añicos el intento de «transformar la sociedad», casi dio disculpas por atreverse a escribir novelas y acabó dejando una obra literaria admirable que rompe fronteras, donde «la ética llega a trocarse en estética», como diría su hijo, el pintor Vlady.[17] Una obra que escribió por los caminos del mundo, en condiciones materiales su-

---

15/ V. SERGE, «Treinta años después de la revolución rusa», texto fechado en México, julio de 1947, publicado en *Révolution Proletarienne*, n.º 309, París, noviembre de 1947. La versión en español se puede consultar en: http://www.fundanin.org/serge. htm En este sitio se pueden leer varios textos de Serge agotados o nunca publicados en español.

16/ V. SERGE, *El caso Tuláyev*, México: Ediciones del Equilibrista, 1993.

17/ Sobre la relación entre la pintura de Vlady y la obra de Serge, véase: Claudio ALBERTANI, «Entre la revolución y el Renacimiento. Un acercamiento al mundo de

mamente difíciles, repetidas veces despojado de lo poco que poseía, acosado por policías y dictadores, con la única e imperiosa pasión de hacer revivir seres humanos únicos y desconocidos.

El reverso de la historia

Las *Memorias,* expresan con una fuerza particular la idea de literatura testimonial que atraviesa toda la obra de Víctor Serge. A medida que se adentra en aquel «mundo sin evasión posible donde el único remedio era luchar por una evasión imposible», el lector se sume en la epopeya de las revoluciones derrotadas del siglo xx.

No hay, sin embargo, condescendencia alguna. «Detesto el papel de víctima», escribió. (...) «Una necesidad que se parece a la complicidad amarra frecuentemente a la víctima con el torturador, al mártir con el verdugo».[18]

El libro se lee como una novela polifónica en que actores individuales y colectivos se alternan en el escenario, devolviéndonos la imagen grandiosa de la humanidad en movimiento. Como en un fresco monumental, las etapas del drama revolucionario se suceden una tras otra en un ordenamiento implacable.

¿El final estaba implícito en el comienzo? Serge piensa que no.

Triunfó el estalinismo, pero el desenlace *podía* ser otro. Incluso la palabra «destino», que utiliza una y otra vez, no implica la fatalidad, ni excluye la voluntad o la creatividad. A la manera de Nietzsche —un autor que nunca dejó de estudiar— expresa más bien la opción de volver al pasado, de recoger para el futuro la herencia de sus posibilidades perdidas.

Serge busca explicaciones sin aceptar la falsa opción entre heroísmo y abjura. Cree firmemente en un socialismo fundamentado en la libertad y en la crítica; no se adhiere a la religión que hace de la historia un nuevo dios; piensa que los hombres tienen responsabilidades personales. El «nosotros», el yo colectivo que habla en sus libros, no ahoga al sujeto y no se reduce a las corrientes heréticas del movimiento obrero:

Vlady», conferencia en el Museo Iago, Oaxaca, México, el 17 de agosto de 2002, reproducida en: http://www.fundanin.org/vlady.htm
18/ V. SERGE, *Les Années sans pardon*, París: Maspero, 1971, p. 80.

ni siquiera al trotskismo y al anarquismo en cuyas filas militó.

Serge es uno de los que advierten la exigencia de volver a pensar las viejas ideologías del movimiento obrero cuya derrota histórica comprende y analiza en sus novelas todavía más que en sus ensayos. La gran lección que nos deja es la búsqueda incesante de alternativas sin grilletes ideológicos, el apego a los ideales libertarios de los orígenes, y el rechazo de todo pensamiento dirigido. Serge fue un pesimista, pero —igual que Orwell y a diferencia Koestler— no fue un desencantado y nunca abandonó el proyecto socialista ni la pasión revolucionaria.[19]

Lejos de todo determinismo, nos dice que, al finalizar la guerra civil, la solución de los problemas de la nueva sociedad se podía buscar en la democracia obrera y en la libertad de opinión, y no, como sucedió, en el monopolio del poder, la represión de los herejes y el partido único.

En *Retrato de Stalin,* escribe nuestro autor:

> «el error más incomprensible —porque fue deliberado— que estos socialistas (los bolcheviques), dotados de grandes conocimientos históricos, cometieron, fue el de crear la *Comisión extraordinaria de Represión de la Contra-Revolución, de la Especulación, del Espionaje, de la Deserción,* llamada abreviadamente *Cheka* que juzgaba a los acusados y a los simples sospechosos sin ni siquiera escucharlos o verlos, sin permitirles, en consecuencia, ninguna posibilidad de defensa con sus métodos de inquisición secreta (...) deteniendo en secreto y ejecutando».[20]

Un trágico error fue también la bárbara represión de los marinos de Kronstadt que en 1921 exigían democracia y no eran contrarrevolucionarios.[21] En todo esto la responsabilidad del partido bolchevique fue enorme, y escribirlo le valió la dolorosa —aunque en mi opinión necesaria— ruptura con Trotski.[22]

19/   Para una comparación entre la obra de Koestler y la de Serge véase: Bill MARSHALL, *Victor Serge. The uses of dissent,* Londres/Nueva York: Berg, San Martin Press, 1992, pp. 139-148.

20/   V. SERGE, *Portrait de Staline,* París: Grasset, 1940. Citado en: *Treinta años después de la revolución rusa,* ob. cit.

21/   Sobre la revuelta de Kronstadt véase: Paul AVRICH, *Cronstadt 1921,* Princeton University Press, 1970; Ida METT, *La Commune de Cronstadt. Crépuscule sanglant des Soviets,* París: Spartacus, 1977.

22/   *Memorias...,* ob. cit., p. 355. A lo largo de 1938-39, Serge sostuvo una amarga polémica con Trotski que encontró eco en la prensa militante. Véase: T*he Serge-Trotsky*

Lo anterior explica por qué el libro que nos ocupa, tan diferente de los muchos que existen sobre el comunismo, está siendo redescubierto. Contiene, además, intuiciones luminosas. Serge, por ejemplo, denunció desde los años treinta la colosal falsificación que se estaba operando en la URSS y la pretendida identificación entre comunismo y estalinismo.

Una reciente antología sobre el totalitarismo publicada en Francia por Enzo Traverso incluye dos textos de nuestro autor, uno de los cuales —fragmento de una carta de 1933 que figura en las *Memorias*— es probablemente una de las primeras contribuciones de orientación marxista donde se emplea el término *Estado totalitario* en su significado actual.[23]

Por su parte, Adam Hochschild, autor de un libro importante sobre los sobrevivientes de los campos de concentración en la URSS, define las *Memorias* como «clásico olvidado», una clave fundamental para entender los orígenes del terror soviético en los años veinte y treinta.[24]

Enciclopedia de las esperanzas del siglo pasado y lúcido diagnóstico de sus fracasos, el libro se concluye con un balance amargo y al mismo tiempo esperanzador:

> «solo estamos vencidos en lo inmediato. Hemos aportado en las luchas sociales cierto máximo de conciencia y de voluntad superior en mucho a nuestras propias fuerzas... Todos tenemos cantidad de errores y de faltas tras de nosotros porque el paso con que avanza todo pensamiento creador no podría ser sino vacilante y lleno de tropiezos... Hecha esta reserva, que incita a los exámenes de conciencia, tuvimos asombrosamente razón».[25]

El encuentro con México

Si bien las *Memorias* se detienen en el umbral de México, cabe recordar que Serge vivió aquí sus últimos años. Llegó el 15 de septiembre de

papers, edited and introduced by D. J. Cotterill, Pluto Press, 1994.

23/   Enzo Traverso, *Le Totalitarisme. Le XX° siècle en débat*, París: Editions du Seuil, 2001, p. 278-281. Véase: V. Serge, *Memorias de mundos desaparecidos...*, ob. cit., p. 285-86.

24/   Adam Hochschild, *The Unquiet Ghost. Russians remember Stalin*, Penguin Book, 1995, p. 290.

25/   *Memorias de mundos...*, ob. cit., p. 375.

1941, junto a su hijo Vlady, huyendo de la Europa nazi, vía la Martinica, Cuba y Santo Domingo. Hallé en el Archivo General de la Nación, copia de su ficha de inmigrante apátrida N.º 131930/235 con autorización de ingreso expedida el 28 de enero de 1941 en Marsella, Francia, por el entonces cónsul general de México, Gilberto Bosques, benefactor de cientos de refugiados antifascistas.

En marzo de 1942, lo alcanzaron Jeannine y su nueva compañera, Laura Valentini —mejor conocida como Laurette Séjourné—, quien pronto se daría a conocer como arqueóloga de renombre.[26]

Los años mexicanos fueron los más tranquilos y literariamente los más fecundos en la vida de ese combatiente eternamente perseguido. Siguió trabajando en las *Memorias* y en los *Cuadernos,* escribiendo las novelas *Los últimos tiempos* y *Los años sin perdón*, la biografía *Vida y muerte de León Trotski* (en colaboración con Natalia Sedova) además de cuentos, poemas, artículos y ensayos en la prensa estadounidense y latinoamericana.

Intuyó la importancia del hombre «no europeo» y expresó opiniones muy actuales: «México es un país en dos tonos, sin clases medias: arriba está la sociedad del dólar, abajo la miseria del indio».[27]

En nuestro país, Serge se relacionó con Julián Gorkin, Narcís Molins i Fàbrega, Enrique Gironella, Jordi Arquer, Sergio Balada, todos militantes del POUM, el partido marxista español independiente de Moscú con que mantenía relaciones fraternas. Animaron, junto a otros exiliados «incómodos» procedentes de todos los rincones de Europa, a un pequeño círculo de reflexión, «Socialismo y Libertad», que editaba una revista de gran calidad, *Mundo,* con ilustraciones de Vlady y Bartolí.

En sus páginas, además de información sobre la resistencia antifascista en Europa, se pueden encontrar reflexiones de muy alto nivel sobre

26/   Acerca de la influencia de Víctor Serge sobre el trabajo profesional de Laurette Séjourné (1911-2003), véase: Michel GRAULICH, «Le "couple" Kibaltchitch et la civilisation mexicaine», en *Socialisme*, n.º 226-227, julio-octubre de 1991, número especial enteramente consagrado a Víctor Serge.

27/   V. SERGE, «Lettres à Antoine Boire», *Témoins,* n.º 21, Montreux, Suiza, febrero de 1959. Entre los escritos inéditos de Serge conservados por Vlady hallé un largo ensayo, casi un libro, sobre las culturas precolombinas. Véase también en los *Carnets,* la entrada correspondiente al 30 de abril de 1944 consagrada a una visita a las ruinas de Tula, Hidalgo.

la cultura mexicana, la psicología, el bolchevismo, la cuestión judía, el nacionalismo, la India, el cardenismo, la situación de los países latinoamericanos. Hasta la fecha, la revista permanece como uno de los pocos intentos en que socialistas de varias tendencias antitotalitarias intentaron un intercambio de ideas, sin caer en sectarismos.

El grupo no tuvo vida fácil y su presencia ha sido literalmente borrada de la historia social y cultural de México. Una excepción notable es Octavio Paz, quien en *Itinerario* escribe: «a principio del año 1942 conocí a un grupo de intelectuales que ejercieron una influencia benéfica en la evolución de mis ideas políticas: Víctor Serge, Benjamin Péret, el escritor Jean Malaquais, Julián Gorkin, dirigente del POUM, y otros».[28]

¿Por qué este silencio persistente? Porque Serge y sus amigos eran la conciencia desoída de la revolución rusa y esto no se lo podía perdonar una izquierda avasallada a las directivas de Moscú.

Hay más. Entre los muchos dramas que se desenvolvían en Europa, uno en particular marcaba a estos exiliados: la guerra civil española. Allá, sin importar la unidad antifascista de que hacían gala, los agentes soviéticos habían asesinado impunemente a muchos oposicionistas, y en particular a Andrés Nin, dirigente del POUM y gran amigo de Serge. Acto seguido, en una triste repetición de los procesos de Moscú, habían obligado al gobierno republicano a procesar al comité central del POUM por completo, bajo la acusación, evidentemente falsa, de traición y colaboración con el enemigo.

Aquella persecución implacable prosiguió en México, encontrando en el Partido Comunista Mexicano, en el periódico *El Popular* de Lombardo Toledano y en los propios comunistas españoles, los más fieles

---

28/   Octavio Paz, *Itinerario*, México: FCE, 1993, p. 74. Benjamin Péret (1899-1959), poeta, escritor, fundador del movimiento surrealista, militante oposicionista, combatiente de la columna Durruti en España; Jean Malaquais, seudónimo de Jan Malacki (1908-1998), obrero, escritor, filósofo, traductor de Marx al francés, autor entre otras obras de *Les Javanais y Planète sans visa* (ambas obras fueron reeditadas por Phoebus, París, 1995 y 1999); Julián Gorkin, seudónimo de Julián Gómez García (1901-1987), director, al estallar la guerra civil española, del cotidiano *La Batalla*, órgano del POUM, secretario de relaciones internacionales del mismo partido, autor, entre otras obras, de *Caníbales políticos. Hitler y Stalin en España*, México: ediciones Quetzal, 1941.

ejecutores.[29] Amenazados de muerte, estos «exiliados incómodos» fueron acusados de ser la quinta columna del fascismo en el país. Tales calumnias infames dejaron huella en los registros de la historia mexicana ya que, increíblemente, en el Archivo General de la Nación, encontré el nombre de Víctor Serge en una lista de extranjeros perniciosos catalogados como nazifascistas.[30] «En las calles de México experimento la sensación singular de no estar ya fuera del derecho», escribe en las *Memorias*.

> «De no ser ya el hombre acosado, emplazado de cárcel o de desaparición... "Tenga cuidado —me dicen únicamente— con ciertos revólveres..." Se sobreentiende. He vivido demasiado para no vivir sino en el inmediato.»[31]

El primero de abril de 1943, Víctor Serge escapó a un intento de asesinato cuando, al grito de «muera la quinta columna», un centenar de comunistas estalinistas armados con puñales, matracas y pistolas asaltaron el local del Centro Cultural Ibero Mexicano donde iba a hablar.

Murió cuatro años después, en un taxi, solo, con un poema en el bolsillo que no alcanzó a entregar a Vlady. No pudo siquiera decirle su nombre al chofer, quien llevó el cadáver a un puesto de policía. He aquí el testimonio de Julián Gorkin:

> «Lo encontramos pasada la medianoche. En una estancia desnuda y miserable, de muros grises, estaba tendido, la espalda sobre una vieja mesa de operaciones mostrando las suelas agujeradas, una de ellas completamente gastada, una camisa de obrero... Una tira de tela cerraba su boca, esa boca a la que todas las tiranías del siglo no habían podido callar. Podría haber parecido un vagabundo recogido por caridad. ¿Acaso no había sido un eterno vagabundo de la vida y de un ideal? Su rostro aún tenía impresa una ironía amarga, una expresión de protesta, la última protesta de Víctor Serge, de un hombre que, durante toda su vida, había protestado contra

---

29/ Véase por ejemplo: «Denunciaron ayer los diputados las actividades perniciosas de la Quinta Columna trotskista», *El Popular*, 13 de enero de 1942. Los denunciados eran: Víctor Serge, Marceau Pivert, Gustav Regler, Julián Gorkin. «Labor conjunta contra espías. Abógase en Washington porque se acuerde en la junta de Río de Janeiro», *Excelsior*, 15 de enero de 1942. «Aplastemos a la Quinta Columna trotskista», *La Voz de México*, 18 de enero de 1942.

30/ Galería 3, Ávila Camacho, apartado «Extranjeros perniciosos. Encuentros sangrientos nazi- fascistas comunistas».

31/ V. SERGE, *Memorias de mundo...*, ob. cit, p. 378.

las injusticias humanas».[32]

Ataque cardiaco, según el reporte médico. ¿Envenenamiento? Probablemente no, ya que padecía del corazón, pero subsisten las dudas que, en su momento, advirtieron muchos de sus amigos. No es por demás recordar que Tina Modotti, exagente soviética, murió de la misma manera: en un taxi y de ataque cardiaco.[33]

Víctor Serge, escritor francés, belga de nacimiento, ruso de corazón, ciudadano del mundo por opción, descansa en el panteón español de la Ciudad de México. Su legado se eleva más allá de las nubes que oscurecen nuestro tiempo.

Tepoztlán, Morelos, mayo de 2003.

32/   Julián GORKIN, *La muerte en México de Víctor Serge*, París, 1957. Ahora en: http://www.fundanin.org/gorserge.htm

33/   Tina MODOTTI, «La Magdalena comunista; ¿Quién mató a la antigua amante de Julio Antonio Mella? ¿Muerte natural? ¿O fue víctima de la GPU?», *Revista Así*, n.º 62, 17 de enero de 1942.

SOCIALISMO Y LIBERTAD
EL EXILIO ANTIAUTORITARIO DE EUROPA EN MÉXICO Y LA LUCHA CONTRA EL ESTALINISMO, 1940-1950*

Claudio Albertani

Para Vlady.
In memoriam

Al concluir la guerra civil española, México fue uno de los pocos países que mantuvieron abiertas las puertas a los militantes antifascistas europeos, sin importar ideologías ni etiquetas. Mientras es bien conocida la presencia de comunistas, republicanos y socialistas, menos estudiadas son las otras tendencias. A principios de los años cuarenta, después de múltiples peripecias, un grupo de exiliados de orientación antitotalitaria se encontraron en la Ciudad de México. Entre ellos destacaban: Víctor Serge (Víctor Kibálchich), escritor, periodista, poeta, militante libertario y exdirigente de la Oposición de Izquierda en la URSS; su hijo, el joven pintor Vlady (Vladimir Kibálchich); Marceau Pivert, sindicalista revolucionario, fundador en Francia del Partido Socialista Obrero y Campesino (PSOP); Julián Gorkin (Julián Gómez García), secretario internacional del Partido Obrero de Unificación Marxista, POUM, de España y director de su órgano oficial, *La Batalla;* Gustav Regler, exmiembro del Partido Comunista Alemán (KPD), ex comisario adjunto de la XII Brigada Internacional en España; y Paul Chevalier (Leo Valiani), italiano, excomunista, militante antifascista y futuro dirigente de la formación guerrillera italiana Giustizia e Libertà.

---

*/ Publicado por: *Política y Memoria,* n.º 8/9, Centro de Documentación e Investigación de la Cultura de Izquierdas en la Argentina, CEDINCI, Buenos Aires: Argentina, verano de 2009. Una versión ligeramente reducida se puede consultar en línea: http://www.fundanin.org/albertani7.htm

El movimiento «Socialismo y Libertad» y la revista *Mundo*

Juntos dieron vida a la sección mexicana de «Socialismo y Libertad», movimiento que se adhería al Frente Obrero Internacional integrado por el Partido Obrero de Unificación Marxista (POUM) de España, el *Independent Labour Party* (ILP, donde militaba George Orwell) de Inglaterra, el Partido Socialista Revolucionario de Holanda (RSAP), el Partido Comunista de Oposición de Alemania (KPO), el Partido Socialista Obrero y Campesino de Francia (PSOP) entre otras organizaciones.[1]

Según se desprende de la lectura de la revista que publicaban, *Mundo,* el movimiento «Socialismo y Libertad» tenía proyección en por lo menos otros tres países latinoamericanos, Chile, Argentina y Uruguay, mientras redes afines existían en Cuba, República Dominicana, Venezuela, Bolivia y Perú (países donde, sobre todo en los primeros dos, había exiliados españoles de filiación poumista y anarquista).

Pronto se unieron al grupo otros exiliados. Entre ellos figuran el escritor polaco Jean Malaquais (Vladimir Malacki); el poeta surrealista Benjamin Péret; el militante trotskista G. Munis (Manuel Fernández Grandizo); el comunista consejista alemán Otto Rühle y su esposa Alicia Gerstel (psicoanalista de orientación adleriana);[2] el anarcosindicalista español Ricardo Mestre (fundador años después de la Biblioteca Social Reconstruir en la Ciudad de México) y los anarquistas rusos Jacobo Abrams, Senia Flechin y Mollie Steimer (protagonistas en años anteriores de un clamoroso proceso político en Estados Unidos).[3]

Si bien el Partido Comunista Mexicano tildaba al grupo de «trotskista», difícilmente se podría definirlo así. Ciertamente los militantes de

---

1/ Véase: *El socialismo revolucionario ante la guerra*, noviembre de 1940, México, DF, publicación del Frente Obrero Internacional (FOI).

2/ Sobre el exilio alemán en México consulté: Fritz POHLE, *Das mexikanische Exil, Ein Beitrag zur Geschichte der politisch-kulturellen Emigration aus Deutschland (1937-1946)*, Stuttgart: J. B. Metzlersche Verlagsbuchhandlung, 1986 (este autor menciona a Víctor Serge y a la revista *Mundo*). En español: Jorge FUENTES MORÚA, «El exilio alemán en México y la difusión del marxismo» en: *Perspectivas históricas*, publicación del Centro de Estudios Históricos Internacionales, año 3, n.º 5-6, julio-diciembre de 2000.

3/ Véase: Mollie STEIMER, *Toda una vida de lucha. La rebelión de una anarquista condenada por ambos imperios*, México: Antorcha, 1980. Anna RIBERA CARBÓ, «Semo: fotografía y anarquismo» en: Pablo YANKELEVICH (comp.), *México, país refugio. La experiencia de los exilios en el siglo XX*, México: Plaza y Janés, CONACULTA, INAH, 2003.

«Socialismo y Libertad» admiraban al viejo revolucionario vilmente asesinado en México, pero iban mucho más lejos en sus críticas a la URSS, a la Internacional Comunista y al modelo bolchevique.[4]

Tan es así que en el Boletín de la IV Internacional en México correspondiente al año de 1943, leemos un duro comentario sobre los integrantes del grupo «Socialismo y Libertad», quienes «irresponsables y megalómanos, habiendo tenido en otras épocas acciones y pensamientos revolucionarios, terminan (...) por separarse progresivamente del marxismo».[5]

En realidad, las diferencias entre nuestros exiliados y los trotskistas se hacían cada vez más profundas. Bajo el título, *Los problemas del socialismo en nuestro tiempo,* Serge, Gorkin, Pivert y Chevalier publicaron hacia finales de 1943 un folleto que se puede considerar como una suerte de manifiesto del grupo.[6] Los autores analizaban aquí los grandes problemas del momento: la guerra, las economías dirigidas, el neoimperialismo nazi, la descomposición del capitalismo liberal, la crisis moral y doctrinal del movimiento obrero, la psicología de las masas, la degeneración de la URSS, y de la Internacional Comunista, las perspectivas revolucionarias...

Todos eran asuntos polémicos e, incluso, candentes. El análisis se centraba en la categoría de «colectivismo burocrático» introducida unos años antes por Bruno Rizzi, autor que había influenciado entre otros a Dwight Macdonald, James Burnham y al propio Trotski.[7]

> «El régimen soviético, el fascismo, el nazismo, y el *New Deal* —escribía Víctor Serge en su contribución— tienen innegablemente rasgos comunes determinados en última instancia por las tendencias colectivistas de la eco-

4/   Sobre las diferencias entre Trotski y el POUM, véase en particular el libro de Ignacio Iglesias, *Experiencias de la revolución. El POUM, Trotski y la intervención soviética,* Barcelona: Laertes, 2003.

5/   Citado en *Mundo,* n.º 2, México, DF, 15 de julio de 1943.

6/   V. Serge, J. Gorkin, M. Pivert, P. Chevalier, *Los problemas del socialismo en nuestro tiempo,* México: Ediciones Iberoamericanas, 1944. Dirigía la editorial el catalán Bartolomé Costa Amic, integrante del grupo y militante del POUM, fallecido en la Ciudad de México en 2001.

7/   Bruno Rizzi, *La burocratization du monde,* Édité par l'Auteur, París: Les Presses Modernes, 1939. Traducción al castellano, *La burocratización del mundo,* Barcelona: Península, 1978.

nomía moderna... A consecuencia de la postración de la clase obrera, esas tendencias revisten la forma del colectivismo burocrático...»[8]

Por su parte, Gorkin se deslindaba abiertamente del trotskismo, porque «no representa una fundamental rectificación del estalinismo, sino un opositor y rival suyo. Por encima de las trágicas luchas de los últimos años (trotskismo y estalinismo) son, en el fondo, el anverso y el reverso de una misma medalla. Separado de la organización comunista oficial, el trotskismo ha caído en un sectarismo estrecho que lo reducido a la impotencia».[9]

Además de algunos folletos más, «Socialismo y Libertad» editó dos revistas: primero *Análisis* (tres números entre enero y mayo de 1942), y después la ya citada *Mundo*, «libre tribuna de discusión en la que pueden colaborar todos los socialistas revolucionarios y libertarios, encuéntrense donde se encuentren». A pesar de reunir a nombre tan prestigiados, ni una sola biblioteca en México conserva la colección completa de la revista y la mayoría ni si quiera guardan un registro de su existencia.[10]

El nombre evoca *Monde,* publicación parisina de gran prestigio, creada en 1928 por el escritor Henri Barbusse, de la que Gorkin había sido redactor y Serge y Regler colaboradores asiduos. Es de señalar que al final de su vida Barbusse —fallecido en 1936— se había convertido en un entusiasta sostenedor de Stalin y, por esta vía en un icono del régimen soviético. ¿Por qué entonces ese nombre? Retomando el nombre de la revista fundada por el intelectual francés, el grupo se propuso reavivar los criterios críticos, plurales y revolucionarios que habían caracterizado la etapa inicial de la revista.[11] Esa era, en todo caso, la opinión de Vlady.[12]

8/   V. Serge, «Guerra de transformación social», en: *Los problemas del socialismo en nuestro tiempo,* ob. cit., p. 20.

9/   J. Gorkin, «Situación del movimiento obrero y del socialismo» en: *Los problemas del socialismo en nuestro tiempo,* ob. cit., p. 65.

10/   Algunos números se pueden consultar en la Biblioteca Social Reconstruir (calle Dolores, 16, despacho 401, colonia Centro, T./fax (52-55) 5512-0886, braulion@ matemagica.com.mx) y en el recién creado Centro Vlady (calle Goya, 63, colonia Mixcoac, T. (52-55) 56117691 y 56117678, claudio@vlady.org).

11/   Barbusse fue director de *Monde* entre 1928 y 1935. Es de recordar que *Clarté* (Claridad), la revista cultural y de crítica política afín a los bolcheviques fundada por Barbusse en 1919, había ejercido un gran influencia a lo largo de toda Latinoamérica.

12/   Comunicación al autor. Enero de 2005. Vlady falleció el 21 de julio de 2005

Proyecciones continentales

El primer número de *Mundo* apareció en julio de 1943, el último en julio de 1945, por un total de trece entregas.[13] El director responsable era Gustavo de Anda, exintegrante de la Oposición Comunista de Izquierda (organización mexicana de orientación trotskista),[14] pero la dirección política la proporcionaban, de manera colectiva —y no sin tener conflictos— Pivert y los miembros del POUM. Según Vlady, Serge se encontraba algo aislado en el grupo y, a pesar de ser la figura más interesante, no desempeñaba ningún papel dirigente. Entre los colaboradores, encontramos a los mexicanos Luz Cienfuegos, Rodrigo García Treviño, Antonio Hidalgo, Magdalena Mondragón, Manuel Rodríguez y Francisco Zamora.

Había, además, algunos colaboradores latinoamericanos: Julio César Jovet, escritor chileno; Manuel Hidalgo Plaza, socialista, exembajador de Chile en México; José Gabriel, escritor argentino y Jorge Reynoso (desde Bolivia y Perú). A partir del número 3, Luce Fabbri figuraba como corresponsal desde Uruguay editando al mismo tiempo, *Socialismo y Libertad*, revista en tres idiomas: español, francés e italiano.[15] Luce se ocupaba de la sección italiana, al lado de Torquato Gobbi (viejo amigo y colaborador de su padre, Luigi Fabbri); Julien Coffinet cuidaba de la sección francesa, mientras que Fernando y Pilar Cárdenas, republicanos españoles, escribían en castellano.[16]

---

en su casa de Cuernavaca, Morelos.

13/ Ninguna biblioteca mexicana posee una colección completa de la revista. La Biblioteca Social Reconstruir tiene algunos números mientras que otros se encuentran en el archivo personal de Vlady.

14/ Véase: Olivia GALL, *Trotski en México y la vida política en el período de Cárdenas 1937-1940,* México: Era, 1991, pp. 63, 68, 69.

15/ Luce Fabbri (1908-2000), militante anarquista italiana, hija del Luigi Fabbri (1877-1935), el principal discípulo de Errico Malatesta. Padre e hija emigraron al Uruguay en 1928 jugando en adelante un papel relevante en el movimiento libertario continental.

16/ Margareth RAGO, *Entre la historia y la libertad. Luce Fabbri y el anarquismo contemporáneo,* Montevideo, Uruguay: Editorial Nordan, 2002, pp. 149-151. Torquato Gobbi (1888-1963), redactor de *Studi Sociali*. Fundador en Montevideo de la librería italiana; Julien Coffinet, socialista revolucionario francés. Sobre este último, véase: Charles Jacquier, «L'esilio di Julien Coffinet o un marxista eretico a Montevi-

> «Hacia 1943 —cuenta Luce— surgió una experiencia muy interesante, la de trabajar juntas personas que pertenecíamos a tendencias distintas: socialistas, anarquistas, republicanos. La idea era que en todos los países los refugiados europeos tenían que juntarse con miras a una Europa unida. Lo que queríamos demostrar era que, aún pensando distinto, cuando había una preocupación básica común, se podía lograr una convergencia de esfuerzos. (...) Cada uno escribía desde su posición, y nos preocupábamos por presentar la guerra desde el punto de vista de la resistencia, de las corrientes internacionalistas y anticapitalistas dentro de la resistencia.»[17]

La sección uruguaya duró poco, con apenas seis números publicados, pero fue significativa en cuanto a la posibilidad de colaboración común entre diversas corrientes, respetándose las diferencias políticas, sin forzar una unidad artificial y empobrecedora.

La sección más fuerte era aparentemente la de Chile, país en donde, agotada la experiencia mexicana, aparecerá una segunda edición de *Mundo* a partir de 1946 (no he podido averiguar cuántos números se publicaron). Entre los integrantes de la sección chilena de «Socialismo y Libertad» encontramos a Pierre Letelier, Juan Sandoval, Julio Lagos y Clodomiro Almeyda (quien, décadas después, se desempeñaría como ministro de Relaciones Exteriores en el gobierno de Salvador Allende).

Ojeando las páginas de la revista, el lector queda impresionado por la actualidad de los temas tratados y el rigor del análisis. Aparte la abundancia de información sobre la resistencia antifascista en los principales países europeos (no olvidemos que las comunicaciones intercontinentales eran muy difíciles por la guerra, y había que franquear la censura) encontramos reflexiones teóricas de muy alto nivel sobre la cultura mexicana; bolchevismo, estalinismo y trotskismo; la naturaleza socioeconómica de la URSS; la cuestión judía; el nacionalismo; la revolución en la India; el cardenismo; la situación en varios países latinoamericano, entre otros temas.

También leemos reseñas bibliográficas, una página cultural, e ilustraciones a cargo del pintor Vlady y del dibujante Bartolí. Dos psicoanalistas, Fritz Fränkel y Herbert Lennhof aportan estudios sobre el tema «socialismo y psicología».

---

deo», *Revista Storica dell'anarchismo*, Biblioteca Franco Serantini, Pisa, año 11, n.º 1, enero-julio de 2004.

17/   M. Rago, *Entre la historia y la libertad*, ob. cit., p. 151.

Entre los corresponsales en el extranjero destacan: el conocido anarquista alemán Rudolf Rocker, el socialista libertario Sebastian Franck (Henry Jacoby), ambos exiliados en Estados Unidos; el socialista libertario norteamericano Dwight Macdonald, director de la revista *Partisan Review*;[18] Jay Prakash Narayan, secretario general del Partido Socialista de India;[19] y Angélica Balabanov, destacada militante socialista y exsecretaria de la Komintern (antes de romper con los bolcheviques hacia 1923).

El lector queda fascinado por la amplitud de criterios de los redactores: hasta la fecha *Mundo* queda como uno de los pocos intentos (otro podría ser el de la revista *Claridad* de Argentina, bajo la dirección de Antonio Zamora) en el que socialistas de varias tendencias intentaron un intercambio de ideas, sin caer en sectarismos.

En el número 11 de la revista (enero de 1945) leemos: «Socialismo y Libertad representa la síntesis ideológica de los conceptos libertarios y humanos de la filosofía anarquista y del realismo constructivo del socialismo marxista». Y es que entre los miembros del grupo había marxistas luxemburguianos como Pivert, marxistas libertarios como Serge, anarquistas como Mestre, Fidel Miró y Mollie Steiner y *bundistas* como Abrams.[20]

Fue pues, un intento —por así decirlo— «ecuménico» de plantear un nuevo comienzo a partir de un severo diagnóstico de las vicisitudes del movimiento obrero internacional y de una síntesis de la experiencia de las diferentes corrientes socialistas. Aunque su fracaso es evidente, queda como un esfuerzo serio en esta dirección.

Mundo tenía una sede, el Centro Cultural Ibero-Mexicano (V. Carranza, 50, Col. Centro, México, DF). Aquí los exiliados organizaban

---

18/   Sobre las relaciones entre Víctor Serge y la izquierda norteamericana véase: Alan Wald, «Victor Serge and the New York antistalinist left», en S. Weissman (compiladora), *The ideas of Victor Serge. A life as a work of art,* Glasgow: Critique Books, 1997, pp. 99-117.

19/   Sobre la trayectoria de este militante hindú, compañero de Gandhi y Nerhu, fallecido en 1979, véase: Allan and Wendy Scarf, *J. P. His Biography,* Nueva Delhi: Orient Longman Limited, 1998.

20/   El *Bund* era la organización de los obreros judíos rusos y uno de los grupos fundadores de la socialdemocracia rusa. Véase: Henri Minczeles, *Histoire générale du Bund. Un mouvement révolutionnaire juif,* París: Editions Denoël, 1999.

encuentros y debates sobre temas de actualidad, siendo repetidas veces atacados por militantes del PCM. Estos eran, en ocasiones, dirigidos por el italiano Vittorio Vidali, alias Carlos Contreras, agente de la GPU, ex comisario político de la V° Regimiento en España, a la sazón exiliado en México.

La marginalización del grupo

El movimiento «Socialismo y Libertad» nunca cundió en México y, a medida que se acercaba el final de la guerra, se fue debilitando todavía más. ¿Por qué el impacto de un círculo que aglutinaba personalidades relevantes y con un amplio historial de militancia revolucionaria fue tan limitado? ¿Por qué las principales historias de la izquierda ni siquiera los mencionan?[21]

Esto se debe en gran parte a que muchos de nuestros exiliados nunca se integraron en la vida social y política del país y no deseaban prolongar su residencia más allá de la guerra. Con la salvedad de Víctor Serge —quien tenía un diagnóstico más bien pesimista que le causó muchas críticas pero que a la postre se reveló correcto—, la mayor parte de ellos pensaba que en Europa la derrota del nazifascismo iba a desembocar en una situación prerrevolucionaria parecida a la de 1919-21 y anhelaba participar en el desenlace de los acontecimientos. Entre 1945 y 1946, casi todos se trasladaron a Francia, salvo Serge —quien (supuestamente) murió de ataque cardiaco en la Ciudad de México en 1947— y Gustav Regler, quien se asentó en Tepoztlán, Morelos, dedicándose en los años sucesivos a la literatura y al estudio de las culturas prehispánicas (murió en 1966 en el curso de un viaje a la India).[22]

Hay, sin embargo, otras razones mucho más importantes. El grupo tuvo que enfrentarse a todos los dogmatismos: no solamente al estalinismo del PCM —entonces cercano al PRI por cuyos candidatos, Manuel Ávila Camacho y Miguel Alemán llamó a votar en las elecciones

21/   Véase por ejemplo el clásico estudio de Barry CARR, *La izquierda mexicana a través del siglo XX,* México: Era, 1996.
22/   Véase: Gustav REGLER, *Terre Bénie, Terre Maudite. Le Méxique à l'hombre des siècles,* Monaco: Éditions du Rocher, 1953 (traducción del texto alemán, *Vulkanisches land*).

de 1940 y 1946— sino también al trotskismo y, sobre todo, al lombardismo, la ideología oficial del movimiento obrero en México —una ideología particularmente curiosa que se podría definir como mezcla de estalinismo y ...anticomunismo con importantes ramificaciones en América Latina y en Estados Unidos.[23]

A esto hay que añadir, por supuesto, la hostilidad de la derecha, cuyo exponente principal era José Vasconcelos. De alguna manera el grupo se configura pues como revelador del conjunto de circunstancias que privaban en la política mexicana, de tal manera que su «ausencia» del escenario nacional es sintomática.

Una historiadora especializada en el estudio de la migración, Dolores Pla, señala que algunos refugiados españoles vivieron en México un «doble» exilio.[24] Aun cuando ella alude básicamente al problema de la minoría catalana, la misma hipótesis se puede aplicar a los disidentes del comunismo soviético. Alterando la famosa expresión de Orwell, se podría decir que unos exiliados eran «más exiliados» que otros.

Al narrar su experiencia en el campo de concentración de Le Vernet, Francia, Arthur Koestler —quien compartió su experiencia con Gustav Regler— definió como «escoria de la humanidad» la figura del disidente desarraigado y despojado incluso de su identidad política.[25] En la misma época, otras obras literarias evocan sentimientos parecidos: Jean Malaquais lo hizo en el *Diario de un meteco* y en *Planeta sin visado;*[26] Max Aub (también huésped de Le Vernet) como parte de *El laberinto mágico* —enorme fresco en seis tomos sobre la guerra civil española— escribió *Campo francés;*[27] y Víctor Serge consagró sus vivencias en la desgarradora novela, *Les Derniers Temps,* escrita en México.[28]

23/ Sobre el lombardismo en América Latina, véase Lourdes Quintanilla, *Lombardismo y sindicatos en América Latina,* México: Fontamara, 1982. Sobre el lombardismo en los EE.UU.: Luis Fernando Álvarez, *Vicente Lombardo Toledano y los sindicatos de México y Estados Unidos,* México: UNAM-Praxis, 1995.

24/ Dolores Pla, «Una convivencia difícil. Las diferencias dentro del exilio republicano español en México» en: Pablo Yankelevich, ob. cit.

25/ Arthur Koestler, *Oeuvres autobiographiques,* París: Laffont, 1994.

26/ Jean Malaquais, *Journal de guerre suivi de Journal du métèque,* 1939-1942, París: Phébus, 1997; J. Malaquais, *Planète sans visa,* París: Phébus, 1999. En la segunda obra aparecen retratados tanto Serge como Vlady.

27/ M. Aub, *Campo francés,* Madrid: Alfaguara, 1998.

28/ V. Serge, *Les Derniers Temps,* París: Grasset, 1951.

El empleo de términos como meteco, desarraigado, escoria de la humanidad, etc. nos remite al universo espiritual que vivieron estos autores. No es por demás señalar que los comunistas acusaron a Serge, a Pivert y a la gente del POUM de ser la quinta columna de los nazifascistas en México. Esto sucedía en un momento extremadamente delicado, cuando México estaba por declarar la guerra a las potencias del eje y una tal acusación podía valer la expulsión o el encarcelamiento.

¿Qué impacto tuvieron en México las ideas del revolucionario ruso-belga, su terco apego a la tradición libertaria y, al mismo tiempo, su igualmente terca defensa del octubre bolchevique? Recordemos que Serge había sido en 1933 el primer autor de filiación marxista en emplear el término «totalitarismo» con respecto a la URSS.[29]

Como escribe Horacio Tarcus, «además del carácter de expatriados de sus editores, creo que el posicionamiento político que asume el grupo "Socialismo y Libertad" era imposible para la época. "Imposible" en el sentido de que nadie, ni populistas, ni estalinistas, ni socialistas reformistas, ni trotskistas ortodoxos, querían ni podían *escuchar* este tipo de ideas. No era posible hacer política, en el sentido fuerte del término, con estas ideas en los años treinta ni cuarenta. Apenas ahora, hay un poco de mayor audibilidad para nuestras ideas».[30]

¿Quinta columna?

En el curso de algunas pesquisas que hice en el Archivo General de la Nación, encontré información sobre nuestros exiliados en apartados donde se les trata precisamente de «nazifascistas».[31] Los documentos en cuestión son informes confidenciales de agentes de inteligencia del Gobierno mexicano que, curiosamente, revelan una mirada muy parecida a la de la izquierda estalinista. ¿Contaban los comunistas con sim-

---

29/ La carta se puede leer en las memorias de Serge. Véase la nueva edición bajo el título, *Memorias de mundos desaparecidos (1901-1941),* México: Siglo XXI, 2002, pp. 285-86. Esta carta fue señalada entre otros por Enzo Traverso en: *Le Totalitarisme. Le XX° siècle en débat,* París: Du Seuil, 2001, pp. 278-281.

30/ Horacio Tarcus, carta al autor, 13 de junio de 2007.

31/ Galería 3, Ávila Camacho, apartado «Extranjeros perniciosos. Encuentros sangrientos entre nazifascistas y comunistas».

patizantes que filtraban informaciones a los servicios de inteligencia? Es posible, aunque habría que probarlo.

El hecho es que las calumnias tenían origen en la prensa comunista en el exilio —tanto española *(Nuestra Bandera)* como alemana *(Alemania Libre)*—, en *La Voz de México* (órgano del PCM) y en el periódico *El Popular* dirigido por Vicente Lombardo Toledano.

Vale la pena abundar sobre la cuestión de la «quinta columna». El término fue inventado por el general Francisco Franco, quien, en un famoso discurso trasmitido por radio durante el asedio de Madrid (1936), dijo que la marcha de las cuatro columnas nacionalistas hacia la capital se vería pronto coadyuvada por una «quinta» columna que ya estaba allí.

Esta imagen —que evoca el espectro de la traición— se propagó en el mundo entero, siendo adoptada de manera entusiasta por los partidos comunistas dependientes de Moscú que no desaprovecharon la oportunidad para así descalificar así toda oposición interna.

En un texto originalmente publicado en las postrimerías de la Segunda Guerra Mundial, el filósofo Alexandre Koyré señala que el fenómeno de la «quinta columna» es muy antiguo: ya existía en las ciudades-estado de la Grecia clásica y volvió a aparecer una y otra vez en curso de la historia. Es el «enemigo interior», un enemigo particularmente peligroso en tiempos de guerra civil y de contrarrevolución. Koyré pensaba que el fenómeno de la «quinta columna» había determinado el carácter específico de la Segunda Guerra Mundial.[32]

Por lo visto el mismo paradigma se trasladó a México y al resto de América Latina. En el «Fondo Pivert» del Centre d'histoire sociale du xx siècle en París, Francia, hallé un recorte del periódico *El Siglo,* fechado en Santiago de Chile el 18 de abril de 1942, y firmado por el dirigente comunista chileno Volodia Teitelboim[33] donde se ataca de manera violenta a Serge acusándolo de ser un agente del Eje y exigiendo se le aplique el artículo 33 (¡lo pedía desde Chile!) en cuanto extranjero indeseable.

32/   Alexandre Koyré, *La Cinquième Colonne*, París: Allia, 1997 (primera edición 1945).

33   Escritor todavía vivente, galardonado en 2002 con el Premio Nacional de Literatura de Chile.

Es cierto que en México la ultraderecha en general y los nazifascistas en particular contaban con muchos simpatizantes. Informes de inteligencia conservados en el AGN, así como testimonios y estudios históricos, ubican en el Liceo Alemán y en la revista de José Vasconcelos, *El Timón* los principales focos de la propaganda nazi en el país.[34]

Es obvio que nada tenían que ver con esto Serge y sus amigos. Por otro lado, es claro que no había ingenuidad en las acusaciones: más bien la impresión es que se trató de una conspiración orquestada desde Moscú, implementada por el PCM (en la persona de Miguel Ángel Velasco), y coadyuvada por la prensa española (Juan Comorera) y alemana en el exilio (Otto Katz, Ludwig Renn, Anna Seghers, Paul Merker, Leo Zuckermann y Erwin Egon Kisch, entre otros), así como por *El Popular* e incluso por algunos funcionarios del gobierno alemanista para descalificar a estos exiliados tildándolos de quintacolumnistas.

La conspiración involucró incluso a un grupo de ocho diputados quienes, a principios de 1942, publicaron una denuncia que avalaba las calumnias. El escándalo llegó hasta la prensa norteamericana que informó de manera detallada sobre el asunto. Este fue el momento de mayor peligro para nuestros exiliados ya que el objetivo final era su eliminación física.[35]

¿Por qué estas acusaciones absurdas? Porque la izquierda oficial (que básicamente incluía al PCM y a la CTM de Lombardo Toledano) percibía como una grave amenaza política las críticas de Serge y sus amigos a la Unión Soviética. Decían la verdad sobre el «comunismo» y esto era considerado un crimen inconmensurable. Aunque, como ya señalé, la posición de «Socialismo y Libertad» no coincidía con la de los trotskistas, el peligro que ellos representaban para el régimen soviético era análogo. De ahí que, como ya había sucedido en España, no hicieran diferencia alguna.

Esa actitud tuvo graves consecuencias para la izquierda mexicana ya que canceló durante décadas la posibilidad de un debate serio y fran-

35/ «El nazismo en México», Archivo General de la Nación, Galería 2, Dirección General de Investigaciones Políticas y Sociales, Caja 83. Véase también: Ricardo Pérez Monfort, *Hispanismo y Falange. Los sueños imperiales de la derecha española*, México, DF: FCE, 1992.

36/ M. Pivert, G. Regler, V. Serge, J. Gorkin, «¡La G.P.U. prepara un nuevo crimen!», edición de *Análisis*, México DF, 1942.

co sobre el sentido del socialismo, la naturaleza socioeconómica de la URSS, la cuestión del Estado y el qué hacer del movimiento obrero.

Bajo la justificación del nacionalismo y del antifascismo, los dueños del marxismo oficial (Lombardo Toledano y el PC, por encargo de sus amos moscovitas) cerraron el paso a este grupo de exiliados. Semejante actitud implicó una grave pérdida para el país marcando (junto a episodios aún más graves como el asesinato de Trotski) la historia de la izquierda mexicana, misma que nunca llevó a cabo una crítica radical del estalinismo.

Las corrientes subterráneas

¿Cuales fueron las relaciones del grupo con la intelectualidad mexicana? Algunos integrantes del círculo como Serge, Malaquais, Péret y Regler eran literatos de gran calibre. Todos batallaron para publicar sus textos porque las puertas de las editoriales estaban cerradas. Serge solo pudo publicar un libro en México: *Hitler contra Stalin,* publicado por su amigo Bartolomeu Costa-Amic.[36] Vlady tenía un enorme talento para la pintura pero, a pesar de ser autor de obras importantes como el mural *La revolución y los elementos,* sigue siendo el gran ausente en las historias del arte mexicano.[37]

Ya mencioné la ausencia del grupo en las historias políticas de México, pero las historias culturales tampoco registran su presencia. A manera de ejemplo se puede citar el estudio de Fabienne Bradu sobre Benjamin Péret, mismo que no menciona su participación en la revista *Mundo,* aun cuando el poeta figura entre sus colaboradores desde el primer número.[38]

Una excepción es Octavio Paz, quien escribe en *Itinerario:*

> «A principio del año 1942 conocí a un grupo de intelectuales que ejercieron una influencia benéfica en la evolución de mis ideas políticas: Víctor Serge, Benjamin Péret, el escritor Jean Malaquais, Julián Gorkin, dirigente

36/ V. SERGE, *Hitler contra Stalin.* México: Ediciones Quetzal, 1941. El fundador de la editorial, Bartolomeu Costa-Amic, era uno de los integrantes del grupo.
37/ Pintado entre 1973 y 1982, ese mural de 2.000 metros cuadrados adorna las paredes de la Biblioteca Miguel Lerdo de Tejada de la Ciudad de México.
38/ Fabienne BRADU, *Benjamin Péret en México,* México: Aldus, 1998.

del POUM, y otros (a Víctor Alba lo conocería meses después). Se unía al grupo a veces el poeta peruano César Moro. Nos reuníamos en ocasiones en el apartamento de Paul Rivet, que fue después director del museo del hombre de París. Mis nuevos amigos venían de la Oposición de Izquierda. El más notable y el de mayor edad era Víctor Serge (...). La figura de Serge me atrajo inmediatamente. Conversé largamente con él y guardo dos cartas suyas. En general, excepto Péret y Moro, ambos poetas con ideas y gustos parecidos a los míos, los otros habían guardado de sus años marxistas un lenguaje erizado de fórmulas y secas definiciones. (...) Su crítica me abrió nuevas perspectivas pero su lenguaje me mostró que no basta cambiar de ideas, hay que cambiar de actitudes. Hay que cambiar de raíz. Nada más alejado de los dialécticos que la simpatía humana de Serge, su sencillez y su generosidad. Una inteligencia húmeda. Víctor Serge fue para mí el ejemplo de la fusión de dos cualidades opuestas: la intransigencia moral e intelectual con la tolerancia y la compasión. Aprendí que la política no es solo acción, es participación».[39]

He aquí una pista interesante: el joven Paz —a la sazón simpatizante comunista y participante en el Congreso Antifascista de Valencia de 1937—[40] encontró a este grupo de exiliados en un momento importante de su vida, cuando entraba en crisis su ideología estalinista. Si bien los frecuentó durante poco tiempo (Paz dejó México en 1943 para no volver sino hasta diez años después), es obvio que el poeta quedó impactado.

¿En qué medida repercutió el encuentro en su desarrollo intelectual posterior? ¿Es posible encontrar una influencia de Víctor Serge en la crítica de Paz al totalitarismo?

Serge y Péret también colaboraron con las revistas *Así* y *El hijo pródigo,* lo cual nos remite a otras posibles redes culturales que sería interesante investigar. Según informa Fabienne Bradu, en 1944, Serge publicó en *El hijo pródigo* un artículo sobre «El mensaje del escritor» traducido al español por el poeta peruano César Moro.[41]

¿Qué influencia tuvo la experiencia del exilio mexicano en el desarrollo intelectual de nuestros autores? Es notable el interés de algunos miembros del grupo con respecto a las culturas prehispánicas.

39/   O. PAZ, *Itinerario,* México: FCE, 1993, p. 74. Las referencias a Víctor Serge son numerosas en la obra de Octavio Paz.

40/   Sobre las simpatías comunistas del joven Paz, es imprescindible el relato de Elena GARRO, *Memorias de España 1937,* México: Siglo XXI, 1992.

41/   F. BRADU, ob. cit., p. 30.

Compilador de una antología sobre mitos, leyendas y cuentos populares de América, Péret fue un admirador y un difusor de estas culturas en Francia.[42] Regler es autor de un libro sobre el México prehispánico y Serge de cuentos y ensayos inéditos sobre el mismo tema que encontré en el archivo de Vlady (los originales se encuentran en la biblioteca de la Universidad de Yale que conserva un fondo Víctor Serge). Serge influenció además la obra de quien a la sazón era su esposa, la futura arqueóloga, Laurette Séjourné (Laura Valentini), autora de libros de referencia sobre el México prehispánico.[43]

Es interesante seguir los pasos de Víctor Serge, quien vivió en México los últimos seis años de su vida (1941-1947), redactando aquí parte de sus monumentales *Memorias de un revolucionario* (que sin embargo no abarcan el período mexicano), así cómo las novelas *Les années sans perdon*, *Les Derniers Temps*, los *Carnets* y *Vida y muerte de León Trotski* (este último en colaboración con la viuda de Trotski, Natalia Sedova) además de cuentos, poemas, y un sinnúmero de artículos y ensayos en gran parte inéditos.[44]

Por cierto que este autor no era un desconocido en América Latina. En los años veinte y treinta, la revista *Claridad* de Buenos Aires había dado a conocer sus reportajes sobre la vida cultural y social en la Unión Soviética y había reseñado algunos de sus libros. En su número 315 correspondiente a julio de 1937, *Claridad* había publicado la carta que Víctor Serge escribió a sus amigos cuando logró salir de la URSS. La revista tenía cierta circulación en México y algunos de sus números se pueden todavía encontrar en las librerías de viejos de nuestra capital.

Gracias a la labor de la editorial española Cenit (también distribuida en América Latina), los lectores de lengua española conocían algunas de sus novelas, además de artículos y ensayos aparecidos en: *Bohemia* (Cuba), *Argentina Libre* (Buenos Aires) y *Así* (México). Otras publicaciones que se ocuparon de Serge fueron *La protesta,* dia-

---

42/   Véase también el magnífico poema de Benjamin PÉRET, *Aire mexicano* publicado por primera vez en París en 1953, traducido por José de la Colina y publicado por la Editorial Aldus con ilustraciones de Rufino Tamayo, México, 1996.

43/   M. GRAULICH, «Le couple Kibaltchitch et la civilisation mexicaine», en *Socialisme,* n.º 226-227, Bruselas, 1991 (número especial dedicado a Víctor Serge).

44/   Véase C. ALBERTANI, «Víctor Serge en la Ciudad de México», en *A pie. Crónicas de la Ciudad de México,* año 3, n.º 9, julio/septiembre de 2005.

rio anarquista de Buenos Aires y la revista chilena *Babel,* dirigida por Samuel Glusberg.[45]

Gustav Regler escribió en México sus memorias (*Das Ohr des Malchus,* 1958), recientemente reeditadas en Francia bajo el título *Le glaive et le fourreau,* y generalmente consideradas una de las fuentes más importantes para la historia del comunismo europeo en los años treinta.[46] Pivert publicó en México el folleto *¿A dónde va Francia? De Versailles a Compiègne,* y fue uno de los fundadores del Instituto Francés de América Latina (IFAL) del cual fue también director.[47]

Víctor Serge falleció en 1947 en un taxi como Tina Modotti, exagente soviética y excompañera del agente estalinista Vittorio Vidali. ¿Ataque cardiaco? ¿Asesinato? Aunque estas dudas probablemente nunca se podrán esclarecer, lo cierto es que en el país había numerosos agentes soviéticos. No olvidemos que, con la complicidad de miembros destacados del PCM, Ramón Mercader había ultimado a León Trotski pocos años antes.

Epílogo: ¿quién descubrió la identidad de Ramón Mercader?

Una muestra del ostracismo a que fue sometido «Socialismo y Libertad» es el misterio que rodea la identidad del asesino de Trotski, verdadera novela dentro de la novela policial que envuelve el crimen de Coyoacán. En la actualidad, se atribuye el descubrimiento a dos personas: el general Leandro Sánchez Salazar, supuesto autor de una monografía sobre el tema, y el criminólogo Alfonso Quiroz Cuarón, pretendido descubridor de la identidad de Ramón Mercader.[48]

La realidad es otra y el enigma no es tan difícil de resolver: basta con seguir los pasos de nuestros exiliados. Julián Gorkin llegó a México

45/   H. Tarcus, «Huellas de un socialista libertario en nuestra cultura», http://www.fundanin.org/tarcus1.htm. Del mismo autor véase también: *Mariategui en la Argentina o las políticas culturales de Samuel Glusberg,* Buenos Aires: Ediciones El cielo por asalto, 2001.

46/   G. Regler, *Le glaive et le fourreau,* París: Babel, 1999.

47/   M. Pivert, *¿A dónde va Francia? (de Versailles a Campiegne),* México: Costa-Amic editor, DF, 1942.

48/   Leandro Sánchez Salazar, *Así asesinaron a Trotski,* México DF: Populibro, 1955.

en mayo de 1940, tres meses antes del asesinato de Trotski. El antiguo director de *La Batalla* conocía personalmente al líder bolchevique, pero los dos hombres no se volvieron a encontrar pues sus relaciones se habían tensado a raíz de graves desacuerdos sobre la fundación de la IV Internacional y la participación del POUM en el gobierno del Frente Popular en España.

Ya consumado el drama Gorkin —quien conocía bien los entretelones del movimiento comunista internacional por haber sido él mismo uno de sus agentes—[49] emprendió una provechosa colaboración con Sánchez Salazar, exjefe del servicio secreto de la policía mexicana y encargado de la investigación policial. El trabajo común desembocó en el libro *Así asesinaron a Trotski,* publicado en francés en 1948 y rápidamente traducido a varios idiomas. En la edición mexicana de 1955, aparecen varios anexos en donde se detalla que el tristemente célebre Jacson-Mornard era en realidad el comunista catalán Ramón Mercader.[50]

El libro fue firmado únicamente por Sánchez Salazar, pero es claro que este se limitó a proporcionar la documentación —sumamente valiosa— sobre sus investigaciones e interrogatorios. El autor principal es Gorkin pues el libro contiene una cantidad impresionante de datos sobre el estalinismo, la guerra civil española y los mecanismos de la GPU que Sánchez Salazar no podía conocer.

En la edición francesa ampliada de 1970 figura el nombre de Gorkin mientras que desaparece el de Salazar.[51] Bajo el título, *El asesinato de Trotski,* esta versión circuló ampliamente en México sin que hubiera quejas por parte de Sánchez Salazar, ni de sus herederos.[52]

No es por demás señalar que un antiguo miembro del Partido Co-

---

49/   Véase J. Gorkin, *El revolucionario profesional (Testimonio de un hombre de acción),* Barcelona: Aymá, 1975.

50/   L. Sánchez, ob. cit., pp. 196 y 253-56. El libro lleva una introducción y varios anexos que llevan la firma de Julián Gorkin.

51/   J. Gorkin, *L'assassinat de Trotsky,* París: Éditions Julliard, 1970. Después del derrumbe de la URSS, los hallazgos de Gorkin fueron comprobados por Lev Vorobiev, «L'assassinat de Trotsky décrit par ses assassins» (trad. del ruso por Jean-Michel Krivine), *Critique communiste,* París, 1998, pp. 92-94.

52/   J. Gorkin, *El asesinato de Trotski,* Barcelona: Editorial Círculo de lectores, 1972.

munista Mexicano, José Woldenberg, realizó en 2005 una adaptación radiofónica del libro en donde todavía se le atribuye la autoría del libro solamente a Sánchez Salazar sin mencionar siquiera a Gorkin a pesar de las ediciones citadas.[53]

No es todo. La explicación aceptada —incluso por una historiadora seria y documentada como Olivia Gall— continúa siendo que la identidad de Mercader fue revelada por el doctor Alfonso Quiroz Cuarón, por ser el autor de un extenso estudio de la personalidad del asesino realizado en los meses sucesivos al crimen de Coyoacán.[54]

Es verdad que en 1950, el conocido criminólogo hizo un viaje a España en donde consultó fichas policiales relacionadas con la guerra civil, cotejó huellas digitales e realizó varias entrevistas, una de ellas al padre de Ramón, Pablo. Poco después, publicó un extenso artículo en la revista *Études Internacionales de Psycho-Sociologie Criminelle* de París «revelando» que el nombre del asesino de Trotski no era Jacques Mornard, ni Frank Jacson, sino Jaume Ramón Mercader del Río, comunista catalán nacido en Barcelona en 1913.[55]

La verdad es que el autor del crimen fue identificado a principios de los años cuarenta por refugiados españoles integrantes de «Socialismo y Libertad» que lo conocían bien desde los días de la guerra civil. Los testimonios al respecto son numerosos, aunque sistemáticamente ignorados.

Vlady me comentó en muchas ocasiones que sus antiguos compañeros del POUM habían sido los descubridores de la identidad de Mercader. Lo dicho por Vlady se corrobora fácilmente revisando los *Carnets* de Víctor Serge. En la entrada correspondiente al 17 de abril de 1944, leemos que «algunos camaradas españoles han llegado a la conclusión

---

53/   La radionovela fue transmitida por Radio UNAM. Véase: *La Jornada*, 19 de mayo de 2005.

54/   Olivia GALL, *Trotski en México y la vida política en el período de Cárdenas. 1937-1940*, México: Editorial Era, 1991, p. 324. Gall escribe que en 1950 un refugiado catalán le comentó a Vlady haber reconocido un refugiado catalán en las fotos de Mornard. El refugiado en cuestión es Bartolí y la información es correcta, pero está equivocado el año. No fue en 1950, sino a principio de los cuarenta, lo cual hace mucha diferencia.

55/   José Ramón GARMABELLA, *El grito de Trotsiy. Ramón Mercader, el hombre que mató al líder revolucionario*, México: Editorial Debate, 2006, p. 283. Este libro es una nueva versión de un texto anterior del mismo autor, *Operación Trotski*, México: Editorial Diana, 1972, plagado de errores y afirmaciones tendenciosas.

de que "Mornard" es un catalán de apellido Mercader». Y añade: «A. S. P. estaba firmemente convencido de haberlo reconocido».[56]

Hay más. En 1950, la revista norteamericana *The New International,* publicó la traducción al inglés de tres entradas más de los *Carnets* que —por razones incomprensibles— no figuran en la citada edición francesa. Ahí aprendemos que el 6 de agosto de 1947 el escritor ruso-belga logró acceder a la cárcel de Lecumberri y encontrar personalmente al asesino (a quien menciona con su nombre) y a su mujer, la mexicana Roquelia Mendoza. Con su habitual maestría para retratar a las personas que encontraba, Serge esboza una larga y espeluznante descripción de Mercader: «un ser con una vitalidad animal (...), una mirada evasiva, en ocasiones dura y reveladora».[57]

Anota también que «el doctor Q. piensa que el asesino podría ser de origen balcánico» lo cual confirma la evidencia: a pesar de haberlo entrevistado durante seis meses (por un total de 972 horas redactadas en 1359 cuartillas, según Garmabella) en los años 1940-41, Quiroz Cuarón nunca habría descubierto la verdadera identidad de Mercader si no hubiera recibido la información de Gorkin y demás exiliados antiestalinistas. Lo que sí hizo el criminólogo —y no es poca cosa— fue comprobar que la información correspondía a la verdad.

Otro testimonio importante y sistemáticamente tergiversado es el de Bartolomeu Costa-Amic, antiguo militante del POUM y fundador de las Ediciones Quetzal (después Costa-Amic). En su libro, *León Trotski y Andreu Nin. Dos asesinatos del estalinismo,* Costa cuenta que entre noviembre de 1936 y febrero de 1937 visitó México en calidad de integrante de una delegación del POUM que gestionaba ayuda para la república española. Él y sus compañeros se reunían diariamente con Lombardo Toledano y Miguel Ángel «el Ratón» Velasco en las instalaciones del periódico *El Popular.* Juntos organizaban visitas a organizaciones obreras y sindicatos para dar a conocer los detalles de la guerra antifranquista en España.

56/   V. SERGE, *Carnets,* Avignon: Éditions Actes Sud, 1985, p. 91. A. S. P. es Agustí S. Puértola, fotógrafo de prensa catalán.

57/   V. SERGE, «The assassin and its crime», *The New Internacional,* vol. XVI, n.º 5, septiembre-octubre de 1950, pp. 309-313. Las otras dos entradas son del 21 de julio de 1945 y 3 de julio de 1946. Agradezco a Alejandro Gálvez Cancino haberme proporcionado el documento.

Todo marchaba sobre ruedas hasta que llegó a México Caridad Mercader —madre del futuro asesino— y se entrevistó con Lombardo y los directivos de la CTM. A partir de ese momento el director de *El Popular* nunca más recibió a los militantes del POUM. Costa conocía a Caridad —y también a su hijo Ramón— como una fanática estalinista «dispuesta a morir y a matar por sus ideas» pues esta había sido colega de su primera esposa en los almacenes La Innovación de Barcelona.[58]

El autor publica dos fotos periodísticas del desfile del 20 de noviembre de 1936 en la Ciudad de México en donde se reconoce a Caridad Mercader, desfilando junto a Lombardo Toledano, al «Ratón» Velasco y al futuro dirigente vitalicio de la CTM, Fidel Velásquez.[59]

Costa tenía, además, una encomienda de Andreu Nin, ministro de Justicia del gobierno autónomo de Cataluña, dirigente del POUM y antiguo colaborador de Trotski: tramitar una visa para el dirigente bolchevique, a la sazón exilado en Noruega. Gracias a los buenos oficios del general Mújica, el representante del POUM logró entrevistarse con el presidente Cárdenas quien accedió inmediatamente a la petición.[60] Trotski llegó a Tampico el 9 de enero de 1937 y Costa se entrevistó dos veces con él como resulta de las fotos publicadas en el libro. Meses después, Nin pagaría con la vida su lealtad hacia el creador del Ejército Rojo.[61]

Entonces nadie sabía que Caridad Mercader era amante de Leonid Eitingon, el agente de la GPU encargado de la dirección técnica del asesinato de Trotski. Pronto, la fanática estalinista entregaría a su hijo Ramón a los verdugos de Stalin para acabar con la vida del fundador del Ejército Rojo. Costa cuenta que, intuyendo sus intenciones, le espetó a Caridad en lengua catalana: «tú cabrona has venido a preparar el asesinato de Trotski».[62]

58/   Bartolomeu Costa-Amic, *León Trotski y Andreu Nin. Dos asesinatos del estalinismo,* México: Altres-Costa-Amic, 1994, pp. 57-59.

59/   Ob. cit., 86 y 97

60/   Según Costa, cuando intervinieron Diego Rivera y de los militantes trotsquistas mexicanos, Cárdenas ya había tomado la decisión.

61/   Nin fue detenido el 16 de junio de 1937 en Barcelona y sucesivamente asesinado por agentes de la GPU que no le pudieron arrancar la «confesión» de ser un espía de Franco. Véase: C. Albertani, «Vittorio Vidali, Tina Modotti, el estalinismo y la revolución», www.fundanin.org/albertani3.htm.

62/   B. Costa-Amic, ob. cit., p. 24 y 57.

Por último, se impone una pregunta: ¿por qué Serge no reveló la identidad de Mercader en su libro póstumo sobre Trotski y, asimismo, por qué Gorkin esperó tanto tiempo?[63]

En un artículo publicado en 1948 en la edición chilena de la revista *Mundo* —en donde, dos años antes de la «revelación» de Quiroz Cuarón, ya menciona el nombre de Mercader—[64] Gorkin nos da la respuesta: «se opusieron a ello circunstancias internacionales. (...) Después de la invasión de la URSS por parte de los nazis (1941), Stalin se volvió aliado de Occidente: se me sugirió entonces la inconveniencia de publicar el libro en tales circunstancias».[65]

Si se hubiera sabido que un comunista español era el asesino de Trotski, habría aumentado el rechazo a los exiliados creando una situación muy incómoda al Gobierno mexicano que seguía reconociendo a la República padeciendo el acoso de la derecha.

Es por esto que los militantes de «Socialismo y Libertad» optaron por mantener el secreto. Increíblemente, 60 años después se les sigue regateando el crédito.

63/   V. SERGE, *La vida y la muerte de León Trotski,* México: Juan Pablos Editores, 1971 (primera edición en francés, 1951).

64/   La cita comprueba la mala fe de Garmabella quien, dando por asentada la ignorancia de sus lectores, escribe que Gorkin recibió la información de Quiroz Cuarón. Véase: ob. cit., p. 311. No vale la pena refutar la otras (numerosas) falsedades que contiene el libro.

65/   J. GORKIN, «Así mataron a Trotski», revista *Mundo,* n.º 3, Santiago de Chile, abril-mayo de 1948.

¿QUIÉN ES VLADY?
(Y POR QUÉ ES IMPORTANTE SABERLO)*

Claudio Albertani

> *Sin lugar a dudas, lo sublime en el arte existe. Pero: ¿podemos quedarnos ahí? Podríamos en épocas todavía desconocidas, cuando el hombre no tendrá la posibilidad de reducir a su vecino a la miseria, ni tampoco de enviarlo a la muerte. En épocas así, cada quien será libre de nadar en lo sublime. En cuanto a nosotros: ¿cómo tener la conciencia tranquila, cómo gargarizarse con el arte puro cuando en las calles la sangre coagulada sube hasta nuestras rodillas?*
>
> Panaït ISTRATI

Hijo de Víctor Serge, el gran escritor que nos narró las revoluciones traicionadas, Vlady es uno de los mayores pintores contemporáneos de México y, me atrevo a decir, del mundo. Formidable muralista, consumado dibujante, finísimo grabador, magnífico pintor de caballete, su vida y obra responden de manera genial y creativa a los retos del arte contemporáneo y ofrecen una respuesta a su crisis. Vlady vivió en carne propia los traumas no solamente artísticos, sino históricos, filosóficos y políticos del siglo XX, pero no era lo que comúnmente se define un «artista comprometido», pues rechazaba el arte que reivindica sus cualidades en función de virtudes políticas.

Se ha dicho que fue el producto de tres tradiciones, la rusa, la europea y la mexicana. Es verdad, pero hay mucho más. Lo primordial, escribió el poeta Jorge Hernández Campos, es su relación carnal con la historia. «Para Vlady, la historia ha sido, es, el corazón, la saliva, la pupila del ojo, la asfixia, el éxtasis, y la huida perpetua de un Sísifo que

---

*/ Reelaboración de una plática ofrecida a los estudiantes de la carrera de Arte y patrimonio cultural en el plantel Tezonco de la Universidad Autónoma de la Ciudad de México (UACM) el 27 de junio de 2008. La idea del título me surgió de un folleto de J. HOBERMAN, «¿Quién es Victor Serge... Y por qué tenemos que preguntar?» cuya publicación Vlady auspició en los años ochenta.

quiere escapar de su matriz.»[1]

Torbellinos

Vladimir Kibálchich Russakov nació en Petrogrado (después Leningrado, hoy, San Petersburgo), el 15 de junio de 1920, por así decirlo, en el vientre de la revolución y murió en Cuernavaca, Morelos, el 21 de julio de 2005.

La madre, Liuba Russakov, procedía de una familia de anarquistas judíos emigrados a Francia y había conocido a Víctor Serge —alias Victor Llovich Kibálchich, de origen ruso-belga, también militante libertario— en el barco que los llevaba a la Unión Soviética, el país de la revolución. Bien recibidos como lo fueron entonces muchos anarquistas, Víctor y Liuba se establecieron en el Astoria, el famoso hotel convertido en residencia de revolucionarios. Ahí nació Vlady, a quien le gustaba contar que se había orinado en Lenin, porque el jefe bolchevique lo había cargado de bebé... Liuba trabajaba como estenógrafa en la oficina de Zinóviev, Víctor era funcionario de la III Internacional. Una foto de principios de los años veinte, tomada en Viena, muestra a Vlady niño retratado con algunos compañeros de su padre, entre los cuales se reconoce a Antonio Gramsci.

Vlady creció rodeado de ideas, libros y cultura universal, en el crisol de ese gran laboratorio espiritual que era la Rusia de entonces. En casa se hablaba francés y ruso, pero también español, inglés, alemán y los muchos idiomas en que se expresaban los innumerables visitantes procedentes de los cuatro rincones del mundo. Su infancia estuvo marcada por la presencia de grandes poetas como Pilniak, Mandelstham y Babel, escritores de fama internacional como Panaït Istrati y Nikos Kazantzakis, disidentes tempraneros como Emma Goldman y Alexander Berkman, anarquistas místicos como Pierre Pascal, hombres de poder y opositores, bolcheviques del primer círculo y bolcheviques de a pie.

1/ Jorge HERNÁNDEZ CAMPOS, «La eternidad de lo infinitamente efímero», http://www.vlady.org/biblio/campos-s.html.

Los primeros recuerdos de Vlady están asociados con el auge del estalinismo, la tragedia de la revolución que se devora a sí misma y el trágico desencuentro entre vanguardias políticas y vanguardias artísticas que se consuma no solo en Rusia, sino también en Occidente.

> «A mí no me tocó de la revolución más que las patadas de Stalin; es decir la contrarrevolución. Hoy en día, hablando ya con toda la brutalidad del caso, podemos decir que en los años veinte ya no hay revolución rusa. En 1925, cuando yo tengo cinco años, ya no hay revolución rusa, sino resistencia a la contrarrevolución rusa; resistencia que fue masacrada. Entonces, lo que mí me toca fue lo peor, la guillotina; me tocó ver gente por carretadas ir a la guillotina.»[2]

Es indudable que el destino de Vlady estaba marcado por la disidencia, pero, como la de Serge, la percepción que tenía del bolchevismo era compleja:

> «el partido bolchevique es una orden militar, una secta entregada a la difusión de un evangelio. Es la vanguardia a prueba de las tentaciones que padecen los comunes mortales. Perseguidos, los bolcheviques son brillantes, generosos y abnegados hasta el sacrificio. En el poder, practican el terror».[3]

Vlady no cumplía ocho años cuando detuvieron a su abuelo, Alexander Russakov, obrero sombrerero, por el delito de ser anarquista y, más grave aún, suegro de Serge quien se había pasado a la oposición trotskista. El viejo Russakov quedó en la memoria de Vlady como una figura radiante y en 1968 le dedicó la espléndida litografía *El abuelo nihilista*.

Después vinieron la primera detención de Víctor y las crisis psicóticas de Liuba que era demasiado frágil para encarar la persecución.

> «Supongo que el acontecimiento mayor para un muchacho de seis, siete años es que su madre se vuelva loca. Puede haber un terremoto en Siberia, una masacre en Corea: pero lo que uno va a registrar es el impacto de la locura de la madre. (...) Son ataques que vienen periódicamente y que se

---

2/   «Vladivagaciones», entrevista con Leonardo Da Jandra, «Plural», suplemento cultural del periódico *Excélsior,* n.º 168, septiembre de 1985, p. 24. El texto viene acompañado de ilustraciones de Vlady entre las que destaca un estupendo autorretrato hecho de vísceras y entrañas.

3/   Entrevista con el autor, Cuernavaca, abril de 1994.

van intensificando más hasta invadir totalmente (su) territorio mental.»[4]

A estos años se remontan las visitas de Vlady al Museo Hermitage de Leningrado que se encontraba a tres cuadras de la calle Jeliabova en donde vivía la familia. Vlady quedó profundamente impactado por el Renacimiento italiano, en particular por Giorgione y la escuela veneciana.[5] Empezó entonces a experimentar la necesidad de pintar, como una forma de evasión: «mi madre se escapó en la locura. Yo me escapé en el dibujo».[6]

En 1933, Serge y los suyos fueron deportados a Oremburgo, al sur de los Urales, antesala política y geográfica del Gulag. Permanecieron tres años en esa ciudad de clima infernal y cielos cristalinos, en donde un siglo antes Alexander Pushkin había ambientado *La hija del capitán*.

Gracias a la ayuda solidaria de sus amigos europeos, Serge logró alquilar la mitad de una modesta isba, situada en un barrio cosaco no lejos del río Ural.

> «Para un adolescente inquieto y enamorado de la pintura, Oremburgo era la frontera del mundo, el sitio en donde terminan la vida y los sueños. Lo que todavía no alcanzo a entender, sin embargo, es por qué la deportación se quedó en mi memoria como una época luminosa.»[7]

Tal vez porque pintó ahí sus primeras acuarelas de calidad —autorretratos, siluetas de otros exiliados, paisajes— y tejió una relación de gran cercanía espiritual con su padre, quien también era un acuarelista aficionado. Sentados uno frente al otro, Serge escribía y Vlady pintaba, encontrando así un poco de serenidad. Ya gravemente enferma, Liuba tuvo que regresar a Leningrado con Jeannine, la hermanita recién nacida.

Los cuatro sobrevivieron a duras penas con las regalías de los libros de Serge que, azarosamente, llegaban de Francia. Aun así estaban per-

---

4/ «Vladivagaciones», ob. cit., p. 24.

5/ En el Hermitage, se encuentra el famoso *Judith* de Giorgione, óleo sobre lienzo de 1504.

6/ Jean-Guy RENS, *Vlady. De la revolución al renacimiento,* México: Siglo XXI Editores, 2005, p. 59. Este es, de lejos, el mejor libro sobre Vlady. Agradezco Jean-Guy haberme abierto los ojos sobre la pintura de Vlady.

7/ C. ALBERTANI, *Los camaradas eternos,* manuscrito inédito.

manentemente al borde de la extenuación y Vlady se enfermó de escorbuto:

> «no alcanzo aún la edad de trabajar. No tenemos aquí en la URSS ningún medio de subsistencia. Mi padre se encuentra en la imposibilidad de hacer llegar sus nuevas obra a sus editores parisinos. (...) A mí, me acaban de expulsar de la escuela 24 de Oremburgo aunque se me conozca como alumno aplicado y no se me culpe de ninguna infracción grave a la disciplina de la escuela».[8]

Al final, fueron liberados y expulsados a Europa, gracias a una ruidosa campaña organizada en Francia por amigos solidarios y a la mediación de Romain Rolland, directamente con Stalin. Vlady tenía 16 años. ¿Qué dejaba? El hambre y la miseria, ciertamente. Pero, también, el recuerdo imborrable de los opositores al estalinismo (todos desaparecidos) que lo marcaría para siempre.

Exilios

Despojado de la ciudadanía soviética, Vlady pasó a engrosar las filas de los apátridas que vagaban de un lado a otro del planeta, en busca de una visa. ¿Apátrida? «Los apartidas —escribió Serge— son en realidad los hombres más atados a su patria y a la patria humana.»[9]

Después de pasar algunos meses en Bélgica, la familia llegó a París donde permaneció hasta 1940. Vlady era entonces un adolescente tímido y retraído que adoraba a su padre y se asombraba ante las «maravillas» de Occidente. Aún no estaba completamente convencido de su vocación artística y militaba en el Partido Obrero de Unificación Marxista (POUM), la agrupación comunista disidente de España cuyos principales dirigentes estaban siendo masacrados por los esbirros de Stalin. En la Exposición Universal de París (1937), se acercó a los cuadros de Van Gogh quedando subyugado por «esa exigencia despiadada» que impregna la obra del artista holandés. «Me abrió los ojos. Van Gogh me

---

8/ Carta de Vlady a M. Mac Kenzie, secretario general del Comité de Socorro a los Niños, 7 de junio de 1935. En *Cahiers Henry Poulaille*, n.º. 4-5, «Hommage à Victor Serge (1890-1947)», Bassac: Éditions Plein Chant, 1991, pp. 97-98.
9/ V. SERGE, *Memorias de mundos desaparecidos*, México: Editorial Siglo XXI, 2001.

ordenó, como se armaba caballero a un pobre fulano. Me convirtió en mí mismo.»[10] Sobre todo, anota Jean-Guy Rens, Van Gogh representó para Vlady el descubrimiento del color.

En los cafés de Montparnasse, conoció a los surrealistas André Breton, Oscar Domínguez, Benjamin Péret, Victor Brauner, Wilfredo Lam y André Masson, entre otros. Fue el inicio de una larga relación por igual conflictiva y estimulante: «Cuando los conocí en París, a finales de los años treinta, mi actitud fue un poco visceral. Hoy, después de haberlo rechazado toda la vida, creo ser profundamente surrealista».[11]

Crecido en el ambiente más bien puritano de los revolucionarios rusos, gracias a los surrealistas Vlady se enlazó con el psicoanálisis y la tradición erótica del arte contemporáneo. Aun así, no acató las directivas de Breton sobre la pintura y siguió su propio camino intentando transformar en fiesta el duelo proclamado por la muerte del arte y cambiando el Hermitage por el Louvre.

En París, empezó también su larga trayectoria de estudioso de la pintura, no solamente frecuentando museos y exposiciones, sino también devorando libros y tratados. Particularmente importantes fue la lectura los cinco tomos de *La historia del arte* de Elie Faure, otro autodidacta genial que glorificó a los gigantes estéticos del pasado para, con su evocación de lo sublime y lo eterno, exorcizar las tinieblas del presente.[12]

Gracias a la pluma ardiente de Faure, Vlady descubrió nuevos motivos para amar el Renacimiento, esa grandiosa epopeya del individuo que emerge de los dogmas, de los ritos y de las confesiones para romper todas las reglas y franquear todos los límites.

La utopía del joven pintor empezaba a tomar forma, pero fue interrumpida bruscamente por la llegada de los nazis a París el 14 de junio de 1940. Vlady, que el día 15 cumplía 20 años, no solo era hijo de «comunistas», sino que, además, era judío por parte de madre. Para el joven artista, empezó entonces una nueva etapa de angustias y después de varias peripecias llegó a Marsella en donde se reunió con Serge y otros desterrados.

10/   J.-G. Rens, ob. cit., p. 59.

11/   Entrevista con el autor, abril de 1994. La misma opinión había expresado Vlady diez años antes en la entrevista con L. Da Jandra, ob. cit., p. 28.

12/   Elie Faure, *Historia del Arte*, México: Editorial Hermes, 1972. Faure era sobrino del famoso geógrafo anarquista Elisée Reclus y hermano de Sébastien Faure, editor del periódico *Le libertaire* del que Serge había sido corresponsal en Moscú.

Mientras tanto, la catástrofe europea había desbaratado la familia. Ante la inminencia del peligro, Jeannine había sido confiada a una familia de amigos solidarios en Suiza (llegaría a México en 1942, junto a la nueva compañera de Serge, la futura arqueóloga Laurette Séjourné).

Liuba había sido internada en una clínica de Aix-en-Provence de la que nunca saldría y en donde fue atendida por el Dr. Gaston Ferdière, un psiquiatra amigo de los surrealistas que curó también al poeta Antonin Artaud. Ahí se quedaría más de cuarenta años, sumida en los abismos de la locura y el sufrimiento, hasta su muerte en 1984. Recordemos el destino trágico de la familia Russakov: Alexander, muerto, su esposa, Olga, desaparecida en un Gulag junto a dos de sus hijos, Esther y Joseph; mientras que otros dos, Anita y Paul-Marcel, estuvieron recluidos en un campo de concentración durante dos décadas.

Siguieron meses de gran angustia en aquel año de 1940 ya que salir de Francia resultaba casi imposible por las disposiciones del gobierno pronazi de Vichy. Junto a Serge, Breton, Péret y otros, Vlady pasó un tiempo en la villa Air-Bel, no lejos de Marsella, último refugio de intelectuales y artistas que corrían el riesgo de se extraditados a Alemania.[13]

El 24 de marzo de 1941, Vlady y Víctor lograron al fin embarcarse en el buque *Captain Paul-Lemerle*, un viejo mercante que disponía de ocho camarotes, pero transportaba a 200 refugiados en condiciones que otro pasajero ilustre, el entonces desconocido antropólogo Claude Levi-Strauss, describió magistralmente en las primeras páginas de su autobiografía, *Tristes Trópicos*.

Iban a la Martinica, posesión francesa en el Caribe para la que no se necesitaba visa. En el trayecto, Vlady quedó deslumbrado por la luz, las estrellas y las tonalidades del trópico. Entonces, quizás, es cuando decidió consagrar lo mejor de sí mismo a recrear esa intensidad en sus cuadros. «Lo principal siempre es el color», decía. «Su arbitrariedad. Y pintar el aire...»[14]

13/ Sobre el tema, véanse los testimonios de Varian FRY, *Livrer sur demande*, Marsella: Agone, 2008 y de Mary-Jane GOLD, *Marseille, année 40*, París: Phébus, 2001. De gran interés también las novelas de V. SERGE, *Les derniers temps*, París: Grasset, 1951 y de J. MALAQUAIS, *Plantète sans visa*, París: Phébus, 1999.

14/ «Pintar los elementos», monólogo de Vlady en la Biblioteca Miguel Lerdo de Tejada, recopilado por Claudio Albertani, de próxima publicación por la editorial Fondo de Cultura Económica.

México, tierra de colores frenéticos

Después de largas tribulaciones y algunas semanas en un campo de concentración, el 5 de septiembre de 1941, Víctor y Vlady aterrizaron en Ciudad de México, vía Ciudad Trujillo (Santo Domingo), La Habana y Mérida. México era entonces, no está por demás recordarlo, uno de los pocos países en el mundo que recibía perseguidos políticos de todas las tendencias.

Los esperaban dos amigos del POUM: Julián Gorkin y el editor Bartolomeu Costa-Amic, quien acababa de publicar *Retrato de Stalin* de Víctor Serge, hasta la fecha una de las mejores caracterizaciones del dictador soviético.[15]

Sobrevivientes de mundos perdidos, padre e hijo cargaban en su equipaje todas sus pertenencias: un par de pesados baúles repletos de manuscritos, acuarelas y dibujos, además de una maleta con ropa y unos cuantos objetos de familia rescatados a duras penas.

Vlady no perdió tiempo:

> «lo primero que vi fueron los murales de Rivera y Orozco; la dimensión de sus trabajos, no en pequeñas galerías entre esnobs y todo esto, como la pintura surrealista que estaba llena de pequeñeces, de tigres de salón. Y de repente ves que Diego dibuja la gente en los mercados, esta relación inmediata, ambiental, y que adentro tiene todo el prestigio del Renacimiento, toda la pintura del siglo xv. Y que Orozco sobrepasa de manera impresionante todo el expresionismo alemán, menudo, tímido. Todo esto me lleva a otro mundo. (...) Lo que en México descubro con mayor convicción es mi profundo apego al Renacimiento. (...) Es en definitiva esta estética la que más incide en la formación de mi criterio».[16]

El círculo se cerraba: Vlady que se había iniciado a la pintura con el Renacimiento (primero en el Hermitage y después en el Louvre), la afinaba ahora gracias a su encuentro con México y particularmente con los frescos de Diego.[17] Hay que señalar, sin embargo, que Vlady se

---

15/ V. Serge, *Retrato de Stalin*, México DF: Ediciones Libres, 1940.

16/ «Vladivagaciones», ob. cit., pp. 28 y 29.

17/ Un mes antes de fallecer, Vlady afirmó que «Diego es el pintor más grande del siglo xx». Véase el documental homenaje, *Vlady. In memoriam*, dirigido por Luisa Riley, filmado en junio de 2005 y transmitido por Canal 22, el 21 de julio, día de su fallecimiento.

hallaba muy lejos del mensaje declarativo y nacional-popular del muralismo mexicano. De manera que siguió su relación con los surrealistas, ahora gracias a Leonora Carrington y Remedio Varo, dos pintoras que, además, lo intrigaban porque pintaban al temple.

Al mismo tiempo, mantuvo sus compromisos militantes. Junto al catalán Bartolí (también integrante del POUM), se volvió el principal ilustrador y caricaturista de la revista *Mundo* (1943-1945), órgano del movimiento «Socialismo y Libertad», un grupo integrado por refugiados europeos que buscaba unificar las diferentes corrientes antiestalinistas del movimiento obrero.[18]

Pronto, se casó con la mujer de su vida, Isabel Díaz Fabela. Más que una esposa, Isabel fue «la tierra de Vlady», pues lo arraigó en el México real, lo protegió y nutrió su inspiración.[19] Es en parte gracias a su cariño que en 1947 Vlady logró su primera exposición (en el Instituto Francés de América Latina, IFAL) con éxito de venta. Aun así, darse a conocer no fue fácil: no era mexicano, su pintura era un grito contra la ortodoxia muralista, y además pertenecía a la tradición antiestalinista, algo que los críticos —muchos de los cuales eran cercanos al Partido Comunista— no le perdonaban. En 1947, murió Víctor Serge y, a partir de entonces, Vlady se dedicó a promover la edición de las obras inéditas de su padre —casi siempre acompañadas de sus dibujos— entre las que destacan *La vida y la muerte de León Trotski, Memorias de un revolucionario, Cuadernos, El caso Tuláyev* y *Los años sin perdón*. Esta es, por cierto, una de las facetas menos conocidas de la vida de Vlady. La trayectoria de Serge motivó a Vlady no solo intelectual y éticamente, sino creativamente. «Con toda una vida dedicada a servir y a entender la revolución en varios países, Víctor Serge vio en México algo nuevo: que las revoluciones son volcanes (vio nacer el Paricutín) y que las neurosis se asemejan a los terremotos. Dando forma a este sentimiento nos sitúa en una nueva dimensión, un nuevo comienzo cuyo sentido originario suma todas las experiencias de otras latitudes, en el umbral de

---

18/ C. ALBERTANI, «*Socialismo y Libertad.* El exilio antiautoritario y la lucha contra el estalinismo (1940-1950)», http://www.fundanin.org/albertani7.htm. Una colección completa de la revista se puede consultar en la Biblioteca Social Reconstruir (Dolores, 6, despacho 401, colonia Centro, México DF. Contacto: biblioteca@libertad.org.mx tel/Fax, (52-55) 5512-0886).

19/ La expresión es de Berta Taracena citada por J.-G. RENS, ob. cit., p. 69.

la realidad que ahora nos alcanza.»[20] Ese carácter volcánico de las revoluciones lo plasmaría Vlady mucho tiempo después en su obra mayor: el conjunto de murales de la biblioteca Miguel Lerdo de Tejada.[21] En 1949, nuestro pintor obtuvo la nacionalidad mexicana y viajó a Europa. Se quedó un año, especialmente en España, con un objetivo: el Museo del Prado. Necesitaba establecer una relación carnal con los cuadros y captar su lógica profunda, más allá de la imagen.

En particular, quería comprender al Greco y a Velázquez, pero se topó también con Goya. Fue otro enamoramiento a primera vista y el motivo de una reflexión: «me di cuenta que me faltaba el origen de todo esto».[22] Ese origen era, evidentemente, la escuela veneciana, su eterna obsesión. Poco después, en una librería de viejos de Madrid, hizo un descubrimiento importante: *Los materiales de pintura y su empleo en el arte* de Max Doerner, libro que le ayudó a comprender mejor las técnicas antiguas.[23] Con el tiempo, llegó a la conclusión —descabellada, según algunos— de que, los colores industriales habían asesinado a la pintura contemporánea. Iniciaba así su rebelión no solamente contra los acrílicos sino también contra los óleos en tubo y una larga y angustiosa experimentación con la que se ha definido —la cocina veneciana— para llegar a fabricar su propia pintura.

Obsesiones

De regreso, Vlady continuó investigando en la soledad del estudio. Se dedicó al grabado, arte en el que pronto sobresalió, pero fueron años difíciles. En ese momento, cualquier artista que se apartase del arte oficialmente consagrado, el muralismo, y considerase el arte un medio de expresión independiente era estigmatizado como «extranjerizante».

Vlady amaba profundamente a México. Adoraba sus colores y admiraba la obra de Diego Rivera. No obstante, sentía no pertenecer a

20/ Vlady, *Abrir los ojos para soñar*, México: Editorial Siglo XXI, 1996, p. 149.
21/ «La revolución y los elementos», Biblioteca Lerdo de Tejada, muro oriental, «Las revoluciones latinoamericanas».
22/ «Vladivagaciones», ob. cit., p. 27.
23/ Max Doerner, *Los materiales de la pintura y su empleo en el arte*, Barcelona: Editorial Reverté, 1994.

ninguna parte. Sus raíces profundas se encontraban muy lejos: el Renacimiento, la espiritualidad rusa, la tradición libertaria europea. «Mi patria es la pintura», contestaba de manera categórica cuándo se le preguntaba de dónde era. «Comprendo los nacionalismos», escribió al final de su vida. «Por eso los abomino. Los padecí y los vi cometer crímenes. Prefiero vivir otras pasiones, alma adentro, la pintura.»[24]

En 1952, junto a Alberto Gironella y Héctor Xavier, Vlady fundó la Galería Prisse que exhibía a los artistas que no comulgaban con la ortodoxia nacionalista en boga y entre sus activos, tiene el descubrimiento de José Luis Cuevas.[25] Aunque permaneció abierta solo un año, la galería se convirtió en sitio de reunión de intelectuales independientes. Es ahí donde nació la llamada Generación de la Ruptura. Se ha especulado mucho sobre la participación de Vlady en ese grupo. ¿Ruptura? A lo largo de su vida, Vlady llevó a cabo muchas rupturas y, como señala Cecilio Balthazar, lo único que tiene en común con esos pintores es haber compartido con ellos un momento de la historia de la cultura mexicana.[26]

Una vez cerrada esta experiencia, Vlady colaboró en otras galerías alternativas como la Proteo. Mientras tanto seguía su búsqueda, pero la experimentación con las técnicas antiguas todavía no le permitía alcanzar los resultados que se proponía. Oscilaba entre realismo y abstracción. He aquí el testimonio del maestro Cecilio Balthazar:

> «conocí a Vlady en 1966 cuando era un pintor muy polémico en el medio nacional, pero era un pintor abstracto y su presencia en el medio era precisamente por esa forma de su pintura; de hecho, cuando empieza a pintar con temple-óleo, es cuando deja de gustar, es el origen del prestigio que tiene como dibujante, y que todavía muchos le niegan como pintor».[27]

Y es que en los sesenta pintó cuadros abstractos de gran fuerza, como *Pareja nueva, Desnudo isleño, Las tumbas de Van Gogh, Muros de agua* y

24/   Vlady, *Abrir los ojos para soñar,* ob. cit., p. 173.
25/   Véase el testimonio del propio Cuevas en la introducción al catálogo de la exposición «Selección de obras de Vlady», Museo José Luis Cuevas, 19 de marzo-8 de mayo de 2003.
26/   Cecilio Balthazar, «Vlady», texto inédito. Agradezco a Cecilio compartir conmigo sus amplios conocimientos sobre Vlady.
27/   Cecilio Balthazar, carta al autor, 6 de julio de 2008.

El subyacente.[28] Este último —que permanece como una de sus obras más sugestivas— es una interpretación del *Cristo muerto* de Andrea Mantegna (1474), cuadro famoso por sus juegos de perspectiva.

Sin embargo, mientras Mantegna enfatiza el asombro místico frente el cadáver del hijo de Dios, Vlady pinta a un mártir anónimo de la revolución soviética aplastado por el mecanismo totalitario. Estilísticamente, impresiona el color velado y el efecto de movimiento obtenido sobreponiendo diferentes capas de pintura. Mientras tanto, empezaba una fecunda carrera de polemista escribiendo sobre arte, pero también política, filosofía y crítica social. En 1957, emprendió la publicación de *Carta al lector,* modesto folleto que regalaba a sus amigos y que por su estilo irreverente me recuerda, la revista *Potlach,* que Guy Debord publicaba del otro lado del Atlántico.[29]

Entre sus muchos artículos, destacan una apasionada necrología en ocasión de la muerte de Diego («un hombre que fue grande») y una vehemente defensa del surrealismo contra los embates de la cultura racionalista:

> «el artista, cuando lo es, es por definición irrespetuoso con la razón. La pintura pura es consecuencia de un atrincheramiento antirracionalista de los pintores que conscientemente (¡he aquí la falla!) se sustrajeron a lo razonable».[30]

Participó, asimismo, en múltiples exposiciones nacionales e internacionales entre las que destacan la primera y segunda Bienal de París; Confrontación 66 (en México), la Bienal de Sao Paulo y la Feria Mundial de Osaka (1970).[31]

Entre 1964 y 1969, nuestro pintor viajó tres veces a Europa y visitó a su madre en Aix-en-Provence, experiencia dolorosa que dejó plasmada en

28/ El lector interesado puede encontrar reproducciones de estas obras en: Bertha Taracena, *Vlady,* Universidad Autónoma de México, Dirección General de Publicaciones, 1974.

29/ Existen tres series de estas cartas: primera época: n.º 1-11 (1957-1962); segunda época, n.º 1 mayo de 1970; tercera época, n.º 1, enero de 1993.

30/ «¡Diego sí existe!», *Carta al lector,* n.º 3, México, 1957 y «Contribución a un debate», *Carta al lector,* n.º 2, México, 1957.

31/ Vlady pintó el mural *Hibridés Tecnológica* que, junto a las otras once obras de artistas mexicanos enviadas a Osaka, se encuentra en el Museo de Arte Abstracto Manuel Felguérez de Zacatecas.

retratos desgarradores. En Venecia, pasó muchos días en la Scuola Grande di San Rocco, el edificio donde en el siglo XVI se reunían los pintores de su admirada «escuela veneciana». En 1967, inició el cuadro monumental *Magiografía bolchevique* que, junto a *Viena 19* (1973) y a *El instante* (1981), integra *El tríptico trotskiano* —una de sus mejores obras— que marca el tránsito de la pintura en tubos a la técnica mixta del temple-óleo.

La primera pieza se inspira en una fotografía de Trotski recorriendo la Plaza Roja con su estado mayor en 1921; la segunda, *Viena 19* —la casa de Coyoacán en donde el dirigente bolchevique fue asesinado—, es una angustiosa reconstrucción del delito pintada con técnica mixta. Completa el ciclo *El instante* —óleo sobre tela al estilo renacentista— que nos ubica en el momento preciso en que el piolet asesino de Ramón Mercader destroza el cráneo del viejo bolchevique.

El filósofo Edgar Morin comparó la potencia de esta obra con la novela *Vida y destino* de Vassili Grossman. De la misma manera que, al rememorar los horrores de la batalla de Stalingrado, el escritor soviético se eleva más allá de las perversiones del totalitarismo, el tríptico «evoca el destino de Trotski y, al mismo tiempo, por efecto del arte, lo trasciende, le confiere algo como perennidad».[32]

Triunfos

En 1968, Vlady obtuvo la Beca Guggenheim y, en plena revuelta estudiantil, se trasladó a Nueva York con Isabel. Ahí se empapó del espíritu de la América rebelde, pero se horrorizó con el pop art que sintetizaba todo aquello que le disgustaba: la repetición al infinito de los temas de la vanguardia y la falta de rigor formal. De regreso a México, dejó de exponer en galerías y rompió con la vanguardia mexicana. Estaba inquieto. Ya sabemos que admiraba el fresco como expresión del arte universal:

> «es la técnica que ha conformado las obras más importantes de todos los tiempos; el fresco es el brillante, el diamante de la pintura. La pintura trabaja los sentidos. El pintor no usa palabras: usa materiales, trabaja el sentimiento con la mirada y el cerebro. El color es un lenguaje, como la música».[33]

32/ Jean-Guy Rens, entrevista con Edgar Morin en: J.-G. RENS, ob. cit., p. 227.

33/ Vlady, «He vivido entre leones, no sé vivir entre cucarachas», entrevista conce-

Con el tiempo, había madurado la idea de que la mayor aportación de Diego había sido la vuelta al fresco, es decir al *Quattrocento* italiano.[34] Ahora hacía falta un *Cinquecento,* la pintura en tercera dimensión, con la profundidad, y en cuarta dimensión, con el movimiento, que son los rasgos de la Escuela Veneciana. En 1973, se le presentó la oportunidad de su vida: pintar una obra mural de grandes proporciones en la Biblioteca Miguel Lerdo de Tejada de la Ciudad de México. Entonces rompió con sí mismo y volvió de lleno a la pintura figurativa (aunque nunca había dejado de ser figurativo en el dibujo).

El resultado es un asombroso conjunto pictórico de unos 2.000 metros cuadrados que terminó en 1982 ejecutado con el ánimo de «iluminar el cielo de la utopía» y de reivindicar a los disidentes de todas las revoluciones presentes, pasadas y futuras.[35] Le llamó *La revolución y los elementos* y lo pintó en gran parte solo —auxiliado en ocasiones por los pintores Cecilio Balthazar y Octavio Moctezuma—, dedicándolo «a la probidad intelectual de Víctor Serge y a las penas de Liuba».

Es de subrayar que, hasta ese momento, nuestro pintor solo había incursionado en el muralismo con obras de dimensiones menores. ¿Cómo describir esa que ha sido definida la Capilla Sixtina de Vlady? Temáticamente, es una evocación histórica, pero la narración está repleta de símbolos, insinuaciones, imágenes irónicas y en ocasiones oscuras o comprensibles únicamente para el espectador iniciado.

He aquí un diálogo esclarecedor:

> «—Lo que yo encuentro, desde que entré aquí, en este enorme vientre de ballena que has pintado, lo que yo encuentro es la historia... ¿has querido pintar la historia?, le preguntó a Vlady el escritor José de la Colina.
>
> El artista contestó:
>
> —¡Qué bien que lo dices! Tuve claramente esta sensación. Tuve ese sentimiento.
>
> Acto seguido añadió:
>
> —Estamos podridos de historia. Yo estoy indignado con la historia, que todo se lo traga... No me puedo sustraer a lo que más odio. No siempre

dida a Héctor Cortés Mandujano, *Este Sur*, n.º 146, 21 de julio de 1997, http://www.vlady.org/biblio/mandujano-s.htm.

34/   El primero en plantear la necesidad de revivir el Renacimiento y crear pintura mural con sentido público fue Gerardo Murillo, el dr. Atl.

35/   Vlady, *Pintar los elementos*, ob. cit.

se pinta lo que se quiere. Uno pinta lo que es, y yo estoy macerado por revolución rusa, de los años veinte...».[36]

En opinión del maestro Cecilio,

«los murales proporcionan, también, una visión del mundo, una cosmología sin dioses ni principios hecha de pintura. La historia de las revoluciones es el mismo flujo de los cuatro elementos naturales. Solo movimiento. Todo esto pintado en una exploración por la pintura mural, donde esta es también una lección de las diversas posibilidades de abordarla. La analítica de la materia nos deja una lección de pintura al fresco y acompaña, ineludiblemente, a la pintura de tesis».[37]

Vlady empezó por la capilla del lado occidente ejecutando a Freud y la revolución sexual. Naturalmente, lo hizo de manera blasfema: un personaje enorme, como verga erecta, representa el nacimiento del deseo; Edipo está sentado en el regazo de su madre; abajo, está un Marx pintado de azul con Freud al lado que exhibe un martillo en la cabeza...

En los muros principales, como sacadas de una caja de Pandora, pintó todas sus obsesiones: las grandes revoluciones sociales, ciertamente; pero también la música, el deseo, «la lógica de la materia luminosa» (lados oriente y occidente), el cerebro colectivo y la noosfera (lado sur). La narración no es únicamente temática, sino también cromática; al mismo tiempo, se impone como flujo de conciencia, a la manera de los surrealistas, sus interlocutores inevitables.

Desde el punto de vista estilístico, si embargo, el rigor es impecable. Vlady sobrepuso las dos principales técnicas de los maestros renacentistas: el fresco y la pintura en óleo sobre tela. A esta combinación le llamó pintura total —o pintura-pintura—, misma que se percibe desde el atrio del edificio, en un lienzo refulgente —a pesar de la penumbra— que se encuentra rodeado de frescos.

Este, que algunos consideran su mejor cuadro, se llama *La inocencia terrorista* y es un homenaje a Teresa Hernández («Alejandra»), joven militante de la Liga Comunista 23 de septiembre que Vlady conoció y admiró por su inteligencia y arrojo juvenil: «una muchacha guapa, llena

---

36/   Entrevista a Vlady de José de la Colina y Eduardo Lizaldes, «Vlady en el vientre de la ballena», semanario cultural de *Novedades*, 25 de julio de 1982.
37/   C. Balthazar, ob. cit.

de vida: cola de caballo, falda y huipil».[38]

Cuando, por la prensa, se enteró de que esa brillante muchacha había sido asesinada en un enfrentamiento armado, decidió retratarla. Primero la pintó al fresco y después, no satisfecho, la repitió en tela. El resultado es una verdadera proeza que convierte en realidad el sueño de todo pintor: crear la luz.

> «Ella es la inocencia, precisó. La inocencia que pinté con la mayor pureza. Tres, cuatro modelos diferentes, hasta encontrar la que quería. Es como el arquetipo de la mujer mexicana: estos muslos, la cintura. Y me pinté a mí mismo en levitación, flotando.
>
> ¿Por qué? Tal vez porque la admiraba. En mi familia, en Rusia, hay varias generaciones terroristas.
>
> Octavio Paz me increpó:
>
> —¡Vlady, son unos asesinos!
>
> —¡Ah, no! ¡No! Son nuestros hijos, nuestros nietos, nuestros sobrinos, y ¿qué es lo que hemos hecho por ellos...? Están desesperados y donan su vida para salirse del pozo. Si quieres escribir algo te dejo un lugar.»[39]

No es por demás recordar que el día de la inauguración, en presencia del entonces presidente José López Portillo, fiel a sí mismo, Vlady abogó por los desaparecidos de la guerra sucia cediendo la palabra a doña Rosario Ibarra de Piedra, activista del Comité Eureka.[40]

...Y otras hazañas

Mientras tanto, Vlady se daba el tiempo de emprender nuevos retos. En 1975, viajó a Cuba junto a José Revueltas y a otros intelectuales mexicanos. Se encontró con Fidel Castro a quien retrató con la técnica gráfica de punta seca y también en fresco en los murales de la biblioteca Lerdo de Tejada, en el acto de cabalgar un dinosaurio (¡!). En 1977, publicó *Dibujos eróticos de Vlady,* uno de sus libros más exitosos. Comenzó, además, otra obra monumental, el *Xerxes,* cruel metáfora sobre los

---

38/ VLADY, *Pintar los elementos*, ob. cit. El asesinato de Teresa Hernández se encuentra registrado en el libro de Laura Castellanos, *México Armado (1943-1981)*, México: Ediciones Era, 2007, pp. 256, 263-664 y 345.
39/ VLADY, *Pintar los elementos*, ob. cit.
40/ Comunicación de Rosario Ibarra al autor, octubre de 2007.

laberintos del poder pintada al estilo veneciano. En 1987, por encargo del gobierno sandinista, ejecutó —junto a Arnold Belkin— un mural compuesto de tres paneles en el Palacio Nacional de la Revolución de Managua.

«Estoy incondicionalmente por la libertad individual», le dijo a Manuel Aguilar Mora antes de irse. «En Nicaragua, voy a pintar lo que mi sensibilidad registre, por supuesto frente a su revolución (...). Lo que voy a hacer no será para halagar al pueblo o a la hegemonía sandinista. Será eso sí, lo mejor que pueda dar, algo que dure más allá de nuestra cotidianidad.»[41]

Cumplió. Los temas son los que le obsesionan desde siempre: la revolución bolchevique, la francesa y también la mexicana, representada de forma caricaturesca en un jinete charro montado en un corcel. La revolución nicaragüense aparece no de manera hagiográfica, sino como conmoción telúrica, enmarcada en el conjunto de cráteres del volcán Masaya.

En los años noventa, la Secretaría de Gobernación encargó a Vlady una obra monumental. El resultado fueron cuatro telas de seis metros cuadrados cada una que fueron inauguradas el 13 de septiembre de 1994, para desaparecer poco después. La alusión a los neozapatistas —a quienes definía «Zaratustras, en la montaña realizando nuestro sueño»—[42] había molestado a las autoridades y, con gran dolor del autor, las obras fueron reubicadas en un salón apartado del Archivo General de la Nación, en donde permanecen hasta la fecha.

A finales de la década, Vlady pintó un retrato monumental del obispo Samuel Ruiz, Tatik, de gran potencia expresiva, que resume sus andanzas por la selva lacandona y sus simpatías por la rebelión indígena de México. Esta es, tal vez, su última gran obra. En 1997, publicó el libro *Abrir los ojos para soñar* que reúne una parte de sus reflexiones sobre estética, política y filosofía. Asimismo, desarrolló pequeñas joyas pictóricas como el *Desnudo elemental, Escuchando el cuadro* y *Atmósfera de mar.* A principios de 2001, el Museo de Arte Moderno inauguró la exposición «El modelo interior». En 2002, Francisco Toledo lo invitó a expo-

---

41/   Manuel Aguilar Mora, entrevista inédita con Vlady, 7 de julio de 1987.
42/   «Carta a la Convención de Aguascalientes, Chiapas», 5 de agosto de 1994. Cuernavaca, archivo particular de Vlady.

ner sus grabados en el Instituto de Artes Gráficas de Oaxaca. En 2003, presentó una selección de óleos en el Museo José Luis Cuevas, y otra de grabados en Oremburgo, Rusia. En 2004, expuso en el Museo Nacional de la Estampa *Trayectorias para un autorretrato* y poco después presentó una exposición en el Museo de Bellas Artes de Moscú. En abril de 2006, después de fallecido, se inauguró en el Palacio Nacional de Bellas Artes la retrospectiva «Vlady, la sensualidad y la materia», la más grande jamás montada: 500 obras que resumían los temas, los logros y las obsesiones del artista. Vlady llenó, además, cientos de cuadernos, una costumbre que adquirió desde niño, gracias a los consejos de su padre. Algunos son humildes libretas escolares; otros son verdaderos objetos artísticos finamente encuadernados; varios más, álbumes de gran formato. En total, conforman un acervo de miles de páginas con obras en miniatura de valor inestimable.[43]

En ellos registró todo: un cuadro de Miguel Ángel, la fisonomía angustiada de un refugiado, el rostro de un interlocutor ocasional, el busto hermoso de una mujer, un paisaje tropical. Los temas se transforman: exploraciones hacia adentro y hacia afuera, búsquedas desesperadas por apresar el mundo, intentos de comprender y de comprenderse. Las técnicas varían: dibujos a lápiz, tinta china, acuarelas. Página tras página, los cuadernos nos proporcionan la clave para entender las obras monumentales de Vlady, pero también los grabados, retratos y autorretratos, o bien, proyectos ambiciosos y nunca realizados, como *El abismo,* que, a manera de colofón, pensaba pintar en el piso de la Biblioteca Miguel Lerdo de Tejada.

Desde junio de 2007, más de mil de estas joyas (entre otras, la gran mayoría de los cuadernos) están resguardadas en el Centro Vlady de la Universidad Autónoma de la Ciudad de México (UACM) que se ha comprometido —hasta ahora sin cumplir— a emprender una labor de documentación, investigación y difusión de la obra del pintor ruso-mexicano y de su padre, el escritor Víctor Serge.[44]

43/   De estas joyas se ha publicado una: *Vlady. Libreta de apuntes*, edición facsimilar, Fondo de Cultura económica, México, 2006.
44/   Centro Vlady, Goya 63, Colonia Insurgentes-Mixcoac, Del. Benito Juárez, Mé-

Legados

«Hay obras —escribe Jean-Guy Rens en la introducción a su hermoso libro sobre Vlady— que escapan el reino del arte para inscribirse en un destino.»[45] ¿Cuál es el lugar de Vlady en la historia del arte? Sin duda, la síntesis admirable que realizó entre arte renacentista y arte posimpresionista, entre realismo y surrealismo, entre pintura clásica y temas posmodernos. Esta síntesis fue el producto una intensa búsqueda, de esa «forma de cultura que deviene carácter» heredada de su padre y de los disidentes rusos.[46]

Su antoja obsoleta, en cambio, la arrebatada polémica contra la pintura moderna y los colores industriales. Cecilio Balthazar, interlocutor de Vlady durante más de veinte años, maestro de historia del arte y también pintor que fabrica sus colores, lo expresa así:

> «no existe una técnica veneciana en sí misma y Vlady, como todos los grandes pintores, descubrió su propia técnica al cabo de décadas de esfuerzos. Es verdad que encontró una inspiración fecunda en la tradición pictórica que emplea el temple y el óleo, pero no sabemos, si eso es la técnica veneciana o la flamenca. Como sea, cada maestro la desarrolló a su manera y Vlady no es la excepción. Su manera de pintar es muy personal y no tiene mucho que ver con la de Giorgione o Tiziano».[47]

Llevada al extremo, esa obstinada insistencia en la técnica evoca —de manera paradójica— la siniestra afirmación de Siqueiros: «no hay más rutas que la nuestra».[48] Es verdad que, a diferencia de Siqueiros, Vlady no creó una escuela aunque, de alguna manera, sí intentó construir su propia leyenda.

Es claro que hay pintura directa maravillosa y en los años sesenta, el propio Vlady realizó hermosuras con colores industriales porque su enorme creatividad le permitía hacer de cualquier cosa un cuadro. Enjaularlo en un estilo —o, peor, en una técnica, como lo intentan hacer

---

xico, DF, T. (5255) 56117678.
45/ Jean-Guy Rens, ob. cit., p. 19.
46/ «Vladivagaciones», ob. cit., p. 31.
47/ Cecilio Balthazar, comunicación al autor, 6 de julio de 2008.
48/ Jorge Juanes, «Actualidad e inactualidad de Vlady», conferencia en el Centro Vlady, 18 de julio de 2007.

algunos— es un grave error.

Hay muchos Vlady y hay que entender a cada uno de ellos, sin extraviar al creador. Las aportaciones de Jean-Guy Rens y Cecilio Balthazar van en esa dirección, pero mucho trabajo aún falta por hacer.

Una veta por explorar es la introspección psicológica, siempre presente en su obra. Vlady era un gran lector de literatura psicoanalítica, pues decía que necesitaba aprender a lidiar con su propia locura. En este rubro, aparte los numerosos autorretratos, es de señalar *La escuela de los verdugos*, óleo sobre tela que empezó en 1947, poco antes de la muerte de su padre, y que pintó, desfiguró y volvió a pintar a lo largo de toda su vida.[49]

Nunca lo terminaría pues era la expresión plástica de su propia vida: los fantasmas de la revolución que se devora a sí misma, la intensa relación con Serge y sus camaradas, la aventura del color, la necesidad de traducir al lenguaje de la pintura esa «espiritualidad atea» que evoca en sus escritos.

Consciente —incluso temeroso— de la enorme carga emocional que contenía, Vlady nunca pudo explicar a cabalidad el sentido del cuadro. A Jean-Guy le dijo que estaba basado en un encuentro entre especialistas de la GPU y la Gestapo ocurrido después del pacto germano-soviético de 1939. En cambio, a mí me dijo que quería representar la escuela de la que fue expulsado en Oremburgo:

> «Recuerdo un armario negro que contenía papeles y unos dibujos de niño, pero en su lugar, el cuadro muestra una vitrina con artefactos de tortura: cadenas, ganchos, pistolas, garrotes.
>
> Arriba está una escultura que pinté de memoria pensando en Benvenuto Cellini. Hay un verdugo con una pipa en la boca, Stalin. En medio está alguien que siempre me ha interesado; es como un santo. O tal vez un mal alumno; yo creo que es un autorretrato».[50]

Entremezclados van los personajes de su entorno mexicano, como los exiliados españoles Enrique Adroher «Gironella» (ninguna relación con el pintor) y Julián Gorkin, quien, por cierto, empleó la expresión «escuela de los verdugos» en un libro sobre la guerra civil española pu-

---

49/   Este cuadro se encuentra en el Centro Vlady, así como un buen número de autorretratos, obras juveniles, dibujos, el espléndido *Judith y Holofernes* y la colección completa de los grabados.

50/   Vlady, entrevista con el autor, abril de 1995.

blicado en México, en 1941.[51]

En el pasado, algunos detractores acusaron a Vlady de frívolo. Nada más alejado de la realidad. Tenía horror de la feria de las vanidades y conducía una vida más bien austera, totalmente entregada a su trabajo. Hasta el final, siguió siendo ardiente, fogoso y apasionado, siempre buscando interlocutores y aplicándose a sí mismo la ironía con que trataba a los demás.

Vlady no fue únicamente un pintor. Fue también un pensador, un afilado polemista y un editor.[52] Citaba cuadros como Walter Benjamin citaba textos: para imprimirles el sello de su propia subjetividad subversiva. Algunas de sus mejores creaciones como *Judith y Holofernes* (a partir del original de Artemisia Gentileschi), *Las meninas* (a partir del original de Velázquez) o los grabados inspirados en Tiépolo y Tintoretto, se explican así. Su vida y el trabajo tienen que ver con la ruptura y con el disenso; fluctúan entre revolución y renacimiento, entendidos como hechos históricos y también como metáforas.

«Es claro —me escribe Jean-Guy Rens— que, a diferencia de Serge, quien fue un gran literato y también un gran revolucionario, Vlady fue un gran pintor y no un gran revolucionario. Aun así, la revolución —particularmente la revolución rusa— es la columna vertebral de su obra. Sin la experiencia rusa, Vlady no hubiera existido. Tal vez hubiera existido otro Vlady, pero no el que conocimos. Vlady encontró inspiración en la revolución rusa y antes en los *narodniki*, los revolucionarios que asesinaron al zar Alejandro II.»[53]

¿Por qué Vlady no ha sido reconocido por lo que es, uno de los grandes pintores del siglo xx? Fuera de México es un desconocido y, salvo contadas y honrosas excepciones, es el gran ausente en la crítica de arte mexicana. A pesar de manifestarle amistad y aprecio, Octavio Paz escribió mucho sobre arte, pero no le dedicó una sola línea; tampoco Luis Cardoza y Aragón, de filiación marxista, posiblemente el mayor especialista en el muralismo mexicano. Vlady fue ignorado tanto por la tradi-

51/   J. GORKIN, *Caníbales políticos*, México: Ediciones Quetzal, 1941.

52/   Además de las dos series de Cartas al lector, y de *Abrir los ojos para soñar,* ob. cit., Vlady publicó decenas de artículos en *Siempre, Uno más uno, Excelsior, Vuelta, La Jornada, No*, suplemento cultural de *Bandera Socialista*, entre otros periódicos y revistas.

53/   Jean-Guy Rens, carta al autor, 26 de junio de 2008. La bomba que mató al zar fue inventada por Nicolai Kibálchich, lejano pariente de Vlady.

ción liberal como por la tradición comunista, así como por la crítica de arte mediocre, porque es el pintor del futuro. Ni pesimista ni optimista, nunca declarativo, mucho menos ideológico, nos invita a emprender una permanente interrogación sobre los cambiantes desafíos de un mundo constantemente al borde de la barbarie, pero también de la liberación.

UNA BIBLIOGRAFÍA CON ANOTACIONES*
Pepe Gutiérrez-Álvarez

1. El anarquista. Víctor Lvóvich Kibálchich (Bruselas, 30 de diciembre de 1890 - Ciudad de México, 17 de noviembre de 1947), tenía 27 años cuando recabó en la Barcelona insurrecta de agosto de 1917 que había partido de un acuerdo entre la UGT y la CNT de Salvador Seguí, un episodio en el que Serge descubrió lo que era un movimiento amplio de «obreros conscientes» y que reconstruyó en su emblemática novela *El nacimiento de nuestra fuerza.*[1] En 1917, Serge ya era un veterano revolucionario que había mamado desde su infancia las amarguras del exilio familiar pero también la fuerza de la integridad y el aprendizaje en el terreno más arduo y complejo de la revolución: el del análisis crítico. Era como quien dice una criatura cuando comenzó a militar con la Joven Guardia que representaba el ala más radical del gris socialismo belga, y era un mozalbete cuando se relacionó con la banda de Bonnot.

Para conocer al Víctor Serge anarquista seducido por la lectura de la

---

*/   Este trabajo se apoya en un acercamiento anterior de Horacio Tarcus: «Víctor Serge: unas notas bibliográficas», igualmente recoge el ensayo más amplio y ulterior de Horacio Tarcus para el citado número de *El Rodaballo*. El que no aparezca firmado por los dos lo achaco a problemas de tipo electrónico. Horacio Tarcus también publicó en *El Rodaballo* su estudio «Huellas de un socialista libertario en nuestra cultura. Víctor Serge en la Argentina» que publicamos en este mismo volumen. Aparte de esta que contiene un verdadero fondo documental sobre Serge, también puede encontrarse un buen material en «Alegría: Obras escogidas de Víctor Serge». eljanoandaluz.blogspot.com/2014/.../obras-escogidas-de-victor-serge.ht.

1/   Esta admiración por Seguí era compartida por Andreu Nin que también lo trató de cerca y preparaba una biografía del «Noi de Sucre» cuando fue asesinado. Escrito en 1929-30 la edición castellana (Madrid: Ed. Hoy, 1931, tr. de Manuel Pumarega), es paralela a la francesa. Claudio Albertani escribió el apartado «Víctor Serge en Barcelona, febrero-julio de 1917», incluido en *La Barcelona rebelde. Guía de una ciudad silenciada*, AA.VV., Barcelona: Ed. Octaedro, 2003. Ferran Aisa ha preparado la edición de *El nacimiento de nuestra fuerza* (Madrid: Ed. Amargord, 2017).

Carta a la juventud, de Kropotkin,[2] se puede consultar *Le mouvement anarchiste en France* (París: Ed. Maspero, 1983), obra en dos gruesos volúmenes escritos por un «colega», Jean Maitron,[3] historiador obrerista autor de la enciclopédica obra que figuraba con todo honor en las mejores bibliotecas públicas del país vecino y comentamos que seguramente esto no habría sido posible sin la contribución del Estado francés, también conocida como el *Diccionario Maitron*. Este cita los siguientes textos de Serge como anarquista: *Contre la fam* y *Le Role social des anarchistes,* publicados por ediciones de L'Anarchie, en París el año 1911; *Le Grapouillot,* número especial sobre el anarquismo. Sobre el mismo tema, Serge escribió también un ensayo sobre «La confesión de Bakou-

2/   Sobre este texto me remito a mi trabajo: Un texto de rabiosa actualidad: «A los jóvenes, de Piotr Kropotkin», en Kaos en la Red, 13.10.12.

3/   El historiador obrerista Jean Maitron (1910-1984) conoció una trayectoria con muchas semejanzas a la de Serge, al que admiraba. Había nacido «en una familia de tradición socialista —mi abuelo desertó del ejército de Thiers, negándose a combatir la Comuna, mi padre, que era maestro, perteneció al POP de Jules Guesde—, yo me adherí en 1930 al PCF. Entonces tuve conocimiento de los escritos trotskistas y me orienté contra la política sectaria de clase contra clase del partido, sintiéndome identificado con los puntos de vistas y opciones de Trotsky. Me adherí a la Liga Comunista en 1932-1933. Me separé de los trotskistas cuando estos decidieron en 1934 entrar en la SFIO. Entonces me reintegré al PC que había cambiado de política y estuve militando hasta 1939, hasta la conclusión del pacto nazi-soviético que me pareció una traición (...) Reconectando con el movimiento obrero a través de la historia, preparé una tesis sobre el movimiento anarquista...». Desde entonces ha publicado numerosos trabajos que denotan su afinidad lúcida y crítica hacia esta corriente socialista. Su monumental obra *Le mouvement anarchiste en France. I Des origines á 1914. II De 1914 á nos jours.* París: Maspero, 1975), ha sido considerada como «definitiva», al menos hasta el punto en que lo puede ser una historia escrita. Ulteriormente, Maitron ha pasado a presidir una empresa gigantesca, una auténtica aventura historiográfica y militante: la redacción de un diccionario biográfico del movimiento obrero francés que va desde 1789 hasta fechas recientes. Se trata de un esfuerzo colectivo sin ayuda institucional, y sin un apoyo consecuente por parte del movimiento obrero. Está concebido como una forma de historia hecha hacia abajo, descubriendo a numerosos militantes desconocidos y que vienen a ser los que dan cuerpo y vida a las organizaciones. Otras obras suyas son: *Le syndicalisme revolutionnaire.* Paul Delesalle (París: Ed. Ouvriéres, 1952), *De la Bastille au Mont Valérien. Dix promenades à travers Paris revolutionaire* (ídem, 1956)... También ha tomado parte en numerosas revistas, libros colectivos, ha escrito diversos prólogos y ha preparado ediciones, como la de los escritos de Pierre Monatte, etc. Jesús Aller publicó reseña de *Ravachol y los anarquistas* de Jean Maitron para *Rebelión.*

nine» (*Bulletin Communiste,* n.º 56, diciembre de 1921), más «Meditations sur l'anarchie» aparecidas en *L'Esprit* n.º 55, abril de 1937, una influyente revista sobre la que Serge escribió en sus memorias: «...en la que encontré a católicos de izquierda que eran auténticos cristianos y bellas inteligencias, honestas (...) Tenían claramente conciencia de vivir un fin de época, tenían horror de la mentira y de la sangre vertida bajo la mentira y lo dijeron con fuerza. Yo me sentía en el mismo terreno que ellos en cuanto a la simple doctrina del respeto a la persona»;[4] también de «Les anarchistes et l'experience de la Révolution russe», amén de *El nacimiento...*

El Maitron resultó un modelo para otras variaciones nacionales como la que presidieron Pelai Pagès y M.ª Teresa Martínez de Sas, *Diccionari biogràfic del moviment obrer als Països Catalans,* obra enciclopédica en la que por cierto, se incluye una biografía de Serge. De hecho, Serge puede figurar por derecho propio en otros tantos diccionarios similares, en el belga como militante de la Joven Guardia Roja, en el ruso por supuesto, el alemán, el austríaco, el mexicano. Se podía escribir sobre la presencia y la recepción de Serge en muchos países, por ejemplo, en Argentina. Se pueden encontrar más huellas del Serge ácrata en *La Belle Époque de la Banda Bonnot,* de Bernard Thomas (Estella: Txalaparta, 2000). Cabe reseñar que esta banda fue exponente de la llamada «doctrina del ilegalismo», de ideario anarquista, los componentes de este grupo se dedicaron a recuperar parte de lo que la sociedad les había robado. Perseguidos por bancos, policías y Ejército, sus hazañas aún forman parte de la leyenda. Las autoridades se otorgaron todo el poder represivo que tuvieron a su alcance. Los ilegalistas fueron perseguidos implacablemente, como si se trataran de piezas de caza. La banda de Bonnot apenas sobrevivió hasta abril de 1912. Aunque fueron exhibidos como los exponentes más sórdidos del terror, lo cierto es que en el inmenso campo de las clases más desfavorecidas, Bonnot y los suyos inspiraron una admiración sin disimulos. Esta lectura se puede complementar con otro trabajo de Jean

4/   Esta era la revista de Emmanuel Mounier, el creador de la corriente «personalista cristiana», una tendencia de izquierda que abogó por la liberación de Serge y que tendría una importante influencia sobre el cristianismo de izquierda bajo el franquismo. Se puede encontrar el hilo de esta relación en: «Correspondencia entre Víctor Serge y Emmanuel Mounier (1940-1947)», *Bulletin des amis d'Emmanuel Mounier,* n.º 39, París, abril de 1972.

Maitron: *Ravachol et les anarchistes* (París: Ed. Julliard, col. Archives, 1964 y 1979), del que existe una edición en castellano (Madrid: Huerga y Fierro Ed., 2003). Joan Ferrer se refiere a Víctor en sus memorias *La revuelta permanente,* escritas mediante el método de la entrevista por el novelista Baltasar Porcel (Barcelona: Ed. Planeta, 1978). En ellas se refleja la decepción hacia Serge de sus antiguos camaradas:

> «Kibálchich era otro ruso. Su firma literaria era la de Víctor Serge le Rétif. En francés, Rétif es una persona encogida, medio jorobada, físicamente disminuida. Pero Kibálchich era un individuo bien plantado, alto... Era anarquista individualista y se había, marchado de Francia después de cumplir cuatro años de presidio (...) Kibálchich ve todo esto [se refiere a la represión bolchevique de Kronstadt y de la guerrilla de Makhnó]. No sé si sería un partidario del mínimo esfuerzo, pero lo cierto es que de la noche a la mañana pasa de anarquista individualista a autócrata del concepto de la revolución constante de Trotski. Y este le otorga su confianza, porque comprueba su inteligencia (...) Pero las cosas van mal para Trotski, que tiene que escapar y va a México. Kibálchich, detrás. Un enviado de Stalin asesina a Trotski, y queda como cabeza visible del trotskismo nuestro Víctor Serge le Rétif. La rueda de las vidas...».[5]

A su época libertaria corresponde *Los hombres en la cárcel* (Madrid: Cenit, 1930, trad. de Manuel Pumarega, prólogo de Panaït Istrati) escrito entre 1926-29, unas memorias de sus prisiones, una obra que se considera un clásico sobre la cuestión, sobre todo entre los presos por razones obvias. En un estadio digamos intermedio se encuentra *Les Anarchistes et l'expérience de la révolution russe* (París: Librairie du Travail, 1921), en la que invita a los anarquistas a trabajar codo con codo con los bolcheviques, algo que en el momento de la edición se estaba dejando de hacer, además desde el rechazo radical. Para los anarquistas, aquellos hechos confirmaban las peores hipótesis sobre el «autoritarismo» marxista.

2. El personaje. Entre los ensayos biográficos citados por Horacio Tarcus se encuentran los de Richard Greeman, «Víctor Serge: Un radical

---

5/ Hay una producción francesa de 1968, *La bande à Bonnot*, dirigida por el oscuro Philippe Fourastié y protagonizada por Jacques Brel (Raymond Callemin), Bruno Cremer (Jules Bonnot) y Annie Girardot (María la Belga). Michel Vitold encarna a un sesudo Víctor Kibálchich que trata de convencer a la banda sobre opciones organizadas.

a la media noche», en *Nexos,* n.º 51, México, marzo 1982; «Etica, violencia y política. La correspondencia entre Víctor Serge y León Trotski. 1936-1940», en *El Rodaballo,* n.º 2, mayo 1995; Bill Marshall, *V. Serge: The Uses of Dissent,* University of Southampton, 1992; R. Greeman & S. Weissman, «Víctor Serge. Dossier de un visionario», en *Plural,* n.º 252, México, septiembre, 1992; Vicencio Sommella, «Víctor Serge», Roma, *Prospettiva,* 1995; S. Weissman (ed.*), The ideas of V. Serge. A Life an Work of Art,* Glasgow: Critique Books, 1997, en torno a la cual se han dado algunos proyectos de traducción y edición en castellano que siguen pendientes. En la revista argentina *El Rodaballo* (verano 2000, n.º 10), se publica un «dossier» sobre «La actualidad de Víctor Serge» con aportes de Susan Weissman y Horacio Tarcus, más una serie de «Textos recobrados», un material que se encuentra publicado en la web de la Fundación Andreu Nin.

La misma Fundación publicó en Barcelona con ocasión del Centenario de Serge, un extenso «dossier» de trabajos de y sobre Serge, dándole un mayor peso a los textos escritos desde el área del POUM.

En los *Cahiers Léon Trotsky,* la revista del Instituto León Trotski que dirigía Pierre Broué, se publicaron varios estudios sobre Serge: «Víctor Serge y la izquierda antiestalinista de New York, 1937-47», de Alan Wald, n.º 35; «De Petrogrado a Orenbourg: la crítica del desarrollo político soviético para Víctor Serge», de Susan Weissman, n.º 37; «León Sedov y Víctor Serge durante la Comisión Dewey», n.º 41. Serge fue en el verano de 1936 uno de los principales animadores del «Comité para la investigación de los procesos de Moscú» en el que coincidieron sindicalistas, surrealistas, trotskistas, socialistas de izquierdas y personalidades independientes. En el estudio de Sergi Rosés Cordovilla, *Bibliografía de les obres de i sobre Trotski editades a Espanya* (autoedición, Barcelona, 2012), se incluye la recepción de las obras de Serge vertidas al castellano. *Contra-Temps* ha dedicado varios números con trabajos relacionados con Serge: n.º 18 (octubre, 2005) «Marcel Martinet, Victor Serge. Nietzsche et le anarquismo»; n.º 20 (junio, 2005) «Victor Serge»; n.º 44 «Vlady» (noviembre, 2012).

Pierre Broué escribió también un extenso estudio sobre *Los trotskistas en la URSS (1929-1938),* que cuenta con varias ediciones virtuales.

En el Plural de la revista *Viento Sur* (n.º 136, octubre, 2014) dedicado al 150 aniversario de la I Internacional: marxistas y libertarios (edición de Jaime Pastor y Pepe Gutiérrez-Álvarez), se incluyen algunos trabajos relacionados con las aportaciones de Serge. En particular el de Antonio Moscato («Anarquistas y bolcheviques en la revolución rusa») y el de Pepe Gutiérrez-Álvarez («Tentativas de encuentros entre hermanos enemigos»).

El «affaire Serge», sobre todo su implicación en la *inteligentzia* francesa está analizado en la obra de David Caute, *El comunismo y los intelectuales franceses. 1914-1966* (Vilasar de Mar: Libros Tau, 1967) así como en la de Herbert R. Lottman, *La Rive Gauche. Intelectuales y política en París, 1935-1950* que fue traducida por José Martínez Guerricabeitia (Barcelona: Blume, 1985). Un análisis bastante penetrante de su testimonio antiestalinista se puede encontrar en el ensayo de Alan Swingewood, *Novela y revolución* (México: FCE, 1988).

Las ponencias del congreso celebrado en Bruselas en marzo de 1991 fueron recogidas en «Víctor Serge: vie et oeuvre d'un révolutionniaire», edición especial de la revista *Socialisme* (números 226-227, Juillet-Octobre, 1991), que incluye, entre otros, aportaciones de Pierre Broué, «L'opposítion comme forcé d' idées: Víctor Serge, de la bande à Bonnot à Trotsky»; Pilippe Destatte, «L'émigration russe antitsariste en Belgique»; Luc Nemeth, «Víctor Serge et les anarchistes»; Jean-Marié Neyts, «Víctor Serge et les anarchistes en Belgique avant 1914»; Yves Pages, «Les premieres armes de la critique: retour aux sources de individualisme ánarchiste de Víctor Serge, dit "Le Rétif" entre otros.

La obra colectiva *Víctor Serge: Humanismo socialista contra totalitarismo,* está compuesta por los siguientes textos que fueron antes las ponencias de los autores en los coloquios sobre Serge celebrados en Moscú en junio 1991: «Un hereje en tiempos de ortodoxias» (Bábintsev); «Víctor Serge: totalitarismo y capitalismo de Estado: deconstrucción socialista y humanismo colectivista» (Philippe Bourrinet); «Víctor Serge sobre el totalitarismo soviético» (Zhúkova); «Víctor Serge y el socialismo» (Suizan Weissman); «Víctor Serge acerca de la suerte del socialismo en el siglo xx» (Gúsiev); «Los libros de Víctor Serge como fuente sobre la historia de la oposición en la URSS en los años veinte» (Ulrich); «Víctor Serge y Pierre Pascal: compañeros de viaje del bolchevismo» (Danílova y Slútskaia); «Víctor Serge y la novela revolucionaria» (Greeman); «El problema de la violencia revolucionaria en la novela de Víctor Serge» (Gúsieva); «La fuerza y los límites del marxismo» (Serge); «Las oposiciones en la URSS» (Serge); y «Por una renovación del socialismo» (Serge). El equipo de traductores estaba integrado por las siguientes personalidades de los mundos académico y literario: Ludmila Biriukova, Bernardo Mayorga, Margarita Díaz, René Portas, Víctor Toledo, Jorge Bustamante García y Ricardo Téllez Girón López.

Existe un mediometraje, *Victor Serge l'insurgé,* de Carmen Castillo (Francia, ORTF, 2012) que en su versión castellana ha adoptado el título de *Víctor Serge, el hereje necesario,* y cuyo estreno en Barcelona propició un «dossier» para el suplemento de *La Vanguardia,* «Cultura/s"» Reunía textos de Carmen Castillo («De derrota en derrota... hasta la victoria final»), Inma Merino («Un humanista imperecedero»), Xavier Montanyá («Un apátrida en la Catalunya revolucionaria») y Ferran Aisa («Novela del movimiento obrero»)...

3. Revolución soviética. La obra de Víctor Sarge comprende géneros tan variados como la novela, el ensayo, la crítica literaria, el estudio histórico, la poesía... Quizás su obra más difundida sea *Lo que todo revolucionario debe de saber sobre la represión.* Fue una suerte de «informe en base al estudio de los archivos de la Oljrana que fue publicado por primera vez en 1921 y que es resultado parcial de las pesquisas de Serge y que sigue siendo reeditada pródigamente y resulta bastante asequible por Internet (www.cronicon.net/paginas/Documentos/paq2/No.12.pdf).

Mientras permaneció deportado, Serge desarrolló una ingente labor literaria en obras que tratan de la historia de la revolución soviética... En este orden cabe señalar *El año uno de la revolución rusa* (Ed. Siglo XXI, 1972) escrita siguiendo la estela de John Reed (se encuentra en pdf), *Ciudad ganada* (México: Joaquín Mortiz Ed., 1970, tr. Andrés Segovia).[6] Existe una nueva titulada *Ciudad conquistada* y firmada por

---

6/ Tomás Segovia (Valencia, 1927-2011), poeta español exiliado durante la guerra española y nacionalizado mexicano. Cultivó diversos géneros, fundamentalmente la poesía, el ensayo y la narrativa, trabajó como periodista en varios medios de la época y también realizó tareas de corrección, traducción, interpretación y difusión. Además, dictó cursos de escritura, lingüística, teoría literaria y consejos de edición. Por su labor literaria, Segovia recibió el reconocimiento no solo de sus lectores sino también de la crítica y fue galardonado con premios como el Xavier Villaurrutia, el Juan Rulfo y el

Luis González Castro, Barcelona: Ed. Página Indómita, 2017). Los Libros de la Frontera llevó a cabo una reedición revisada de la traducción de C.E. Pardo (Santiago de Chile: Ed. Ercilla, 1938), *El destino de la revolución* (Barcelona, 2010) con un texto inicial de Wilebaldo Solano, «Memorias de un escritor combatiente», con el anexo del texto que se considera su *testamento:* «Treinta años después de la revolución rusa» (1947).

Un capítulo conflictivo de la revolución rusa fue sin duda el de la fortaleza de Kronstadt, en marzo de 1921. Serge trató la cuestión desde un punto de vista crítico en sus memorias, y participó, junto con Boris Souvarine, Antón Ciliga y otros antiguos oposicionistas, en un debate sobre la cuestión con Trotski. El tema está tratado ampliamente por un buen especialista como Paul Avrich en dos obras complementarias: *Los anarquistas rusos* (Madrid: Alianza Ed., 1967), y sobre todo en *Kronstadt 1921* (Buenos Aires: Ed. Proyección, s.f.). El debate prosiguió con las memorias de Alfred Rosmer, *Moscú bajo Lenin, 1920-1924* (México: ERA, 1982; la primera edición francesa en 1953 fue prologada por Albert Camus), que ya suscitó una controversia con José Peirats y otros cenetistas en el exilio.[7]

Como escritor, Serge participó activamente en algunos de los debates sobre el compromiso de los artistas y sobre el mal llamado «realismo socialista». En la revista *Comunismo* aparecieron una serie de artículos que más tarde, juntos con otros no publicados, se reunieron en el librito *Literatura y revolución* (que aparece en Fontamara, 1978 y en Biblioteca Júcar, 1978, asequible en pdf), una obra concluida en febrero de 1932 en Leningrado y a la que se añadieron trabajos anteriores como «¿Literatura proletaria?» y de «¿Es posible una literatura proletaria?». Unos cuantos capítulos se publicaron en la revista *Comunismo,* órgano de la Izquierda Comunista española, presentado como el «admirable ensayo

---

Premio Internacional de Poesía Federico García Lorca. En lo que respecta a sus creaciones, publicó diversos libros y tradujo a Víctor Serge, en concreto *Ciudad sitiada* y *Memorias de un revolucionario,* consideradas como magníficas.

7/ José Peirats, en el capítulo dedicado a Ángel Pestaña en su obra *Figuras del movimiento libertario* (Barcelona: Ed. Picazo, 1977), dedica, además de la visita de Pestaña a la URSS, de un amplio debate a la discusión sobre las relaciones entre marxistas y anarquistas con la revolución rusa como trasfondo. Básicamente, para los anarquistas el error radica en la toma de posición «autoritaria» y trata de Serge y de Alfred Rosmer.

de nuestro camarada Víctor Serge» señalando que se encontraba «en las prisiones de Stalin» (25-06-1933).

La revista se unió a la campaña por la libertad de Serge con un alegato firmado por E. F. (con toda seguridad Eugenio Fernández Granell en el que ofrece una denuncia de la represión estaliniana y de las actitudes de escritores como Louis Aragón o Ramón J. Sender, por entonces seducido por el comunismo oficial: «Habló Ramón Sender del caso Serge para decir, desde las columnas de la prensa burguesa, que nuestro compañero había sido detenido por su labor contrarrevolucionaria, y bien detenido estaba». El texto aparece íntegramente en la edición de los *Escritos políticos (1932-1990)*, de Eugenio Granell editado por la Fundación dedicada al artista (Santiago de Compostela, 2009. pp. 92-95), militante de la ICE y del POUM y más tarde, reconocido surrealista. En otra recopilación de la misma Fundación (Santiago de Compostela, 2009), *Correspondencia con sus camaradas del POUM (1936-1999)*, se recoge la que Granell mantuvo con Serge. Aunque de una manera más dispersa, también se ofrecen numerosas referencias en otra obra recopilatoria: *Eugenio Granell, militante del POUM* (ídem, 2007), que cuenta además con varias fotografías.

Una vez en Francia en 1936, Serge apenas si consiguió publicar fuera de revistas como la de Monatte, y como *La Fléche* en la que escribían izquierdistas de todos los matices. Mará Roig y Fernando Casal hicieron una edición de las *Crónicas y artículos sobre la guerra de España, 1936-1939* (Seriñena: Salvador Trallero Ed., 2011) que incluye un cierto número de artículos de Serge.

4. Internacionalismo. Serge fue lo que podíamos llamar un internacionalista «orgánico», «natural», intervino en escenarios nacionales muy diversos. Pero en la práctica organizativa, su mayor protagonismo lo tuvo a lo largo de los años veinte, cuando fue uno de los propagandistas más prolijos del Komintern desde que a principios de la década de los años veinte fue responsable de *La Correspondencia Internacional* (más conocida como *Imprecor*) hasta que «cayó en desgracia» por su compromiso con la Oposición, aunque todavía siguió escribiendo durante un tiempo para *Clarté/La Lutte de clases*, 1927-28. La prestigiosa revista dirigida por Henri Barbusse y Romain Rolland, dos «compañeros de ruta» del estalinismo a los que luego criticará muy duramente.

Un capítulo un poco aparte lo forman sus escritos sobre *La revolution chinoise* (París: Ed. Savelli, 1977, con una introducción de Pierre Naville), que fueron publicados alrededor de 1927 en la revista izquierdista francesa *Clarté* en la que participaba Naville. Un dato curioso es que, entre los comentaristas de la época, Serge fue quizás el único que prestó atención a las concepciones de un joven dirigente del partido chino llamado Mao. Serge dedicó un enorme esfuerzo en la lucha contra la burocracia y el estalinismo, en un principio de acuerdo con la corriente que encabezaba Trotski, ulteriormente desde unas concepciones más personales en las que la defensa de la revolución de octubre y de la experiencia bolchevique, se combinan con una aproximación a otras corrientes políticas como el anarquismo y el socialismo de izquierdas. Pierre Broué realizó una selección de los artículos de Serge para *Notes d'Alemagne* (1923), para la editorial La Breche (París, 1990). Broué fue autor de *Revolución en Alemania,* originalmente editada por Minuit (París, 1971), y de la que A. Redondo Ed. tradujo en 1976 una primera parte, *De la guerra a la revolución. Victoria y derrota del izquierdismo...* Broué también se hizo eco de los escritos de Serge sobre China en *La question chinoise dans l´ Internationale communiste* (París: EDI, 1976).

Su capítulo español está tratado en esta recopilación en los trabajos de Ferran Aisa y en el de Pelai Pagès. También se trata tangencialmente en mi libro, *Un ramo de rosas rojas y una foto. Variaciones sobre el proceso del POUM* (Barcelona: Laertes, 2009), así como en relación al Congreso de Intelectuales Antifascistas de Valencia de 1937, en este caso tratado por Manuel Aznar Soler, en el capítulo «Comunistas contra trotskistas: el incidente Víctor Serge», en *República literaria y revolución (1920-1939)*, tomo I (Sevilla: Renacimiento, 2010).

5. Contra el estalinismo. Expulsado del partido en 1928, detenido y encarcelado en 1933, Serge fue objeto de un acoso constante: la policía secreta estalinista (GPU) obtuvo una confesión de su cuñada, Anita Russakova, declarando que ella y Serge habían estado involucrados en una conspiración bajo la dirección de Trotski. Se organizaron protestas contra su encarcelamiento en diversas Conferencias Internacionales.

Las presiones de todo tipo llevaron a que Serge obtuviera un visado para vivir en Bélgica. Sus parientes no fueron tan afortunados: la hermana, la suegra, la cuñada y dos de sus cuñados, morirían en las prisiones soviéticas. Sus obras más destacadas sobre el ascenso del estalinismo son principalmente: *S' il est minuit dans le siècle,* escrita en 1936-39, edición francesa en Grasset (1939), *Medianoche en el siglo* (Madrid: Ed. Ayuso, Libros Hiperión, 1976, tr. de Ramón García Hernández, reeditada por Alianza en 2017); *L'Affaire Toulaév,* escrito en 1940-42, Ed. Seuil, 1948, la más reconocida y de la que existe más ediciones: *El caso Tuláyev,* de la que existe una edición de Luis de Caralt en 1954 en Barcelona, 1954,[8] y México: Ed. del Equilibrista, 1993, reeditada por Alfaguara (Madrid, 2004, tr. David Huertas), con un muy discutible prólogo de Susan Sontag, que tendría una reedición en Capitán Swing (Madrid, 2013). *El caso Tuláyev* está considerada como una obra que refleja el panorama de Rusia en 1939, donde a las trágicas tensiones internas se une una incertidumbre internacional: el siniestro intermedio entre la derrota en la guerra civil de España (donde, entre otras localizaciones, se desarrolla la novela) y el inminente estallido de la Segunda Guerra Mundial. En estas ominosas circunstancias se produce un hecho trágico: el asesinato de Tuláyev, pieza capital del partido, levanta una oleada de investigaciones falsas, confesiones, destierros y ejecuciones... Se trata de una obra que ha sido revalorizada en el tiempo.

En el mismo horizonte se sitúan: *De Lénine à Staline* (París: Ed.

9/   Caralt, un editor muy ligado al régimen, publicó una traducción de Jesús Ruiz. No hay que decir que el franquismo más ilustrado no desaprovechó las ocasiones de amalgamar la literatura anticomunista más vulgar con productos de la «guerra fría» (*El gran terror*, de Robert Conquest, Caralt, 1970), con obras de renegados como Betram D. Wolfe (*Tres que hicieron la revolución*, Plaza&Janés, 1964), con autores como Jan Valtin (*La noche quedó atrás*, Caralt), o la edición del *Stalin* de Trotski en la versión de Charles Malamuth desautorizada por Natalia Sedova, para Los Libros de Nuestro Tiempo, 1947, 1950, categoría en la que entra esta obra de Serge reconocida con dificultades por lectores que no confundan la denuncia del estalinismo con el comunismo que había conseguido liderar la recomposición del antifranquismo en la cultura, entre los trabajadores y en la universidad y que solían despachar a todos como «agentes de la CIA» y otras acusaciones similares. Caralt también publicó una selección de los escritos del menchevique de izquierdas Nikolai N. Skhanof, *La revolución rusa* (1970), obra de siete volúmenes que fue recomendada por Lenin junto con la de John Reed.

Crapouillot, 1937); *Portrait de Staline* (París: Ed. Bernard Grasset, 1940); *Destin d'unne révolution, 1917-1937* (ídem); *L'assassinat d'Ignace Reiss (1938)*;[9] *Le Tournant obscur* (1951), *16 Fusillés à Moscou* (París: Ed. Spartacus) que comprende sus cartas a Réné Lefeuvre desde Bélgica y México, «La massacre des écrivains soviétiques» y otros ensayos; *L'assassinat politique en URSS* (1933, en colaboración con Alfred Rosmer)... Dentro de este trayecto hay que reseñar una obra colectiva que aunque fue firmada por el famoso novelista rumano Panaït Istrati, fue el fruto del esfuerzo conjunto de Serge, Boris Souvarine y obviamente, del propio Istrati. Se trata de *Rusia al desnudo,* que fue traducida inmediatamente al castellano por Julián Gorkin con seudónimo y publicada por una editorial en la que trabajaba Juan Andrade... La obra fue bien recibida por *El Socialista,* en tanto que en los medios anarquistas se le considera un autor afín.[10] Este libro recoge las anotaciones críticas de Istrati durante la estancia en la URSS, y puede presumir de haber sido un antecedente de las obras de Gide, Ciliga y otros. Serge relata sus estrechas relaciones con Istrati en sus *Memorias...*

Igualmente forman parte de este esfuerzo sus novelas, obras como *Medianoche en el siglo* (Madrid: Ed. Ayuso. col. Hiperión, 1976, tr. de Ramón García Fernández), dedicada «En memoria de Kart Landau, Andrés Nin, Erwin Wolf, desaparecidos en Barcelona y cuya propia muerte nos ha sido arrebatada, a Joaquín Maurín, en una prisión de España, a Juan Andrade, Julián Gorkin, Katia Landau, Olga Nin, y en ellos, a todos aquellos cuyo valor encarnan, les dedico los mensajes de sus hermanos rusos»; *Les Derniers Temps* (1946), *Los años sin perdón* (Barcelona: Ed. Planeta, 1977, tr. de A. González Troyano).

Le siguen *Le Nouvel impérialisme russe* (París: Spartacus, 1937, con una reedición en 1972), *Le Nouvel Impérialisme russe. L'URSS est-elle un*

9/   El asesinato de Ludwig (Ignace Reiss) dio lugar a un conflicto de Trotski con Serge ya que el primero lo acusó de negligencia. Este «caso» que ocupa unas cuantas páginas en las memorias de Serge, fue narrado por la compañera de Reiss, Elsa Reiss o Elizabet K. Poretski en *Nuetra propia gente,* que fue editado por ZYX (Madrid, 1972, tr. Juan Gómez Casas) con un prólogo de Trotski y la Carta de Ignace al CC del PCUS.

10/   Ver, Juan AVILÉS FARRÉ, *La fe que vino de Moscú. La revolución bolchevique y los españoles (1917-1931).* Biblioteca Nueva. UNED, 1999, pp. 312, 316. Avilés dedica varias páginas (164-167), a la relación de Serge con los viajeros españoles.

régime socialiste? Précédés de Hommage a Victor Serge (París: Spartacus) incluye dos artículos de *Masses*: «L' URSS a-t-elle un régime socialiste?», n.° 9-10, Juin., 1947; «G.E. Modigliani est mort», n.° 12, décembre, 1947-janvier, 1948; y dos de *La Wallonie*: «Message à Charles Plisnier»,[11] 24 juillet 1937; «Toukhatchevski», 26 juin 1937; *Vingt-neuf fusillés: La Fin de Yagoda* (París: Lectures prolétariennes, 1937); *Introduction a Les Syndicats soviétiques* (París: Pierre Tisné, 1937); *Portrait de Staline* (París: Grasset, 1940); *Retrato de Stalin* (México: Ed. Libres, 1940); *Hitler contra Stalin. La fase decisiva de la guerra mundial* (México: Quetzal, 1941); «Declaración común», en Julián Gorkin, Marceau Pivert,[12] Gustav Regler,[13] V. Serge, *La GPU prepara un nuevo crimen*

11/   Charles Plisnier (1896-1952), un escritor belga, militante comunista desde su juventud, tomó partido por el trotskismo en los años treinta, jugó un papel sobresaliente en Bélgica en la campaña por la libertad de Víctor Serge que lo define como un «poeta místico» en sus memorias. Entre sus obras destaca *Faux Passeports* (*Los falsos pasaportes*, Barcelona: Editorial AHR, 1957, tr. Luis del Arco), una crítica revolucionaria del estalinismo. Ver Chantal GERNIERS: *Charles Plisnier, Victor Serge et Constant Malva. Trois écrivains belges dans la tourmente communiste* (2000).

12/   Marceau Pivert (1895-1958). Enseñante, luego profesor, combatiente en la Gran Guerra, militante sindicalista de la CGT, adherido a la SFIO en 1924 deviene dirigente de la sección del Sena (la Rive Gauche) en los años treinta, lugarteniente de Jean Zironski (animador de *La Bataille Socialiste*, órgano de la izquierda socialista entre 1927 y 1940), funda en 1935 la Izquierda Socialista en el seno de la SFIO liderada por León Blum. Miembro del gabinete de Blum en junio de 1936, acepta la disolución de la tendencia izquierdista. Sancionado en 1938, abandona la SFIO con una mayoría de la federación del Sena y funda el Partit Socialiste Ouvrier et Paysan (PSOP), afiliado al Buró de Londres y alineado con el POUM en la guerra española. Durante esta época mantiene junto con su lugarteniente Daniel Guérin, una correspondencia con Trotski. Pivert se reclama de la corriente «luxemburgista» en oposición al centralismo leninista. Sorprendido por la guerra en el curso de una gira militante por los EE.UU., encuentra asilo en México donde colaborará estrechamente con Serge. En la posguerra se mantendrá como secretario de la federación del Sena de la SFIO hasta 1950. Para un estudio de la corriente: Jean-Paul JOUBERT, *Revolutionnaires de la SFIO* (París: Presse de la Fondation Nationale des Sciences Politiques, 1977, pp. 232-235).

13/   Gustav Regler (1898-1963), escritor comunista alemán. Estudió filosofía alcanzando un doctorado y siendo redactor en el *Nürnberg-Fürther Morgenpresse* expresando sus simpatías socialistas. Como escritor alcanzó notoriedad literaria con sus relatos y cuentos durante los años más agitados de la República de Weimar. Tras el ascenso del nazismo al poder se exilió a París, en la guerra de España se convirtió en

(México: Análisis, 1942, pp. 3-20); «Guerra de transformación social» en P. Chevalier, J. Gorkin, M. Pivert, V. Serge, *Los Problemas del socialismo en nuestro tiempo* (México: Ibero Americanas, 1944, pp. 9-45).

Les Derniers Temps, Montréal: l'Arbre, 1946, 2 vols.; París: Grasset, 1951, redactado en 1943-45; *Les Années sans pardon*, París: Maspero, 1971, de 1946 (*Los años sin perdón*, Barcelona: Planeta, 1977). *Le Tropique et le nord*, París: Maspero, 1972. Tres de las historias de este volumen fueron publicadas previamente: «Mer Blanche», «Les Feuillets bleus», n.º 295 (mai, 1935); «L'Impasse Saint-Barnabé», *Esprit*, n.º 43 et 44 (avril et mai, 1936); «L'Hôpital de Léningrad» («La Folie de Iouriev»), *Preuves*, 24 février, 1953.

Posteriormente amplió su análisis del devenir de la literatura rusa posrevolucionaria en *La tragédie des escrivains sovietique* (París: Ed. Spartacus, 1947). El más polémico, *La nouvel imperialisme russe* (París: Ed. Spartacus, s.f), que incluye también un ensayo sobre el carácter social de la URSS (Serge polemiza en este punto con los seguidores de Trotski), un tratado de Zygmunt Zaremba, «Varsovie trahie par Staline» y una recopilación de textos de homenaje a Serge por el 25 aniversario de su muerte firmados por el editor Réné Lefeuvre que dio cobijo a obras antiestalinistas —y anticomunistas— en una época en la tal cosa no resultaba asequible, del extrotskista norteamericano Max Schachtman. Así como de los socialistas Magdeleine Paz (muy implicada en la campaña por la liberación de Serge) y Lucien Laurat.

6. Poesía. Más allá de algunas tentativas editoriales, no existen traducciones de esta parte de la obra de Serge en la que se citan según Horacio Tarkus: *Résistance*, París (al cerrar este trabajo aparece en librerías el

---

uno de los personajes más emblemáticos de los XII Brigada internacional. Fue herido en Guadalajara, así como en la ofensiva de Huesca. Mientras se recuperaba, marchó a Francia a recabar ayuda para la República cuando esta ya estaba perdida. En 1940 escribió su obra testimonial *Das grosse Beispiel* (traducida y editada en inglés como *The Great Crusade*). Después de muchos años, en 2012 ha sido traducida al castellano bajo el título de *La gran cruzada*. Rompió con el estalinismo después de diversos problemas, denunció el pacto nazi-soviético y acabó formando parte del grupo antiestalinista en México animado por Julián Gorkin, Marceau Pivert y Víctor Serge. Para mayor información me remito a mi artículo en kaosenlared: «Gustav Regler, brigadista en España, escritor comunista, antiestalinista...».

primer libro de poemas de Serge entre nosotros: *Resistencia. Una hoguera en el desierto.* Traducción: Luis Martinez de Merlo Prólogo: Claudio Albertani. Dibujos: Vlady Kibalchich. Notas y álbum: Francisco Carvajal. Editorial: El Perro Malo, Toledo 2017): *Cahiers Les Humbles*, 1938; reeditada como *Pour un brasier dans un désert* (París: Maspero, 1972); «Un Américain»; «Berlin»; «Le Tireur»; «Je n'ai pas vu...»; «Train rapide», *Les Feuillets bleus*, n.° 295, moi, 1935, pp. 624-5; «Marseille»; «Les Rats fuient...»; «Mer des Caraibes», *Lettres françaises*, Buenos Aires, n.° 4, avril, 1940, pp. 14-20; «Chant de la patience», *Contemporains*, n.° 4, avril, 1951, pp. 499-502; «Mains», *Témoins*, Zurich, n.° 21, 2 février, 1959, pp. 31-3; «Letanía de la mañana», en *Babel*, n.° 33, Santiago de Chile, mayo-jun., 1946, e «Idilio», *Babel*, n.° 43, Santiago de Chile, en febrero 1948, fragmentos de su libro de poemas en preparación, México, trad. del francés por Óscar Vera. Finalmente señalar que susan Sontang anota en su citado prólogo del caso Tuláyev, que en «la sección xiv del magistral poema de Stevens "Esthetique du Mal", escrito en 1945, comienza de este modo:

Victor Serge dijo: Sigo su demostración con el sordo desasosiego que se siente ante los enajenados razonadores.

Dijo de Konstantinov. La revolución es labor de enajenados razonadores. La política de la emoción debería asemejarse a una estructura intelectual.

7. Memorias. Su libro más importante es —a nuestro juicio— *Memorias de un revolucionario,* aparecido en 1951 del que existe una edición en castellano en México (Ed. El Caballito, 1973, tr. Andrés Segovia), que ha conocido sucesivas ediciones, la mexicana de Siglo XXI así como la española de Veintisiete letras. Escritos con vigor y frescura estos recuerdos son una hermosa reconstrucción de su larga experiencia militante, y muy en particular un testimonio de primera mano de la increíble aventura y destino de la oposición comunista a la burocracia y al estalinismo. Sin ánimo de establecer comparaciones fáciles, a mi juicio es una obra superior a *Mi vida,* de León Trotski, considerada como una de las obras autobiográficas más destacables de la historia de la literatura, parangonable a la de san Agustín, Rousseau, Casanova y otras. La de Serge se extiende hasta una década y media más en el tiempo, y por lo tanto abarca el fenómeno estaliniano en mayor amplitud e igualmente contempla el curso del movimiento trotskista de cuya destrucción final en la URSS fue testigo directo desde dentro, lo mismo que el curso ulterior cuando parecía que había quedado marginado de la historia.

Entre sus textos autobiográficos y correspondencia Horacio Tarcus cita los siguientes: *Le Tournant obscur,* París; *Les Iles d'or Plan,* 1951, París: Albatros, 1972. Antigua versión de los cap. 5 y 6 del título anterior; *Carnets,* París: Julliard, 1951 (reed. París: Hubert Nyssen Editeur, 1985, sobre el que se está preparando una edición castellana); «Pages de journal 1945-47», *Les Temps modernes,* n.º 45, París, juillet, 1949, pp. 70-96; *Lettres a Antoine Borie,* Zurich: Témoins, 1959. FPI; *Cuadernos Víctor Serge,* n.º 1, México, marzo 1984, fue editado por su hijo Vlady con la colaboración de E. Calderón y B. Recamier, reproduce fragmentos de una novela inconclusa, apuntes de su diario, correspondencia con Emmanuel Mournier, Andreu Nin, etc.; David Cotterill (ed.), *The Serge-Trotsky Papers,* Londres: Pluto Press, 1994.

8. Trotski. Creo que la obra más completa sobre la relación entre Serge y Trotski es de Michel Dreyfus, *Victor Serge & León Trotsky. La lutte contre le stalinisme. Textes 1936-1939* (París: Maspero, 1977), un estudio pormenorizado de cada uno de los pliegues de los encuentros y los desencuentros entre ambos. Dreyfus ofrece una información detallada sobre los debates en torno a la naturaleza de la URSS, la actitud de la IV Internacional sobre el POUM, así como la manera de crear una Internacional en una situación de «medianoche en el siglo». Para Serge, la deformación de la revolución se manifiesta ya en la «cara oscura» de la actuación bolchevique durante la guerra civil, más concretamente en la creación de la «Cheka», sin olvidar las medidas autoritarias contra las demás corrientes socialistas y en la vida interna del partido. Sobre el debate ético causado por la edición de *Su moral y la nuestra,* de Trotski, es del mayor interés la obra de Enzo Traverso, *A sangre y fuego. De la guerra civil europea (1914-1945),* en concreto en el apartado «Estalinismo» (pp. 217-223).

Una defensa de las posiciones bolcheviques clásicas se puede encontrar en la recopilación prefaciada por Pierre Frank, con textos de Lenin y Trotski (incluyendo los de la polémica con Serge, Ciliga y otros), *Sur Kronstadt* (París: Ed. La Taupe, 1977).

En la recopilación *El verdadero Trotski* (México: Extemporáneos, 1975), se incluye un fragmento de Serge de *Petrogrado en peligro* (pp. 62-64), que creemos vale la pena reproducir porque describe abiertamente la actuación de Trotski en algunos de los momentos más descarnados de la guerra civil:

«Surgen dos automóviles en la Perspectiva Nevsky, que se detienen ante un montón de escombros. En el oleaje de paseantes se cambian breves señales de inteligencia. Un nombre corre de boca en boca. Dos automóviles descubiertos. Me fijo en el segundo, grande y limpio, con sus asientos negros, blandos y confortables. Van en él seis u ocho hombres, con trajes de cuero y los fusiles en la mano. Su tocado me sorprende: llevan una especie de casco de fieltro, forrado con sólida tela de uniforme, terminado en alta punta redondeada y adornada con la gran estrella roja de cinco puntas. Aquello recordaba el aspecto de los guerreros eslavos de los tiempos heroicos.

Pero ¿qué tiempos fueron más heroicos que estos?

Trotski, me dicen. Y le veo en el primer coche, llevando el mismo casco, calado sobre los ojos, y el capote gris de todo el ejército. Con la frente arrugada; los lentes, tras de los cuales asoma la mirada negra y viva; el pequeño bigote y la negra perilla, se le reconoce al instante.

En este momento tenía las cejas fruncidas, el semblante severo, un poco aburrido, cansado... Conozco su formidable actividad, las noches pasadas en Smolny con el Comité Ejecutivo del Soviet reunido permanentemente; sus trabajos en el frente, y las auténticas anécdotas, de las que la leyenda se apoderará más tarde. En el Mediodía, durante la expedición de caballería del general Mamontov —que recientemente saqueó Tambov, Koslov y Eletz—, su tren fue cercado por una banda de cosacos, saliendo victorioso de la batalla. Durante estos días, en el frente, Lev Davidovich se acostaba en las trincheras, en primera línea. El enemigo progresaba, mientras nuestros hombres huían. Lev Davidovich monta a caballo y lanza los fugitivos contra el enemigo —o él mismo les conduce al ataque—. Se censura este valor personal, esta temeridad imprudente, sobre todo en un organizador, en un jefe.

¿Cuál es, en estos relatos que corren de boca en boca, la parte que corresponde a la imaginación popular? Si estos detalles precisos no son exactos, otros análogos que se ignoran lo son positivamente. Este hombre es el organizador de un ejército de revolución. Este ejército lo ha sacado de la nada: de la nada; de las multitudes caóticas y soldados amotinados contra la guerra, que asaltaban los trenes y, volvían a ser campesinos regresaban invencibles a su tierra.

Admirable y fuerte multipersonalidad, que nadie presentía en este periodista, teórico y agitador, en el que la típica fisonomía del intelectual aparecía hoy vigorosamente. La frente alta, rígida la cabeza, forzado quizá —para mandar hace faltar estar estirado, erguir la cabeza y sacudir las fatigas con un enérgico movimiento de espaldas—, la boca pequeña y fuerte de ave de rapiña, sobre un mentón que, en silencio, parece demasiado corto; las tres comas, bigote y perilla, acentúan la expresión mefistofélica del rostro. Recuerdo el amplio gesto, preciso, afirmativo, imperativo, del orador; su voz, que lanza las palabras con la potencia de un martillazo sobre un metal flexible, devolviendo un sonido claro y firme; su amenazadora ironía, que da la impresión de una estocada lanzada a lo invisible y que hiere en el sitio preciso.

No quiero exagerar. Los jefes se imponen a mí, y no soy partidario de la idolatría. Veo en ellos a los primeros servidores del proletariado, a los que debemos seguir, a los que también es preciso mirar todos los días frente a frente, con ojos de hombre libre. Pero me parece que Petrogrado se ha sentido verdaderamente salvado desde la llegada de este jefe.

Lev Davidovich Trotski es hoy, aquí, el alma de la resistencia. Si las fuerzas de ataque se vuelven a formar a algunas leguas de la ciudad y se ponen metódicamente en movimiento; si los trenes de víveres, de municiones, si todas las fuerzas del pobre país agotado se mantienen, se organizan y se emplean con método para vencer, es porque están encauzados por su inteligencia y dirigidos por su voluntad. ¡Dura labor! Frente de Siberia, frente de Ucrania, frente de Carelia, frente de Arkángel... Frente de guerra civil en el interior. Terrible labor la del hombre que debe pensar en todo y que debe, como verdadero revolucionario, obrar despiadadamente. He leído esta tarde una orden firmada por Trotski, mandando arrestar inmediatamente y tener en rehenes a las familias de los soldados rojos pasados al enemigo. Seguían los nombres. Arrestada hoy: María Andreevna y su hija Vera, mujer e hija de X, traidor pasado al enemigo...

Matar o ser muerto: la Commune también —la Commune, que inscribe luminosas ideas sobre sus banderas— conocía, esta vieja ley de hierro».

Finalmente, Serge escribió en México en colaboración con Natalia Sedova, *Vie et mort de Léon Trotsky*, París: Amiot-Dumont, 1951; reed. París, Maspero, 1973, dos vols. *Vida y muerte de Trotski*, Buenos Aires: Indoamérica, 1954; reed. Buenos Aires: El Yunque, 1974).